Андрей Макаревич

ПОВЕСТИ

Книга 1

BAbook

Любое использование материала данной книги,
полностью или частично,
без разрешения правообладателя запрещается.

Макаревич, А.
  Повести. Книга 1 / Андрей Макаревич. – BAbook, 2025. – 333 с.

Длинные истории с иллюстрациями автора.

ISBN 978-1-969573-06-4

Отпечатано в Германии

© А. Макаревич, 2025

© А. Макаревич, иллюстрации, 2025

© BAbook, 2025

САМ ОВЦА

Предисловие

Книжку «Сам овца» я закончил бог знает сколько лет назад. Вам интересно когда? В две тысячи первом году. Это очень давно.

Журналисты (наши, разумеется) обожают спрашивать у музыкантов: «Как вы думаете, вы меняетесь с годами?» И музыканты, конечно, отвечают – нет, что вы, мы не меняемся, вот разве что взрослеем (вариант: стареем)…

Врут, конечно. Все мы меняемся. С каждым годом. С каждым днем. С каждой секундой. Потому что мир вокруг нас меняется. Меняется воздух, которым мы дышим. И мы можем сколько угодно думать, что это на нас не влияет. Как это не влияет? Мы же живые – пока! Не меняются только те, кого уже нет с нами.

По себе, конечно, не видно. Потому что не хочется. Еще потому что мы видим себя в зеркале по десять раз на дню и перемены незаметны. А встречаешь друга которого не видел год – господи! И он про тебя подумал то же. И сказал – ты прекрасно выглядишь!

И вы думаете, что, если внешность наша так меняется, внутри мы неизменны? А как же единство формы и содержания? Да нет, мы по-прежнему любим хорошую музыку и не любим плохую, и список наших любимых книг не сильно изменился, как и круг друзей (уходят, уходят…) и по-прежнему считаем что Божьи заповеди – самое простое и мудрое, что получило в наказ человечество. Но вот дальше… В фильме «О чем говорят мужчины» это изложено досконально.

В этой связи у меня возникло почти медицинское желание перечитать «Овцу» и посмотреть – насколько и в чем я изменился за двенадцать лет.

А потом подумал – а вдруг это интересно не мне одному? Простите мне мою самонадеянность.

Андрей Макаревич,
13 августа 2013 года,
23 часа 5 минут

Сам овца

Исключение опровергает правило

Когда я был совсем маленьким, моему отцу доставляло огромное удовольствие, посадив меня к себе на колени, заговорщическим тоном промолвить: «Молодец — против овец. А против молодца?..» И я, замирая от восторга, торжественно произносил: «Сам овца».

Это необыкновенно радовало моих родителей. Мне же в ту минуту виделась картина, не имеющая никакого отношения к истинному смыслу пословицы.

А видел я бескрайнее туманное поле — поле предстоящей битвы. Слева располагалось русское войско — на конях, в островерхих шлемах, как в фильме «Александр Невский». Справа до горизонта мрачно теснились овцы. От человеческого воинства отделялся и выезжал вперед Молодец — витязь-богатырь вроде Микулы Селяниновича. Навстречу ему из стада овец выдвигался их предводитель — мощное и свирепое животное: Сам Овца. Они медленно сближались.

Поединок Молодца и Самого Овцы определял исход всей дальнейшей битвы. Картина получалась грозная и торжественная.

Только много лет спустя мне вдруг открылось общепринятое прочтение этой крылатой фразы. И я, надо сказать, был сильно разочарован ее убогой назидательной мудростью.

Конечно, в детстве я был не один такой странный. Два моих товарища в разное время признались мне, что первая строчка русской народной песни «Шумел камыш, деревья гнулись» вызывала в их сознании образ некой мыши-шумелки, которая, видимо, шумела так, что гнулись деревья.

Эстрадная песня со словами «Долго будет Карелия сниться, будут сниться с этих пор остроконечных елей ресницы над голубыми глазами озер» читалась моим другом Максимом Капитановским следующим образом: «Долго будет Карелия сниться, будет сниться с этих пор: остроконечно ели ресницы над голубыми глазами озер».

Макс в детские годы боялся этой песни. Действительно, если кто-то ест ресницы, да еще как-то остроконечно, – согласитесь, это, в общем, жутко, и даже задушевный вокал Марии Пахоменко не спасает ситуации.

Мне артистка Пьеха примерно в то же время загадывала другую загадку: в строчке «К цветку цветок сплетай венок – пусть будет красив он и ярок» я никак не мог понять, кто такой униярок и почему его красота зависит от плетения венка, хотя логика подсказывала, что венок в результате наденут на униярка и именно это придаст ему красоты.

Историй таких можно вспомнить множество. И очень жаль, что с годами наше ухо теряет способность различать эти волшебные вещи в потоке общепонятных банальностей. Хотя бывают, конечно, исключения.

Сравнительно недавно в песне группы «Б2», где периодически звучали слова «О-о, кончится пленка», я услышал «Кончи цыпленка», и в обратную сторону у меня уже не переворачивается. По-моему, так гораздо лучше.

Однажды мы сидели за столом с Александром Градским и пили шампанское, не помню уже по какому поводу. Вдруг Градский поднес бокал с вином к уху, глаза его затуманились. Потом Градский сказал: «А ну-ка, Макар, вот мы сейчас проверим – поэт ты или не поэт. На что похож звук?» С этими словами он поднес шипящее шампанское к моему уху. Звук действительно напоминал что-то знакомое. «Может быть, шум стадиона?» – неуверенно предположил я. «Ни хуя ты не поэт! – расстроился композитор. – Вода в бачке так журчит!»

Эта история связана для меня с двумя незабываемыми ощущениями: ясным ощущением ангела за плечами и чувством внезапного острейшего счастья. Возможно, вещи это взаимосвязанные. Во всяком случае, первое обычно влечет за собой второе.

Происходило это дело, кажется, в 86-м году.

Мне предложили записать на фирме «Мелодия» мой первый сольный альбом – «Песни под гитару».

То есть он уже был до этого записан – на полуподпольной студии у Володи Ширкина, – без всякой, кстати, надежды на дальнейшее его издание. А тут благодаря очаровательной молодой редакторше Нине Кацман, звукорежиссеру Андрею Ветру и всяким перестроечным настроениям (никто толком не знал, насколько открутят крантик, но каждый надеялся на большее) было решено попробовать эту пластинку выпустить, переписав предварительно для лучшего качества звучания – действительно, техническое оснащение «Мелодии» это позволяло. То было золотое время, когда всяческие худсоветы, которые привыкли блюсти идеологическую, а отнюдь не художественную наполненность произведения, из-за происходящих в стране событий совершенно потеряли классовую ориентацию. Я, не скрою, испытывал мстительную радость, когда те же самые товарищи, которые годами до этого заворачивали мои, и не только мои песни (сейчас, кстати, уже совершенно непонятно, за что, – тогда еще с некоторым усилием можно было понять), теперь с испуганной улыбкой или со словами: «Ну вот, совсем другое дело!» – подписывали к изданию эти же песни, практически не читая.

В общем, я получил студийное время и Андрея Ветра в придачу, который, питая, по-моему, искреннюю симпатию ко мне и к тому, что я делаю, грозился создать с моим участием шедевр звукозаписи.

> *Поразительное дело: как стремительно это техническое студийное великолепие – аналоговые ламповые пульты, большие залы с правильной акустикой, магнитофоны с широкой пленкой – ушло в прошлое, вытесненное новейшей электроникой, цифровой записью, компьютерными программами – казалось, навсегда! Ан нет: разыскивают, бережно восстанавливают, сдувают пыль – оказывается, настоящий-то звук здесь! Объелись электроникой. Все-таки человечество катится вниз – со всеми своими новомодными игрушками.*

Я сам попросил утренние часы – я вообще больше люблю работать с утра. Началась работа – спокойная и не очень сложная. Так как все песни уже были однажды записаны, приходилось заниматься практически повторением пройденного. Все вроде получалось, я успокоился, восторженный студийный трепет, обычно мне свойственный, исчез.

И день на третий вышло так, что я оглушительно напился. То есть не днем, конечно, а ближе к ночи. Не знаю уж, что этому способствовало – то, что я жил на этом отрезке абсолютно холостой жизнью, или внезапный заезд каких-то старых друзей, или моя успокоенность по поводу работы, или что-то еще, – не помню. Что-то точно было, иначе не стал бы я так напиваться, тем более в дни записи. Короче говоря, пробуждение мое походило на пробуждение Степы Лиходеева из известного романа, причем настолько, что не вижу никакого смысла описывать это состояние вслед за классиком.

На часах было без четверти десять, а в десять начиналось мое студийное время. Я вывалился на улицу к своим «Жигулям», благо одеваться было не надо. Две чудовищные мысли заслоняли все мое сознание. Первая: я опаздываю. А больше всего на свете я не люблю опаздывать. Даже пятиминутное мое опоздание на скучную деловую встречу меня же и выбивает из колеи на целый день, а уж опоздание на такое святое дело, как запись, – это просто невозможно себе представить. И второе – даже если я дотяну до студии, смысла в этом не будет, так как нахожусь, по образному выражению одной моей подруги, в кондиции «ни петь, ни рисовать». И вообще, стоит ли в этом случае появляться на людях в таком виде.

Мучимый этими проблемами вкупе с тяжелейшим похмельем, я все же умудрился доползти до «Мелодии», не попав по пути в аварию. Видимо, всю дорогу я молился. Я не видел выхода из ситуации и, очевидно, просил Небо о чуде.

Когда я открыл дверь студии, часы показывали четверть одиннадцатого. Потребовалось некоторое время, чтобы понять: это не у меня в глазах темно – темно в студийном коридоре. По мистическому стечению обстоятельств за пять минут до моего появления на студии пропало электричество.

Я осмелел настолько, что посетовал на плохое состояние коммунальных служб столицы и даже иезуитски поинтересовался, скоро ли устранят поломку – что-то внутри говорило мне, что не скоро. И правда – не раньше, чем к вечеру, ответили мне.

После чего я подошел к очаровательной редакторше Нине, взял ее за руку и предложил пойти попить пива. И не куда-нибудь, а в «Жигули» – это тогда было главное пивное заведение Москвы.

Очаровательная редакторша с печальной улыбкой посмотрела мне в глаза и сказала, обнаружив неожиданное знание вопроса, что в это время в понедельник в «Жигули» попасть невозможно – разве что отстояв часовую очередь.

Был и правда понедельник, и большая часть трудовой Москвы поправляла там с утра свое здоровье. Но я уже знал, что чудеса будут продолжаться. И торжественно пообещал редакторше, что никакой очереди мы не увидим и что в «Жигулях» нас ожидает не только свежайшее пиво, но и дефицитная вобла. Меня не покидала странная уверенность, что именно так все и будет. Это было похоже на ясновидение.

Именно так все и произошло. Подходя к заведению, девушка даже предположила, что оно закрыто – ну не бывает в понедельник утром у «Жигулей» ни одного человека! Но двери гостеприимно распахнулись, нас усадили в прохладном зале, а к свежайшему пиву помимо дефицитной воблы подали еще совсем уж невероятных раков. Девушка скоро исчезла, а я сидел, восхитительно медленно приходя в сознание и стараясь запомнить это ощущение ангела за плечом.

Я вспомнил историю, которая произошла лет за десять до этого, еще в институте. Как и у всех нормальных людей, предметы у меня делились на любимые и нелюбимые. К нелюбимым относились точные науки – математика, сопромат и им подобные. (Туда же входила история КПСС, но по другим мотивам.) Дело было не просто в нелюбви – при попытке заняться математикой спустя пятнадцать минут я впадал в тяжелое полулетаргическое состояние, из которого вывести могло только немедленное прекращение попытки и кардинальная смена обстановки. Сейчас нечто подобное я испытываю, открывая всякого рода технические инструкции – по обращению с компьютером, например. А тогда утешал лишь тот факт, что после сдачи последнего экзамена по математике уже никакая сила в мире не заставит меня вернуться к постижению этой науки.

Для сдачи экзаменов по нелюбимым предметам я разработал метод, основанный на психологическом проникновении в душу преподавателя. Как правило, было видно, что экзамен доставляет педагогам не больше удовольствия, чем нам, студентам. На дворе стоял июнь, экзамены часто выпадали на выходные дни, и я просто физически ощущал, как хочется нашим профессорам быстрее закончить всю эту бодягу и поехать, скажем, на дачу. Студенты же нервно толпились у дверей аудитории, подталкивали вперед друг друга, держались в коридоре до последнего, а потом часами безнадежно потели над билетом – словом, тянули время.

В коридоре очень важно было выяснить – злой сегодня экзаменатор или не очень. Я же понимал, что злым он становится именно в результате происходящего. И тогда я выбрал прямо противоположную тактику.

С утра я надевал красивый пиджак (у меня был единственный пиджак – но зато с изумрудным отливом, небесной красоты) и смело заходил в аудиторию первым. Я брал билет и, не заглядывая в него, небрежно произносил: «Можно, я без подготовки?» Верите или нет – я всегда ощущал в этот момент флюиды благодарности, исходившие от преподавателя.

Может, и не умом, а сердцем теплел он оттого, что хоть один из этих засранцев бережет его время. Я же понимал, что никакого проку от моего сидения над билетом все равно не будет – знаний не прибавится, а шпаргалки меня никогда не вдохновляли.

Дальше происходило по-разному, но во всяком случае на переэкзаменовку меня не отправляли никогда.

Так вот, я пришел на последний в моей жизни экзамен по математике. От остальных экзаменов по точным наукам он отличался, пожалуй, тем, что там я хоть что-то знал. Набрал побольше воздуху и проделал обычную процедуру. Вопросы в билете с таким же успехом могли быть на китайском языке. Я не помню, что и как я отвечал. Возможно, кто-то говорил за меня моим голосом. В себя я пришел в тот момент, когда преподаватель выводил в моей зачетке «отл». Я вышел в коридор, и сокурсники, зная мою любовь к математике, обступили меня с вопросами: «Ну как?», «Ну что?», «Злой?» Я вынул у кого-то изо рта бычок, сладко затянулся и отправил его в полет щелчком. Пролетев через весь коридор метров двадцать, бычок упал в урну. «Отлично», – произнес я и вышел на улицу.

Удивительно, что в тот момент у меня не было ни малейшего сомнения: окурок попадет в урну. Если бы я захотел, он бы еще мог описать в воздухе какую-нибудь восьмерку. Позже я специально пытался повторить этот бросок. Я не только не мог попасть в урну – бычки до нее просто не долетали.

Я допил пиво и вышел на Арбат. Была середина мая, падал реденький майский дождик, и небо, затянутое полупрозрачными облачками, имело какой-то необычно розовый оттенок. Ясно было – вот-вот выглянет солнце.

А на Арбате было пусто, и посреди улицы стоял джаз-диксиленд, состоящий из пожилых пьющих мужчин, и перед ними на брусчатке – коробочка из-под кефира для денег. Музыканты играли весело и чуть-чуть грустно. Кто-то из них улыбнулся и кивнул мне.

И во всей этой картине с дождиком, Арбатом, музыкой и моим похмельем была такая могучая гармония жизни, что я опять ощутил плечом присутствие ангела и понял, что он специально мне это показывает. Хотелось радоваться и плакать, и это было счастье. Я высыпал музыкантам в коробочку остатки своих денег и, стараясь не расплескать счастье, осторожно поехал домой.

Кстати, проведя некоторое время в поисках определения счастья и не удовлетворившись ни одним из прочитанных, я вывел свое собственное:

СЧАСТЬЕ – ЭТО ТО, ЧТО НЕЛЬЗЯ ЗАПЛАНИРОВАТЬ.

Еще можно рассматривать жизнь как последовательную цепь разочарований.

Человек, только что родившийся, ничего еще не узнавший, не может быть ни в чем разочарован. Первое разочарование приходит вслед за первым знанием (хотя бы в его неабсолютности). В общем,

И свое формируя сознанье
С каждым днем от момента рожденья,
Мы бредем по дороге познанья,
А с познаньем приходит сомненье.

(Совершенно ужасно цитировать самого себя, но это только потому, что я об этом очень давно размышляю – стих был написан лет двадцать назад.)

Детские разочарования – самые яркие. Наверно, потому, что каждое из них – первое. Падать больно, красивая оса жалит, а молоко бывает горячим.

Кстати, лет до пяти я был уверен, что мужчина, как и женщина, дает молоко, так как соски не могут быть просто для красоты, и то, что у меня пока нет молока, – это вопрос возраста, а отнюдь не пола. Периодически я пытался дотянуться губами до собственной груди (по-моему, мне это даже удавалось) и проверял – не пошло ли молоко. Молоко не шло, и скорее вырасти хотелось еще больше. Не останавливал даже страх высоты.

Когда отец брал меня на руки, это было очень высоко и страшно. При этом я понимал, что взрослые все время смотрят на мир именно с этой высоты, и дивился их мужеству.

В первом классе нам показали какой-то учебный фильм про производство колбасы. Помню, фильм меня совершенно потряс.

Конечно, я не думал до этого, что колбасы растут на деревьях или бегают по лесу, но в моем представлении они никак не подходили под категорию продукта деятельности человеческих рук, как, скажем, банка консервов. Банка явно сошла с конвейера и была совершенно обезличена – ничем не отличалась от сотен таких же. Каждый же батон колбасы (особенно копченой) всегда слегка асимметричный, по-своему обмотанный веревкой, как будто его связали, еще когда поймали, а потом уже привезли в магазин, а еще то, что его надо было взвешивать – они и по весу отличались! – все это давало абсолютное ощущение того, что колбаса – создание природы, а никак не мясокомбината. Я долго ходил, выбитый из колеи.

В подтверждение тезиса «Я разочаровываюсь – следовательно, существую» (ничего, кстати говоря, пессимистичного в нем нет, если разобраться) приведу наугад еще несколько примеров.

В детстве кажется, что вот среди твоих сверстников есть умные и дураки, а взрослые – умные все. Просто не можешь представить себе взрослого дурака.

С годами, постепенно перебираясь в стан взрослых, с ужасом понимаешь, что тут-то дураков гораздо больше.

Ну на самом деле соотношение практически такое же. Дурак – не возрастная категория.

Принято считать, что по тому, как женщина танцует, можно определить, какая она в постели. Это, оказывается, не так. По тому, как женщина танцует, можно определить лишь, что она о себе думает. Думает она, как правило, совершенную ерунду.

Казалось, что провинция – это только у нас, такое чисто русское понятие, а там, в Европе, – везде Европа, а в Америке – везде Америка. И это не так. Весь мир на 95 процентов состоит из провинции, и такая же она провинциальная и в Европе, и в Америке, и у нас, разве что там на тротуары не харкают и не какают мимо унитаза.

(В чем тут дело – не пойму. Не в благосостоянии же! Оно ведь на меткость не влияет. Ну прицелься ты и попади!)

Долгое время жили среди всего дешевого. О дорогих вещах ходили легенды. Казалось: дорогое, в отличие от дешевого, не ломается. Оказалось – точно так же ломается. Оно просто дорогое.

Оказывается, обманываешь себя, оставляя что-либо на «потом».

Например, покупаешь какую-нибудь книгу и думаешь, что когда-нибудь потом, когда работы будет поменьше, а свободного времени – побольше, очень приятно будет ее почитать.

Никакого «Потом» не будет. Время идет быстрее и быстрее, и свободного времени будет меньше и меньше, а потом сразу умрешь. А если, не дай бог, не сразу – все равно будет уже не до книжек.

Так что «Потом» – это утешительная форма «Никогда». И если чувствуешь, что не будешь читать эту книгу сегодня, – не покупай ее. Таким образом можно сильно сократить количество ненужных вещей.

Хотел бы я этому научиться.

Не научился. Количество книг растет, затрудняя передвижение по дому. Появились так и не прочитанные – раньше я себе такого не позволял. К тому же многие прочитанные не оправдали ожиданий – а все равно стоят. Периодически охватывает бешенство, и кажется, что в этом состоянии можешь выкинуть все, что угодно. Бежишь в кабинет, хватаешь одну книгу, другую, а над третьей замираешь – ну как можно? И все.

Интересно, что молодое поколение этой болезни, кажется, не подвержено. Мой сын Иван может прочитать книгу, принести ее мне и забыть о ней навсегда – она ему больше не нужна. Смотрю на свои полки и думаю – много ли на них книг, к которым я готов возвращаться (словари, справочники не в счет)? Нет, совсем немного. Взять бы да избавиться от остальных – не могу! Тут – издание шестидесятого, и прямо пахнет оттепелью, эта – подписана автором, а эту откроешь – интереснейшая, обязательно надо прочитать! И не дай бог оказаться на книжной ярмарке – еще два мешка в дом!

Казалось бы, с опытом, который неизбежно приходит с годами, поток разочарований должен постепенно иссякать. Ничего такого не происходит – просто сам предмет меняется.

Одно из сильнейших разочарований постигло меня году в 87-м – это был год тотального выхода из подполья нашей рок-музыки. Ошалевшие от внезапной свободы рокеры (не знаю, как другие, а я-то был совершенно уверен, что постылая советская власть простоит еще лет сто – даже смерть какого-нибудь Брежнева производила сильнейшее впечатление, казалось, что он, как библейский персонаж, будет жить восемьсот лет) кинулись записывать альбомы, греметь по стадионам и изумлять заграницу. И мне казалось – вот он, момент истины, сейчас наш замордованный идеологией народ разует наконец-то уши и отвернется с негодованием от кастрированной советской вокально-инструментальной эстрады и двинется с песней за БГ или «Наутилусом».

И действительно, сам факт выхода из подполья (а вовсе не музыка) какое-то время вызывал общенародное изумление. Потом народ зевнул и потянулся к родному.

Нет, конечно, залы не опустели. Но мы-то ждали глобального поворота сознания.

С рокерами осталась та часть людей, которая любила их и до того. С Софией Ротару людей осталось больше. А потом появился «Ласковый май» с фанерой в зубах, и все вообще встало на свои места.

Нет, не ревность душила, клянусь вам, а жуткая обида за зрителя, которого мы вчера считали своим (не своей собственностью, но своим по убеждениям!), – за зрителя, который сегодня с таким наслаждением позволяет себя дурачить.

Удивительное дело, человек, который пишет песни, рисует картины – словом, делает что-то, что собирает вокруг него других людей, – постепенно оказывается в плотном кольце этих людей, искренне им восхищающихся. Человек не может определить толщину этого кольца – он видит только первые ряды. Рано или поздно у него возникает ощущение, что кольцо это не имеет внешних границ и толпа его почитателей простирается до горизонта. А на самом деле кольцо всегда имеет толщину, и, как правило, не такую уж значительную, а дальше – разрозненные кольца других людей вокруг каких-то других деятелей, и между ними – пустые безжизненные пространства.

(Увидев это один раз, я понял, что застрахован от обольщения на всю оставшуюся жизнь.)

Здесь, однако, не следует впадать в другую крайность – иногда кольца самым причудливым образом пересекаются, и уж тут – неисповедимы пути Господни.

Нам свойственно переносить на слушателя все тонкости нашего собственного вкуса. То есть если ваш товарищ, как и вы, любит чеснок, то он обязан любить и варенье, потому что его любите вы. Мало того – он обязан, как и вы, ненавидеть груши.

Это большое заблуждение.

Ваш товарищ ничем вам не обязан и будет с наслаждением жрать груши у вас на глазах. А чеснок вы с ним съедите вместе.

Однажды на рынке ко мне подошла пожилая женщина.

Честное слово, я не люблю, когда меня узнают на улице, – не потому, что узнают, а потому, что приходится с улыбкой выслушивать в сотый раз одни и те же слова. Но это была очень приятная интеллигентная женщина, и я остановился.

Она сказала: «Андрюшенька, неужели это вы? Вы извините, что я вас так называю, – разница в возрасте позволяет, а потом, вся наша семья уже много лет любит вас и ваши песни! И я сама, и дочка, и оба внука моих – я ведь уже бабушка! И календарь ваш у нас на стене висит, и почти все пластинки есть, и в доме всегда звучит ваша музыка!»

И когда я уже совсем растаял, добавила: «Ваша и Славочки Добрынина».

Покажите мне человека, который в детстве не мечтал жить вечно! Нет такого человека. Даже если бы желание это не подогревалось всякими сказками – представляете, как это здорово?

Жить вечно, и не стареть, и увидеть, что наконец будет с миром и с человечеством и чем все это кончится, и даже тогда не умереть, потому что ты бессмертный, а значит, это только у человечества все кончается, а у тебя будет что-то еще. В детские годы мне это казалось высочайшим счастьем.

Потом я забыл про это и долго на эту тему не размышлял. Вспомнил, посмотрев фильм «Горец». (Страшно завидую тем, кто смотрит это сегодня в свои двенадцать лет. Почему у нас всего этого не было? За детство счастливое наше спасибо, родная страна!)

А сейчас мне кажется, что такое бессмертие было бы пыткой и выдержал бы ее сегодняшний человек недолго – во всяком случае, ненамного дольше, чем ему было бы отпущено природой в обычном, так сказать, режиме.

Судя по Библии, первые люди жили гораздо дольше нас: по шестьсот-восемьсот лет. Охотно верю. Видимо, настолько же медленней была их жизнь, и событий происходило за шестьсот лет не более чем сегодня за шестьдесят, и так же медленно шло накопление информации. Один темп соответствовал другому.

«Ну да, – скажете вы, – а что же в Древней Греции они жили всего до сорока?» Тут я сощурюсь, сделаю паузу и спрошу: «А вы можете представить себе страну с населением, равным одному микрорайону Москвы, которое всего за триста лет подарило грядущему человечеству практически все, чем оно пользуется по сегодняшний день, – философию, эстетику, поэзию, театр, архитектуру, скульптуру, геометрию? (Думаю, масса вещей, таких как, скажем, музыка, просто до нас не дошли.)

Причем подарены были не азы, а недосягаемые и сегодня образцы!

Уверен, что жители этой страны должны были жить чрезвычайно насыщенной жизнью!» И вы отойдете, посрамленный.

Пока мы молоды, мы находимся на переднем фланге происходящего, то есть создаваемого.

Совершенно не важно при этом, пишешь ты книги или читаешь написанное другими. Создающие вкупе с потребляющими образуют некий общий культурный слой – толщиной примерно лет в двадцать. За это время обычно успевает созреть новое поколение, которое родит свою эстетику, основанную, конечно же, на отрицании вашей, предыдущей.

Вы оскорблены до глубины души, в которую эти юнцы вам плюют, – вы ведь творили и для них и очень на них рассчитывали! Вы уже забыли, что двадцать лет назад вы были точнехонько на их месте и ничем от них не отличались – только вы тогда все были в белом, а они теперь в голубом. И старшее поколение очень неодобрительно тогда на вас поглядывало. И казалось оно вам тогда скопищем заскорузлых пердунов, давно забывших свет Истины, а сама Истина в этот момент трепетала если не в ваших руках, то во всяком случае где-то очень неподалеку.

А сегодня поделки этих мальчиков кажутся вам бездарной ахинеей, и вы уже всерьез рассуждаете об общемировом кризисе современного искусства (музыки, литературы, живописи – какая разница!).

Бросьте, товарищ! Это вы просто защищаете эстетику своей юности – охраняете свою поляну. Вам хочется, чтобы ваша юность длилась вечно. Оставьте – ничего не бывает вечно.

Какое-то время нас спасает (и здорово, кстати, обманывает) круг наших старых друзей – мы не замечаем их морщин, они не видят наших. (Правда, если встречаться раз в год, то и это не помогает – все видно.) А еще лет через двадцать, если только эстетический маятник не качнулся обратно и вы не услышали вдруг что-то родное в новомодных напевах, вы уже плохо понимаете, что происходит за окном. И покидаете этот мир в полной изоляции и с некоторой обидой на неблагодарную и деградировавшую молодежь.

Простите меня за такую мрачную картину – я несколько сгущаю краски, и не так все печально, и придут к вам пионеры с цветами и будут, затаив дыхание, слушать ваши рассказы о боевой юности. А потом пойдут слушать свои песни – те самые, которые вы ненавидите. Не сердитесь на них – они ничуть не хуже нас с вами.

А по поводу мирового кризиса – это, по-моему, иллюзия. Вспомните – и в ваше время дерьма вокруг создавалось предостаточно. Хорошего было меньше, а лучшего – совсем немного. И вот спустя годы осталось это лучшее и еще чуть-чуть хорошего. А нам уже кажется, что только из этого все и было сделано. Дерьмо как-то забылось. Забудется и дерьмо сегодняшнее, а останется совсем немного лучшего и, бог даст, чуть-чуть хорошего. Что именно – посмотрим.

Большой я был, однако, оптимист. Ох, мало чего останется! Если останется вообще. Я об искусстве. Наверно, оно не может, да и не должно, рождаться равномерным потоком из века в век. Бывают промежутки. Ангелы отдыхают. Наверно, появляется что-то в другой области – науке, например.

Однажды Митяев привез меня в гости к Окуджаве. Я сомневался, удобно ли – не так уж близко мы были знакомы, но Митяев сказал, что все обговорено и нас ждут.

Знакомство с Окуджавой долгие годы было заочным и односторонним. У нас дома был маленький катушечный магнитофон – как в фильме «Семнадцать мгновений весны», – вещь по тем временам совершенно невероятная. Отец привез его из какой-то загранкомандировки.

Первым делом он пошел с ним в кино и записал всю музыку фильма «Серенада солнечной долины» – там играл оркестр Гленна Миллера. На вторую пленку были переписаны у отца моего друга Димки Войцеховского песни Окуджавы вперемежку черт знает с чем.

Настоял на этом, правда, Димкин отец – мой как-то не интересовался песнями под гитару, он любил джаз.

На пленке были: «Синий троллейбус», «По Смоленской дороге», «Вы слышите, грохочут сапоги», «Ленька Королев» и «Как просто быть солдатом» (очень она тогда казалась антисоветской). С этих песен я и начал чуть позже игру на гитаре – до битлов было еще далеко. Не могу даже сейчас сказать, чем эти песни отличались от того, с чем они были перемешаны (я и не знаю, кто на этой пленке пел какую-то полублатную бузню), просто они были очень хорошие, а все остальные – нет, и в мои восемь-девять лет это было яснее, чем дважды два.

В самом конце семидесятых Лена Камбурова взяла меня на концерт Окуджавы в Студенческий театр МГУ на улице Герцена. (Чудно вспомнить: и улица была еще – Герцена, и театр МГУ – театром, а не церковью.)

Мы пропихнулись через невероятную толпу по парадной лестнице на второй этаж, добрались до своих мест в зале.

Больше всего я боялся, что концерт отменят – это тогда было самым нормальным явлением. Концерт начался, Окуджава замечательно пел, время от времени откладывая гитару и отвечая на вопросы из зала.

Развернув очередную записочку, он вдруг прочитал: «Как вы относитесь к музыке „Машины времени"?»

Окуджава пожал плечами и сказал, что то, что он слышал, ему не близко.

Мне показалось, что весь зал смотрит на меня, я сидел красный как рак.

А Окуджава снова посмотрел в записочку и дочитал до конца: «Ее лидер Андрей Макаревич находится в зале» – и рассердился, видимо, на ситуацию и на себя. «Какая вообще разница, как кто к кому относится?» – сказал он раздраженно. И концерт продолжился. Вторую половину я запомнил хуже.

А потом, спустя много лет, меня представили Булату Шалвовичу (кажется, это было уже на его семидесятилетии). И первое, что он мне сказал: «Ради бога, извините меня за ту дурацкую историю с запиской на концерте!»

Я вам клянусь – это было одно из самых сильных потрясений в моей жизни. Я-то этот случай помнил, но чтобы помнил он, я не мог даже предположить.

Потом был прекрасный день рождения на маленькой сцене «Театра современной пьесы» – даже не поворачивается язык назвать его юбилеем, настолько все было непафосно. И в конце выяснилось, что на бульваре под театром стоит толпа людей, не сумевших попасть внутрь, и Окуджава позвал Шевчука и меня, и мы втроем вышли к ним на балкон, как прямо совсем уж не знаю кто, и мы с Шевчуком даже что-то такое пели – я все это не к тому вспоминаю.

Прошел еще год, и мы с Митяевым поехали в гости к Окуджаве. Окуджава сидел один в маленьком дачном домике в Переделкине. Он непрерывно курил, тяжело кашлял. Разговор, как это бывает между не очень близкими знакомыми, шел обо всем понемногу.

Я не мог отделаться от ощущения встречи с Учителем, я смотрел на фотографии в рамочках над письменным столом и думал, что и у меня точно так же висят над столом фотографии друзей в рамочках и что как это хорошо и естественно – подняв глаза от работы, видеть любимые лица.

А на другой стене висело множество колокольчиков, и я думал, что и у меня в доме много колокольчиков, только висят они не на стене, а над входом. И что вот сейчас мы сидим рядом с человеком, который гораздо старше и гораздо мудрее нас и который написал гениальные песни, и что сидим мы так в первый и, может быть, последний раз, и надо попытаться услышать и запомнить все, что он нам скажет.

А Окуджава сказал, что последнее время не очень хорошо понимает, что происходит вокруг. Разговор коснулся политики, и Булат Шалвович спрашивал у нас: «А Чубайс? Он вроде толковый, да? А Гайдар?» Он спрашивал у нас! И это было мое второе потрясение.

Нет-нет, он совершенно не производил впечатления слабеющего умом старика — упаси бог! Он просто сознавал, что Время за окном для него уже движется настолько быстро, что не все детали различимы.

Я все это рассказываю не для того, чтобы похвастаться знакомством с Окуджавой, а к тому, с чего начал. Если мудрейший человек нашего века к концу жизни признается себе (и нам) в этом ощущении, то что же тогда говорить о нас, остальных? Страшно как раз не это — это нормально. Страшно, когда человек, не желая осознавать своей неспособности угнаться за Временем, выносит приговор Времени, а не себе. Хотя винить не стоит ни Время, ни себя.

Вообще мне кажется, что изобретение хронометра нас сильно сбило с толку. Время — гораздо более сложная, многомерная и необъясненная вещь, и пытаться измерить его с помощью равномерно ползущих по циферблату стрелок или мигающих электронных циферок — все равно что пытаться измерить объем Мирового океана с помощью ученической линейки.

Во всяком случае, то, что оно для каждого движется по-своему и зависит это движение от возраста, места, ситуации и еще массы обстоятельств, не вызывает у меня никакого сомнения. И дело тут не в субъективности ощущений, вы мне поверьте.

Кстати, по поводу юбилея — со слов Беллы Ахмадулиной. Накануне семидесятилетия Окуджава позвонил ей и с тревогой спросил: «Как ты думаешь, мне не могут насильно дать какой-нибудь орден?»

Наш дом на Волхонке был совершенно замечательный. Говорю «был», потому что сейчас на его месте стоит его муляж – видимо, по распоряжению Лужкова о сохранении памятников архитектуры Москвы его разрушили и затем воссоздали – увы, только внешне.

С применением, так сказать, новейших технологий.

А дом пережил пожар 1812 года (он принадлежал князьям Волконским, или, по московскому просторечию, Волхонским) и на моей памяти находился в том состоянии, когда ничего нового с ним произойти, как казалось, уже не может. Дважды выселяли из него всех жильцов, а потом и организации, занявшие их место, на предмет крайней аварийности. А дом стоял и стоял. Когда его брались ремонтировать, под желтой штукатуркой открывалась дранка, уложенная крест-накрест и замазанная глиной, и видно было, что дом внутри – деревянный.

В канун одного из таких ремонтов я как раз научился рисовать пятиконечную звездочку не отрывая руки и всюду, где можно, оставлял за собой этот нехитрый знак, самоутверждаясь таким образом. Так вот, дом штукатурили, а я пролез между ног рабочих (было мне года четыре) и прутиком начертал на сырой стене несколько криватых звезд. Стена высохла, и звезды продержались удивительно долго – лет двадцать. До следующего ремонта. В доме уже давно никто не жил, а я приходил иногда проведать свои звезды.

Цоколь дома красили в серый цвет, а стены – в желтый и старательно белили балюстраду полукруглого балкончика на втором этаже. На балкончике этом, видимо, вечерами пили чай дочки князя Волхонского, поглядывая вниз на гуляющую публику. При нашей жизни этот балкончик уже не открывался и никто на него не выходил. Жалко.

Да и парадный подъезд, как водится, был заколочен наглухо и густо замазан масляной краской – в десять слоев. Жильцы пользовались черными ходами, которыми раньше ходила обслуга. Удивительное плебейство советской власти! Или это сохранившаяся в подсознании боязнь хозяев, которых выгнали из их домов?

Сегодня и этого, бокового подъезда, выходившего на Колымажный, уже нет – он заделан. После того как расселили коммуналку, в доме сидела какая-то контора, и я, проезжая мимо, все хотел зайти и просто посмотреть – что там теперь на месте нашей кухни, наших комнат? Так и не зашел. А потом дом в одночасье срубили под корень и на удивление быстро слепили точно такой же – из бетона. С одной только разницей – тот, настоящий, как и все московские домики тех лет, был немножко кривоватый: все прямые были проведены не по линейке, а как бы от руки. Конечно, это были следы времени – просадок, ремонтов (без приставки «евро»). Эта легкая повсеместная кривизна придавала старой Москве исключительно живописный вид: дома были живые. Сегодняшние безукоризненно ровные и весело раскрашенные их макеты вызывают у меня ощущение декорации. Хотя, наверно, я слишком многого хочу.

Теперь в нашем доме филиал Пушкинского музея, собрание частных коллекций. Пошел смотреть

Рембрандта, а сам все время думал: вот тут стояла моя кроватка с никелированной спинкой, а тут был коридор. Пришел замечательный бородатый дядька – кажется, директор – и подтвердил мои предположения – только внешние стены повторяли очертания былого дома. Да и то не все – дом разросся вбок и перекрыл стеклянной галереей часть двора, где был крохотный садик в два дерева и будка дворника дяди Гриши. Зато во время реконструкции под домом обнаружились сводчатые подвалы чуть не четырнадцатого века. Там теперь музейный сортир. Поразительно – жили и не догадывались! Знать бы мне тогдашнему, шестилетнему, что под нами такое!

А по Волхонке ходил трамвай, и магазин «Продукты» назывался не «Продукты», а – «Бабий магазин», а овощная лавка во дворе за ним – «Дядя Ваня», по имени продавца. Кто сейчас знает, как зовут продавца в овощной лавочке?

А если подойти к краю Волхонки (она ведь, наверное, одна из самых коротких улиц Москвы!), то на углу напротив библиотеки Ленина виднелась не покрытая плешивой травой пустошь, а – аптека. В аптеке работала кассиршей тетя Вера Бендерская – наша соседка по парадному. Один раз она дала мне покрутить ручку кассового аппарата. Аппарат назывался national и являл собой произведение архитектуры – с башенками, колоннами и пилястрами, и все это в сверкающем металле. При повороте ручки в готическом окошечке возникали цифры, раздавался волшебный звук, и на серебряное блюдечко выпадал чек, отпечатанный на толстой синей бумаге. Это было волшебство. Очень хотелось стать кассиром.

А прямо напротив наших окон – там, где теперь какие-то «Соки-воды», – располагалась парикмахерская. Парикмахера звали Абрамсон. Двери всегда были открыты настежь, и седой Абрамсон выносил на улицу стул и сидел на нем, покуривая. Он не был перегружен работой.

Парадное наше находилось напротив Музея изобразительных искусств и имело три каменные ступеньки сразу за уличной дверью. Внутри пол был покрыт асфальтом (вот странно!), прямо по курсу – дверь в квартиру на второй этаж (туда, где балкончик). Я так и не знаю, кто там жил. Слева – тетя Вера из аптеки. И справа – наша дверь.

Черный круглый звоночек с белой эмалированной кнопочкой. К нам – два звонка. Отдельный звонок – к Герчиковым. Они жили особняком. Открыв дверь, вы попадали в длинный и причудливо изогнутый коридор. Стены его были покрыты желтым мелом и в районе телефонного аппарата сплошь исчирканы номерами и именами.

Телефонный аппарат висел на стене и был черным, продолговатым и железным. Хромированный диск его, вращаясь в обратную сторону, издавал удивительно приятный звук.

Нынешние пластмассовые телефоны при всем желании такого звука издать не могут.

А номера были шестизначные и с буковкой впереди. Наш номер – К4-19-32.

На стенах коридора висели велосипеды, банные шайки и жестяная детская ванна – моя.

Еще по левую руку стоял гигантских размеров черный комод (не знаю чей), а по правой стене шли двери.

За первой дверью жили Марины – баба Лена, дядя Дима, тетя Лена и сын их Генка.

Баба Лена была маленькая согбенная старушка с коричневым лицом и вся в каких-то коричневых платках. Она почти не говорила, появлялась беззвучно, непрерывно курила папиросы и кашляла мужским басом ночью за стенкой.

Она, наверно, была ведьма. Но об этом – позже.

Дядя Дима работал водителем грузового троллейбуса. (Вы знаете, что такие бывают? Я видел!) Был дядя Дима огромен, слегка небрит, хрипл и добр; может быть, по причине постоянного выпивания.

Я тогда не вдавался в такие тонкости.

С дядей Димой связаны у меня три очень ярких воспоминания.

Во-первых, как он катал меня однажды на своем грузовом троллейбусе вокруг Музея изобразительных искусств (поскольку Музей изобразительных искусств был имени Пушкина, то и звали его все для простоты – Музей Пушкина). Меня поразило, что троллейбус может, оказывается, ехать и без проводов, сложив на спине дуги, – с помощью аккумуляторов. Я не знал, конечно, что такое аккумуляторы, но заочно проникся к ним колоссальным уважением.

Потом дядя Дима однажды на кухне палил над газом курицу, и, хоть убейте меня, у этой курицы были четыре ноги. Тогда меня этот факт не очень удивил, но позже я совершенно безуспешно старался найти ему какое-то объяснение. Мне пытались навязать версию, согласно которой это был кролик. Возможно, но в таком случае это был крылатый кролик.

А еще однажды я заболел ячменем. Коммуналка наша была весьма дружная (не считая Герчиковых), и ячмень мой переживали сообща. Дядя Дима тоже пришел смотреть на ячмень, приблизил свое лицо к моему и вдруг совершенно неожиданно и коварно плюнул мне в глаз. Плевок пах луком и табаком, и я очень расстроился. Кажется, ячмень прошел.

Со здоровенным Генкой – сыном дяди Димы и тети Лены – мы дружили, хотя Генка был года на два старше, а в этом возрасте это огромная дистанция.

Вторая по счету дверь была наша, а за следующей жила тетя Роза Герзон и дочь ее Галя. У них в комнате как-то по-особенному пахло.

Я вообще в детстве прежде всего замечал запахи.

Приходила к маме подруга ее тетя Вера – и я с диким трудом переносил ее приближение и, не дай бог, поцелуй – у нее был какой-то неправильный запах. А на коленях бабушкиной сестры тети Эммы я готов был сидеть вечно – так замечательно от нее пахло.

Только не подумайте, что от кого-то воняло, а кто-то благоухал (слово «дезодорант», кстати, тогда еще не было известно прогрессивному человечеству!) – речь шла о каких-то очень тонких вещах, и вполне возможно, что, кроме меня, этого вообще никто не чувствовал.

Так вот у Герзонов пахло правильно, и я к ним часто заходил под разными предлогами нюхать этот запах. Обои в комнате были синие с крупными алыми розами, и это мне тоже нравилось. На стене висела «Неизвестная» Крамского, которую называли «Незнакомкой». Мне давали играть мраморных слоников и удивительные блестящие металлические штуковины, из которых я сцеплял длинные составы и возил их по полу. Об истинном предназначении штуковин я не задумывался. Впоследствии жизнь показала, что это были такие специальные подставочки под столовые ножи. Чтобы, значит, не гадить на скатерть.

За следующей дверью находилась комната Герчиковых. Там жили Алла Петровна и сын ее Алик. Алла Петровна, кажется, была артисткой и находилась в состоянии войны со всей остальной коммуналкой.

Очевидно, это было обязательное явление для любой коммуналки – кто-то с кем-то должен был воевать.

Из кухни постоянно несся крик Аллы Петровны – у нее был густой поставленный голос. Тихие Герзоны так ее боялись, что выходили готовить еду ночью. Время от времени Алла Петровна писала жалобы в товарищеские суды на всех жильцов, включая нас. Суды, видимо, происходили и ничем не кончались.

Рядом с покоями Герчиковых располагались две фанерные дверки – в туалет и в ванну.

Я знаю, что следует писать «в ванную», то есть в ванную комнату, но это была дверь действительно прямо в ванну, никакой комнаты вокруг не было – только серая щербатая раковина.

За соседней дверкой находился серый и пятнистый, как жаба, унитаз и рваная на кусочки газета в клеенчатом карманчике. Запиралось это дело изнутри на неверный крючок, и в остававшуюся щель можно было свободно увидеть, кто же там так долго сидит. Висело тут же два расписания (написанные, видимо, рукой моего отца – твердым архитектурным шрифтом). Одно из них делило утренние часы пользования ванной между жильцами, а второе указывало, какая семья когда моет полы в коридоре и на кухне.

Кухня начиналась сразу, если повернуть налево от двери в ванну. Была она большая, низкая и имела два окна во дворик. (Я их очень любил – всегда было видно и слышно, кто гуляет.)

Еще там были чулан и сени в черный ход. В сенях лежали дрова – дом наш отапливался печами, и во дворе стояли сараи для дров, у каждого своя секция с отдельной дверью, и привозили дрова на подводе, в которую была впряжена настоящая лошадь.

Стояли на кухне четыре газовые плиты – у каждой семьи своя. Я сидел на окне и смотрел во двор, а на плитах что-то варилось, пеклось, булькало, соседи делились впечатлениями от похода в «Бабий магазин», одалживали друг у друга муку и спички, строили планы обороны от злокозненной Аллы Петровны. Жили дружно. Это было сорок с небольшим лет назад.

Да нет – пятьдесят пять. С небольшим.

Наша дверь вела не сразу в комнату, а сначала в узенький темный коридорчик. При всей его узости он еще был забит вешалками с пальто, какими-то сундуками и хламом. Освещался коридорчик тусклой-тусклой лампочкой, но до выключателя я не дотягивался, а окон в коридорчике, естественно, не было.

Я садился в темноте на сундук и боялся щуку.

Щука была нарисована в книжке «Русские народные сказки». Ее держал над прорубью русопятый Емеля, и была она жирная и зеленая, как гусеница. Глаз ее неприятно сверкал.

Я чувствовал, что щука водится где-то в районе коридорчика – возможно, затаилась у стены за вешалкой. Чтобы все обошлось, надо было или очень быстро миновать гиблое место, или уж застыть, не дыша, в полной неподвижности. Неподвижность почему-то гарантировала благоприятный исход в подобных ситуациях. Я расскажу об этом чуть позже.

Так вот, если удавалось проскочить коридорчик, то попадешь в комнату, из которой шла дверь в еще одну – мы по причине многочисленности имели две комнаты.

В двух комнатах жили: я, мои мама и папа, мамина сестра Галя и моя бабушка Маня.

Жила еще, как правило, моя няня. Няня приглашалась не для роскоши – просто мама работала и училась, папа работал, тетя Галя училась, баба Маня работала, и оставлять меня днем было не с кем.

Няни приезжали из деревни и время от времени сменяли друг друга. Сначала была тетя Маша Петухова, потом Катя Корнеева из деревни Шавторка Рязанской области, потом ее сестра Нина.

Как я сейчас понимаю, это был один из немногих способов молодой деревенской девушке попасть в город. Просто так паспорта в деревнях на руки не выдавали, для этого нужно было основание – временная прописка.

А тут уже няня выходила замуж за какого-нибудь солдата, и ее сменяла следующая.

Проводил я с ними дневные часы, но ничего особенно светлого не запомнилось. Помню, как тетя Маша уронила меня с рук на тротуар. Помню вкус разбитой губы и пыльного асфальта. Было мне года два с половиной. Еще помню, как строгая Нина ставит передо мной миску с самой ненавистной моей едой – творогом, растертым в кефире, – и будильник. Чтобы через пять минут все было пусто! В кефире плавают комки от творога, и от них кого угодно может вырвать. Нина исчезает на кухне, и я в полном отчаянии перевожу стрелки аж на полчаса назад и сижу обреченно, не дыша и с творогом за щекой.

Нина, видимо, была не очень сильна в часовой технике, и прошло какое-то время, пока она разгадала мой маневр.

Крики переносил безропотно, но в душе переживал страшно. Я вообще в детстве ненавидел есть. Ненавидел иезуитский прием, с помощью которого меня пытались пичкать. Коровка паслась на лугу, крестьяне ее доили, потом из молочка сделали творог, привезли в город, отец работал на работе, заработал деньги, купил творог в магазине, а ты, сволочь, есть не хочешь? Я мог спокойно принести из детского сада макароны за щекой. Но в детский сад меня отправили позже.

В первой комнате располагались: диван с тяжелыми жесткими подушками и двумя валиками (я любил с ними бороться), черная рифленая печь до потолка, буфет с архитектурными излишествами – тогда других не было, хрущевская мода на «современное» еще не наступила. Потом – окно на Волхонку, потом – пианино «Красный Октябрь» в сером чехле и на нем – телевизор «КВН» с линзой.

Вся квартира (кроме Аллы Петровны, естественно) приходила к нам смотреть телевизор. Что показывали, было совершенно неважно – сам факт какого-то движения на экране являл собой чудо и вызывал радостное изумление.

Еще посреди комнаты стоял старый дубовый стол со стульями. У стола были массивные квадратного сечения опоры, и я очень любил ходить под этот стол пешком – особенно когда приходили гости. Меня не было видно, а мне все было слышно; кроме того, я мог спокойно рассматривать всякие интересные ноги сидящих за столом.

Во второй комнате стояли комод с зеркалом, кровать мамы с папой, кровать моя, письменный стол и раскладушка тети Гали.

Как это все помещалось на десяти метрах, я не понимаю. Впрочем, раскладушку на день убирали.

Одну стену целиком занимала книжная полка, вторую полку над моей кроватью строили уже при моей жизни.

Одно окно выходило на Музей Пушкина, другое – полукруглым выступом – на угол Волхонки. Дом наш имел очень толстые стены, и подоконники были очень глубокие – почти в метр.

Меня загоняли или относили спать, целовали на ночь, некоторое время я боролся со сном, силясь расслышать, о чем говорят взрослые в соседней комнате, потом проваливался в сон, и, как укладываются родители и тетя Галя, я уже не слышал.

Ночью я просыпался оттого, что в комнате происходило страшное. На полукруглом подоконнике за моей головой шла таинственная жизнь. Во-первых, там обитали «огоньки» – маленькие существа, похожие на чаинки в стакане чая, если его размешать ложечкой. Они светились оранжевым светом, безвучно роились над подоконником на фоне черного окна и иногда неожиданно небольшой стайкой перелетали ко мне на одеяло. Еще на этом подоконнике жили какие-то маленькие матросики – помню, что они были в матросской форме. Они надували небольшие цветные шарики, и у них там шел некий праздник. Они всегда гуляли сами с собой и подоконника не покидали – можно было, скосив глаза и затаив дыхание, наблюдать за их ночным весельем.

Это все были нестрашные обитатели. Но страшные таились рядом, и я это чувствовал. Они всегда входили через дверь и уходили через нее, причем я точно знал, что в нашей второй комнате они не задерживаются, а сразу идут через коридорчик в общий коридор и куда-то дальше. Самый страшный был маленький и очень толстый усатый дядька в красной турецкой шапочке – Тартарен из Тараскона с обложки одноименной книги. Он приходил искать меня, и вот тут-то надо было замереть, не дыша, и не дай бог, если руки остались поверх одеяла. Я замирал, жители подоконника меня не выдавали, и дядька в конце концов уходил, переваливаясь, недовольный. Какое это было облегчение!

Являлась еще соседка баба Лена (не сама она, конечно, а ведьмино ее воплощение). Эта находила меня безошибочно и норовила лечь на меня поверх одеяла, чтобы придушить. Я делал движение, задыхаясь, и она беззвучно соскальзывала с моей кровати и исчезала в дверях. При этом далекий хор пел что-то вроде «Старушка ушла». Я даже знал ее имя: ее звали Старая Яга Календа. Помню, меня очень интересовало, выдаст ли баба Лена себя наутро каким-нибудь неосторожным взглядом. Но наутро она, как правило, не появлялась, кашляла за стеной.

Однажды, проснувшись утром, довольно долго видел перед собой овальный портрет медведя на ярко-зеленом фоне в богатой золотой раме. Портрет висел в воздухе минут пять и, когда проснулись родители, неохотно растаял.

Все эти ночные чудеса не имели никакого отношения к снам – я бодрствовал, находился в полном сознании и мог, например, разбудить родителей. Я просто понимал, что делать этого ни в коем случае нельзя. Двери в другой мир, которые кто-то приоткрывал для меня, могли захлопнуться с непредсказуемыми последствиями, и я это очень хорошо чувствовал.

Впрочем, если было нужно, эти ночные соседи легко путешествовали в мои сны и обратно. Однажды, когда я болел ангиной (за этим занятием я провел большую часть детских лет), мне приснилось, что я в пижаме сижу на краю стола, передо мной стоят мама с папой и требуют, чтобы я ел мед из пол-литровой банки. В банке сидит маленький чертик, но я, как обычно, не имею права сообщить об этом родителям. Я могу только до последнего момента препятствовать тому, чтобы банку открыли. Так как предлоги мои совершенно неубедительны, банку в конце концов открывают, и чертик молниеносно прыгает ко мне за воротник, скатывается под пижамой вниз и больно кусает в ногу. От своего крика я просыпаюсь, прибегают из соседней комнаты родители, и на моей ноге довольно долго потом держится укус с четкими отпечатками маленьких зубов.

Кстати, совсем необязательно нужна была ночь, чтобы увидеть скрытое. Если я глядел не мигая какое-то время на свет (скажем, на небо), то начинал видеть, что воздушное пространство состоит из великого множества крохотных прозрачных шариков, которые носятся туда-сюда, как молекулы под микроскопом (ни о каких молекулах я еще слыхом не слыхивал), и я точно знал, что это тоже живые существа.

Я мог бы вспомнить множество таких историй. Но вот что мне интересно сейчас. Никогда это не были покойники, привидения или, скажем, наоборот — ангелы в белых одеждах. Это были жители близкого нам параллельного мира — мира эльфов, троллей и домовых, и, видимо, на этом отрезке жизни мне было дозволено иногда видеть их и слышать их голоса.

Вновь посетило меня ощущение этого мира недавно (ничего себе недавно — лет пятнадцать назад!) во время путешествия на остров Пасхи. Нам посчастливилось оказаться там с Туром Хейердалом — великим путешественником, который этот остров фактически открыл. Боюсь думать, какое туристическое чудо остров представляет собой сегодня — тогда там не было ничего: взлетная полоса (самолеты, пересекавшие океан, садились на дозаправку), общежитие для археологов, в котором мы жили, — через фанерные стеночки можно было вполголоса беседовать с жильцами любой комнаты, грунтовые дороги. В отдалении от общежития располагался ресторан, и когда мы спросили, можно ли вызвать такси, чтобы туда добраться, нам ответили: «Можно. Но оно сейчас занято». На острове жили восемьсот жителей и тысяча двести моаи – гигантских статуй. Статуи поражали не столько размерами, сколько своей эндемичностью – так людей больше не изображали ни в одной точке мира. Еще были эвкалиптовые рощи, от запаха которых кружилась голова – других деревьев на острове не росло, – задумчиво бродившие повсюду лошади, и океанский прибой, мерно ударявший в черные лавовые скалы. Все.

Мы приземлились поздно ночью. Сарайчик, исполнявший обязанности аэропорта, освещался одиноким фонариком. Все остальное пространство уходило во мглу. Высокие аборигены с растатуированными лицами подняли Хейердала на руки, увили его цветами, запели что-то торжественное и растворились вместе с ним во мраке – он тут был чем-то вроде живого святого. Накрапывал дождик, где-то вдали очень по-нашему брехала собака, тянуло прохладой. Я прошел несколько метров наугад в полной темноте и уткнулся в плетень – он ограждал летное поле. Было полное ощущение, что мы не на таинственном острове с названием «Пуп Земли», на самом ее краю, а где-то в воронежской глубинке.

Хейердал водил нас по местам былых раскопок – он начал их здесь пятьдесят лет назад. Показал самые огромные статуи, так и оставшиеся лежать в кратере вулкана, где их высекали, – так до конца и не-

известно, что произошло, все вдруг остановилось. Рассказал, как их поднимали и перемещали к морю — без всяких инопланетян и потусторонних сил, с помощью камней и канатов. Мне страшно хотелось самому найти что-то древнее — я спросил Хейердала, насколько это возможно. Хейердал сокрушенно развел руками и сказал, что за полвека тут так все перекопано, что шансов никаких. Я расстроился.

Все, что рассказывал Хейердал, было интересно, но недостаточно. Он и сам знал не все. Кто эти моаи — умершие вожди, идолы, боги? Статуи манили к себе. И мы с моим другом Марком Гарбером решили отправиться к ним ночью. Мы выбрали место, где они стоят в ряд на одном стилобате спиной к океану — человек восемь, один огромней другого. На нашем арендованном джипе удалось проделать только половину пути — дальше дорога уходила вбок. Статуи возвышались впереди силуэтом на фоне абсолютно черного звездного неба, и нас разделяло поле, покрытое двухметровыми валунами. Мы еле доковыляли до цели в полной темноте. Не покидало ощущение чего-то недозволенного, хотя ничего недозволенного в наших действиях не было. Мы выбрали себе статуи — каждый свою — и уселись на постамент у их подножия. Статуя Марка была через одну от моей, и нас с ним разделяло метров пятнадцать — мы могли переговариваться.

Постамент, на котором я сидел, был теплый и шершавый, как слон. К статуе я прислонился спиной и, подняв голову, мог видеть ее силуэт на фоне невероятного звездного неба. Звезды были крупными, отчаянно яркими — и я впервые увидел, как Земля вращается: весь небосвод медленно, очень медленно двигался относительно каменного истукана — на фоне черного неба он выглядел еще чернее, и казалось, что это, наоборот, мы с ним плывем куда-то. Начинала кружиться голова.

Я заметил, почувствовал спиной, что статуя теплее постамента, как будто она живая, и подумал, что должно было бы быть наоборот — если камень хранит солнечное тепло, то горизонтальные поверхности должны были нагреться сильнее. Впрочем, мысли эти бродили где-то по самой периферии сознания — все мое существо было охвачено чувством какой-то небывалой вселенской гармонии — я был крохотным атомом мира и плыл с этим миром, исполняя мудрый и неведомый закон жизни и вечности. От статуи за спиной исходило добро, я чувствовал это физически.

Прошло минут двадцать — а может, сорок, времени не существовало. И вдруг в одно мгновенье все изменилось. Как будто кто-то огромный сказал: «Все! Уходите!» Гармония рассыпалась, от камня потянуло холодком, стало страшно. В этот момент я услышал, как Марк говорит: «Ты почувствовал?» Больше мы не говорили — мы спрыгнули с постамента и побежали прочь. Именно побежали — не знаю, как мы не сломали ноги о валуны в полной темноте.

Наутро был последний день нашего пребывания на острове. Я один отправился в кратер потухшего вулкана, где когда-то высекались статуи, и нашел на самом открытом месте две аккуратно сложенные кучки инструментов – каменных рубил и ножей из кремня для резки канатов. Я выбрал три рубила и один нож – больше не мог унести, – вернулся в лагерь и показал их Хейердалу. Хейердал был потрясен – уже много лет на острове ничего такого не находили – здесь побывало около пятидесяти археологических экспедиций, и уж такие очевидные места, как этот кратер, были исследованы до камушка. Он хотел немедленно отправиться туда со мной, но у нас оставался час до самолета.

Рубила лежат у меня дома. Я знаю, что этот подарок я получил еще ночью, когда небо медленно вращалось над нами. И не надо попрекать меня дешевой мистикой. Знаю, и все!

С нечистой силой в виде домового, кстати, я столкнулся уже в зрелом возрасте. Жил я к тому времени на Ленинском проспекте совершенно самостоятельной жизнью. То, что разнообразные мелкие предметы то и дело исчезали в дому непостижимым образом, а потом находились в самых неожиданных местах, меня не особенно удивляло. Всегда легче списать на собственную рассеянность, чем на домового, и я не очень-то над этим задумывался.

Хотя веревочку к ножке стола со словами «Домовой-домовой, поиграл и отдай!» привязывал постоянно.

Однажды среди ночи приснилось, что мама, лежа на диване, отчитывает меня за что-то, как водится, а я стою перед ней понуро. От огорчения я внезапно проснулся, не открывая глаз, и через секунду понял, что сна уже нет, а мамина нотация продолжается, причем читают ее прямо над левым ухом и голос почему-то мужской. Это было так неожиданно, что я открыл глаза и резко повернулся. На кровати около моей головы сидело существо, размерами более всего напоминавшее присевшего на задние лапы кота. Оно было покрыто густой темной лохматой шерстью (мне показалось в темноте – коричневой). Существо испугалось гораздо больше, чем я, и запрыгало по кровати, и я понял, что оно гораздо тяжелее кота таких же размеров. Оно соскочило со стуком на пол и громко ускакало по коридору на кухню, завозилось там в чем-то и затихло.

Интересно – то, что это домовой, я понял как-то сразу, и страха не было. Я встал с кровати и пошел смотреть, где он живет.

Я вычислил это место сразу. В дальнем углу кухни стояли холодильник и узкий шкаф-колонка, в котором хранились всякие крупы и специи. За шкафом в стене располагалось узкое окошко, этим самым шкафом закрытое, а потому нерабочее, то есть функции окна для меня не выполнявшее. Под окошком находились батарея и небольшая ниша, совершенно мне недоступная. Там было тепло, темно и пыльно. Конечно, парень жил там. Я очень хорошо представил себе, как он сидит вечерами на невидимом мне подоконнике и смотрит на улицу – долго и без особого смысла. С тех пор я старался во время редких уборок обходить этот угол стороной и даже пару раз оставлял молоко в блюдечке на полу.

Хотите верьте, хотите нет, но кражи мелких предметов после этого прекратились.

С лешим была такая история.

В начале семидесятых мы любили своей компанией ходить в Карелию.

Началось с того, что про Карелию Юрка Борзов случайно прочитал в журнале «Наука и жизнь» десятилетней давности – брошенные деревни, пустые деревянные погосты, озера, полные рыбой, и в каком месте надо развести костер, чтобы с того берега приехал на лодке пастух и перевез тебя.

Мы двинулись по описанному маршруту – на поезде до Петрозаводска, оттуда на «Ракете» мимо Кижей (тогда еще заброшенных и совершенно не потоптанных экскурсиями) до Великой Губы, далее – пешком через лес. С собой было взято только самое необходимое – ружье, рыболовные снасти, соль, сахар, чай, вермишель, водка, спички. Пропитание предполагалось добывать самостоятельно, так что никакой это был не туризм, а самое настоящее путешествие.

Часа через два продирания сквозь северный ельник мы вышли наконец на берег огромного Яндомозера. На далеком противоположном берегу виднелись покосившаяся бревенчатая колокольня и черные срубы. Мы разложили костер, накидали в него травы, повалил дым, и с того берега действительно затарахтела моторка. Это было невероятно – мы пользовались инструкциями десятилетней давности!

В лодке сидел пастух. Звали его Женька, и выглядел он совершенным ковбоем – в шляпе невнятной формы, темных очках и с трубкой. «Вина есть?» – воскликнул он радостно. Это звучало как приветствие, и только раза с четвертого мы поняли, что это вопрос и что «вина» на местном наречии – это, по-видимому, водка.

Бутылка «вина» была тут же распита, пастух Женька полюбил нас как братьев и перевез к себе на тот берег, где он жил один среди брошенных невесть когда деревянных домов, оказавшихся вблизи огромными – в два-три этажа, с въездом для телеги на второй этаж, с резными наличниками удивительной красоты. Часть домов наполовину развалилась, и оставшиеся стены держались неизвестно на чем, а часть выглядела почти целыми. Женька погремел связкой ключей и велел нам выбирать дом для жилья.

Началась прекрасная жизнь. Я ловил рыбу и готовил еду (тогда-то все и началось), Юрка Борзов исследовал местность, а Кавагое охотился. Первую утку стреляли с большой боязнью – непонятно было, можно ли здесь охотиться, есть ли поблизости лесник, да и вообще был не совсем сезон. Выстрел раскатился над озером длинным эхом, и утка пошла в суп. Вечером, как всегда, заглянул пастух Женька – на стаканчик «вина».

(Вел он себя с удивительной деликатностью, вообще для северных людей свойственной, – после первой встречи на берегу ни разу не намекнул на «вина», а когда предлагали – отказывался, впрочем, очень недолго – ровно столько, чтобы мы не успели передумать.)

«Стреляли тут, – сказал он, прищуриваясь и неторопливо раскуривая трубку, – слыхали?»

«Слыхали», – дипломатично ответил Кава. И в свою очередь спросил погодя: «А что, Жень, егерь-то тут есть?»

«Егерь-то? – задумался Женька. – А есть егерь, конечно, как не быть».

«А кто?»

(Надо сказать, что беседа была истинно северная – шла через очень большие паузы.)

«Кто? (Пауза.) А я, наверно, и буду егерь. (Пауза.) Ты, что ль, стрелял? Да стреляй, ради бога!»

Так вопрос с мясом был решен.

День на третий Кава сбил очередную утку, и я посчитал, что она будет хороша в лапше с грибами. За ними я и пошел в лес.

Лес начинался прямо по берегу озера, примерно в километре от деревни. Чтобы не заблудиться, я все время держал озеро в поле зрения – оно было слева от меня. Идя по лесу, поглядывая на озеро, я обошел подряд три заливчика – полукруглые, заболоченные, с березками по берегам, очень похожие друг на друга, каждый метров по пятьдесят шириной. Корзинка была уже тяжелая, день – жаркий и безоблачный, комары и слепни гудели громко и уныло, и я решил искупаться. Я быстро разделся на каменистом берегу, отмахиваясь от кровососов, вошел в темную воду и нырнул – головой вниз.

Глубина начиналась от берега сразу, вода была теплой только на поверхности, а внизу – ледяная, у меня зазвенело в ушах, и вдруг я услышал, как поют русалки. Пели они без слов, но это была песня про всех утонувших в этом озере – за тысячи лет. Голоса под водой звучали так неожиданно и страшно, что я пулей вылетел на поверхность. Над водой никто не пел, лес смотрел на меня мрачно и неприветливо. Я оделся, стараясь не смотреть по сторонам, и заспешил в сторону дома.

Ощущение тревоги не проходило. И деревья, и озеро, и синее небо без облачка – все стало каким-то нехорошим. Довольно быстро я достиг первого заливчика, обошел его почти бегом, спотыкаясь о торчавшие между кочек березовые корни, за ним – еще один и еще один. Дальше должна была начаться прямая дорога к деревне – по берегу. Но на пути возник еще один заливчик – четвертый. Я проскочил его не думая и уперся в пятый. В легкой панике обогнул и его и, выйдя к шестому, понял, что это – второй. Я узнал его по высохшей березе, свисавшей над самой водой. Меня пробил холодный пот.

Озеро все время маячило с одной стороны (теперь, на обратном пути, справа), и хождение кругами исключалось. Это было страшно, может быть, особенно потому, что необходимые элементы мистики и ужаса – полная луна, косматые туманы, вой ветра и уханье филина – отсутствовали напрочь. Я был в полном сознании и абсолютной трезвости, и часы на руке показывали четверть второго пополудни.

Я полез на дерево. Затея дурацкая с учетом того, что я не мастер лазать по деревьям, к тому же в северном лесу все деревья практически одной высоты. Я ободрался об иголки, измазался в смоле, чуть не свалился вниз и ничего не увидел. И тогда я стиснул зубы и решил следовать логике – тупо идти вперед, держа озеро справа, сколько бы глупостей на пути мне ни подкинули. Обошел проклятый заливчик с березой, потом еще один, и вдруг они кончились, и кончился лес, и замаячила вдали родная деревня. Выглядел я, наверно, убедительно – мокрый, растрепанный и возбужденный невероятно. Рассказ мой восприняли с недоверием, но я настоял, чтобы мы немедленно отправились в заколдованное место и установили истинное количество заливчиков. Кава плюнул и поплелся за мной, чертыхаясь.

Заливчиков, конечно же, оказалось три.

Наш двор на Волхонке, начинавшийся за окнами кухни, тянулся в три стороны, был необъятен, загадочен и манящ. Недавно (совсем недавно – лет десять назад), зайдя туда, я поразился – до чего же он, оказывается, маленький.

Так вот, двор был необъятен. Из окон кухни виделся палисадничек с двумя деревьями. По одному из них было удобно залезать на крышу. Левее – у самых ворот – стояла деревянная будочка, пристроенная к дому. Там жил дворник дядя Гриша.

Вправо от ворот тянулись сараи с дровами. Сараи имели множество дверей, запертых на висячие замки. Внутрь можно было проникнуть через крышу, но, собственно, кроме дров, ничего интересного в сараях не было. Интереснее было под стропилами самого дома – там жили голуби, стояли какие-то сундуки, пахло таинственно. Мы залезали туда по пожарной лестнице или по дереву – однажды родители меня застукали, и мне здорово влетело.

Напротив кухонных окон через двор располагался дом Грибоедова. Только тогда еще никто, по-моему, не знал, что он – Грибоедова. Пребывал он в полуразрушенном состоянии, и темные его сводчатые подвалы я хорошо помню. Чуть позже у нас там находился штаб.

А дальше двор перетекал в три рукава. Один вел к высокой решетчатой ограде – за ней жили детдомовские. Мы смотрели на них через прутья – как они там гуляют. Контактов не было.

Средний рукав мимо полуподвальных окон, за которыми жил Серега Дундич, вел к низкому и длинному клубу, где бывали лекции, суды, собрания и иногда после них – кино.

Поразительно – вот этот дом, где жил Серега Дундич, остался (пока) в совершенно прежнем состоянии – единственный. Стоит он древним кривым потрескавшимся кораблем среди наштукатуренных новоделов, по-моему выселенный, и по нему можно получить очень хорошее представление о том, как выглядел весь двор в те годы. Зайдите, посмотрите.

Третий рукав вел мимо пожарной лестницы, подъезда, где жили Алька Лебедев и Вовка Деготь, в арку и выходил на Волхонку в самом ее начале – на травяной склон у «Бабьего магазина».

Я предпочитал играть в ближней части двора – рукава казались мне бесконечными и не лишенными опасностей. Однажды в кирпичной стене дома я нашел застрявшую в ней пулю от трехлинейки.

Захаживали во двор точильщик и старьевщик. Оба предваряли свое появление странным гортанным, почти нечеловеческим криком. Крик повторялся с равной периодичностью и больше всего был похож на древнее злое заклинание.

Мне тогда и в голову не приходило, что это какие-то русские слова. Уже сильно потом, проигрывая их в голове, я понял, что в одном случае это было «Старье берем!» (в одно слово, естественно), а во втором – «А вот точить ножи-ножницы-мясорубки!».

Точильщик нес на плече точильный станок – деревянную станину с круглыми точильными камнями на оси и педалью. Выходили из домов хозяйки, выносили пучки ножей, точильщик замедлял ход, ставил свой аппарат на землю, давил ногой на педаль, камни вращались, из-под ножей летели искры – это было безумно красиво. В это время точильщик не кричал, а других, человеческих, слов он, видимо, не знал – молча отдавал хозяйкам их ножи, принимал свои копейки, вскидывал станок на плечо и двигался дальше, и уже откуда-то из-за угла снова раздавался его страшный крик.

Мне всегда очень хотелось увидеть его в тот момент, когда он кричит, – чем он это делает и какое у него при этом выражение лица – но ни разу так и не удалось. Все слышали, как поет соловей, но никто не видел, какая у него при этом морда.

У старьевщика можно было выменять на старье или купить (нереально! на что?) пугач. Пугач – недостижимая мечта. Это наган, отлитый из олова, он тяжелый и очень похож на настоящий – особенно когда он захватается руками и потемнеет. Он стреляет специальными пробками. Пробки сделаны из глины, заполнены в середине красной серой, похожи на маленькие ватрушки с вареньем. Выстрел по грому, обилию огня и дыма напоминает небольшой взрыв. Но поскольку пробки на вес золота, выстрел производится в исключительных случаях и при максимальном скоплении народа.

С детских лет я испытывал необъяснимую любовь к пистолетам и особенно револьверам – не знаю почему, но это было больше, чем просто мальчишеское восхищение оружием: мы, конечно, играли в войну, но чувство было прежде всего, как я сейчас понимаю, эстетическим: маленький, безупречно нарисованный грозный предмет. Я знал все модели пистолетов и револьверов: ТТ, браунинг, вальтер, наган, кольт, смит и вессон. Я настолько любил пистолеты, что однажды уговорил милиционера, дежурившего в полосатой будочке у Музея Пушкина напротив наших окон, показать мне настоящий пистолет. Убедившись, что вокруг никого, милиционер расстегнул кобуру, достал пистолет и даже дал мне за него подержаться. Я чуть не умер от волнения. Самое обидное, что никто во дворе так и не поверил. Советские игрушечные пистолетики из «Детского мира» вызывали отвращение: они были жестяные, легкие, коряво сделанные и непохожие на настоящие. К тому же пистоны, которыми они заряжались, издавали больше вони, чем звука. Совсем уже глупость – пистолет (очень приблизительно напоминающий ТТ) с винной пробкой на короткой веревочке: вставишь пробку в ствол, взведешь затвор – пук! За кого они нас принимают? Пугач был ближе к оригиналу – хотя бы по весу, но все равно это был слепок, барабан в нем не крутился. Однажды отец привез мне из загранкомандировки (они случались раз в два года) сразу два невероятных револьвера – очень похожих на настоящие, один вороненый, второй хромированный, с вращающимися барабанами, и стреляли они специальными капсюлями, издававшими натуральный грохот. Счастью не было предела. Приехал мой двоюродный брат Лешка, и мы отправились с ним гулять с револьверами наперевес – хвастаться, разумеется. Кончилось это скверно – я вернулся домой, а к Лешке привязался какой-то хлыст, втерся в доверие, вероломно вырвал у него револьвер из руки и дал деру. Лешка вернулся весь в соплях. В первый же день я лишился половины сокровища! До сих пор жалко.

Еще во дворе ценились три вещи: свинчатка (она же битка), карбид и цветные стеклянные камни. Битки делались из расплющенной свинцовой изоляции кабеля. Огромные катушки с этим кабелем стояли тут и там – Москва телефонизировалась. Катушки были деревянные и очень напоминали катушки для ниток – только великанские. Из куска кабеля вынималось нутро, свинцовая кожура его плющилась, складывалась в несколько раз и плющилась снова. Получалась битка. Истинного ее назначения, по-моему, никто не знал (использование в драке для утяжеления кулака я не считаю), но ценилась она весьма высоко. Видимо, предыдущее поколение играло ей в расшибалочку. Мы уже не играли, но память о ценности предмета сохранилась.

Карбид валялся на стройках социализма, которые кипели повсюду, и имел другое длинное название – негашеная известь. Во-первых, кусок карбида можно было кинуть в лужу, и он начинал пузыриться и при этом очень лихо пах. Это уже само по себе было интересно. Во-вторых, можно было поджечь (этим, правда, занимались ребята постарше). Ну а самые дерзкие набивали карбид в бутылку, заливали водой, затыкали пробкой и ждали, когда рванет. Полученные при взрыве раны являли собой знаки мужской гордости и демонстрировались нам, малолетним, снисходительно.

Стеклянные камни – вещь совершенно особенная. Храм Христа Спасителя к тому времени уже взорвали, а бассейн «Москва» еще не построили, но уже собирались. Котлован был вырыт, и на его откосы привезли и вывалили горы песка. Мы сигали с вершин этих гор в котлован, скатываясь кубарем по песчаному склону и унося значительную часть стройматериала в одежде, ботинках и волосах. Так вот, в этом песке (был он необыкновенно желт) попадались оплавленные куски цветного стекла – не знаю уж откуда. Мы с кропотливостью археологов выкапывали их и собирали коллекции. Существовала шкала цен: помимо разницы в размерах учитывался цвет и чистота. По самому верху шли голубые – они встречались реже всего. За голубой можно было выменять три-четыре желтых или коричневых или, скажем, хорошую битку. Моя коллекция хранилась в коробке из-под диетических яиц и была самым большим моим сокровищем.

А самокаты? Я ведь совсем забыл про самокаты! Они грохотали тогда по всей Москве. Теперь они уже насовсем ушли в прошлое, как игра в чижа или в колдунчики.

Конечно, это были не самокаты в нашем сегодняшнем понимании. Делались они своими руками, точнее, руками родителей. Для изготовления самоката требовались два подшипника – они становились передним и задним колесами. Я не знаю, где обычный человек может взять подшипник. Сегодня, наверно, пойти и купить в каком-нибудь подшипниковом магазине. Тогда таких магазинов не было, но подшипники все где-то находили. По-моему, они просто валялись.

(Они и вправду валялись! Я сам находил их неоднократно – просто во дворе! Что такое, откуда?)

Кроме подшипников, нужны были две дощечки и дверная петля, с помощью которой они соединялись буквой Г. Сверху прибивалась перекладина – это был руль. Один подшипник ставился в нижнюю часть доски с перекладиной, а второй – в конец второй доски. Получался самокат. Особенно здорово было на нем лететь вдоль ограды Музея Пушкина в сторону Волхонки – улица имела уклон, самокат разгонялся как бешеный, и подшипники его гремели не хуже настоящего мотоцикла.

У меня довольно долго не было своего самоката, и приходилось выстаивать длинную очередь, чтобы прокатиться на чужом. А так как я был самый маленький во дворе (и по возрасту, и по росту), то и оказывался я в самом хвосте. Я упрашивал отца сделать мне самокат, но он возвращался с работы поздно и у него все не доходили руки. И вот однажды он вдруг сколотил самокат на моих глазах. Я плясал вокруг него с нетерпением – очень хотелось скорее во двор со своим самокатом. А папа, закончив механическую часть и проверив машину на прочность, взял черную тушь и кисточку и нарисовал на рулевой дощечке лисью морду и под ней две буквы – «АМ». Это можно было истолковывать и как мои инициалы, и как звук, издаваемый лисой в момент охоты. Такого вообще ни у кого не было! Гордость моя не знала границ. Теперь уже ко мне выстраивалась очередь – покататься. Помню, я очень боялся, что мой легкий, изящный самокат проломится под огромным Генкой Мариным. Но отказать ему не мог.

Из прочих радостей имелся большой зеленый железный грузовик, который дребезжал, как настоящий. (Вообще большая часть игрушек были железные. Появившиеся чуть позже пластмассовые ни уважения, ни доверия не вызывали – они были какие-то ненастоящие.) Остальные игрушки (было их немного) имели домашний характер и на улицу не выносились. Не потому, что мне не велели. Что, например, можно делать на улице с плюшевым медведем?

У плюшевого медведя, кстати, была плохая судьба. Сшит он был, по-моему, из той же ткани, что и диванные валики (да и сам диван), и я был не первым его хозяином – если не мама, то уж тетя Галя владела им в детстве наверняка. Видимо, задолго до моего появления перелицовывали диван, осталось немного тряпки, и из нее получился медведь. Внутри у него, как у всякого порядочного медведя, находились опилки.

Мама моя, будучи сотрудником института туберкулеза, компенсировала малое количество моих игрушек кое-какими медицинскими инструментами. Нравились они мне безумно и, конечно, были интереснее любой игрушки – они были настоящие. В моем распоряжении находились стетоскоп, шприц, пара иголок к нему, пинцет, какие-то зажимы. (Еще в доме было два скальпеля и страшная хирургическая пила для пилки костей, но их мне не давали по причине остроты – скальпелем папа точил карандаши, когда работал над проектом, а пилой пилил дрова.)

Утром все уходили на работу, молодая моя деревенская няня убегала пококетничать с солдатами, я оставался один (что мне очень нравилось) и играл во врача. Лечить приходилось медведя – больше было некого. На протяжении года, наверно, я прослушивал его, назначал инъекции и сам же выполнял предписание. (Если бы мне доверили ланцет, я бы, конечно, вскрыл зверя и он прожил бы еще меньше.) Вакцина представляла собой воду – в чистом виде либо подкрашенную акварелью. Уколы делались по-настоящему, иногда по нескольку раз в день. В результате опилки распухли от влаги, медведь заболел внутренним гниением, и продолжающиеся инъекции только ускорили его конец.

Советских яслей я так и не хлебнул – спасали деревенские нянечки. А вот в детский сад меня все-таки отправили – по-моему, не удавалось найти очередную, а все предыдущие выходили замуж с пугающей скоростью. Помню, пришла наниматься какая-то пожилая тетка, и очень она мне не понравилась. Я не мог объяснить, чем именно, и вышел даже скандал с мамой – она считала, что я капризничаю. А прав оказался я – тетка исчезла на следующий день с нашими чайными ложечками.

Я помню, как меня впервые вели в детский сад. Точнее, меня несли. Несла меня баба Маня, которая работала судебно-медицинским экспертом и патологоанатомом на Петровке, 38, характер имела железный и в нашем доме была безусловным командиром. Не исключено, что именно она решила отправить меня в детсад – приучать к общественной жизни. Спорить с ней было бессмысленно, тем не менее я ревел всю дорогу, умолял не отдавать меня в детсад и, как только баба Маня пыталась опустить меня на землю, разворачивался и бежал в сторону дома.

Я вообще не мог оторваться от дома до тринадцати лет — в пионерлагере я прорыдал весь месяц. Потом исполнилось четырнадцать, и вдруг все прошло. Странно, что это была тоска не по родителям, а именно по дому — находясь дома, я, например, очень любил оставаться один, пока все были на работе, можно было лазить по взрослым ящикам в комоде, смотреть всякие интересные штуки. Говорят, собаки сильнее скучают по дому, чем по хозяевам.

Детсад находился неподалеку — прямо у Александровского сада, в доме, где в свое время проживала Инесса Арманд. Внутри были высокие сводчатые потолки, воспитательница Жанна Андреевна и неправильный запах. Пахло чем-то медицинским и очень недомашним.

Чем-чем медицинским? Карболкой, конечно, чем же еще?

Этот запах и отчаяние оттого, что я должен слушаться весь день не маму и папу, а какую-то Жанну Андреевну, преследовали меня все полгода, пока меня туда водили.

По истечении полугода из детсада меня вытурили. И вот почему.

Больше всего на свете я тогда ненавидел есть. Наверно, потому, что меня все время нещадно пичкали чем-то полезным. В доме у нас никогда не относились к еде как к удовольствию — подход был исключительно медицинский, готовили по необходимости и, в общем, невкусно. (Исключение составляли Новый год и дни рождения, когда вертелись всякие салаты — обязательный оливье, лосось из банки с рисом и майонезом, свекла с чесноком, печень трески с яйцом и луком, и было очень здорово наутро после гостей залезть в холодильник и приобщиться ко вчерашнему взрослому празднику. Но бывало это три раза в году.)

Пытаюсь вспомнить повседневную нашу еду. Это прежде всего запеканка: вареные макароны — серые, толстые, с дырками — клались в глубокую сковороду, заливались яйцами и запекались в духовке. Елось как в горячем, так и в остывшем виде. В горячем еще ничего. Гречневая каша с молоком: если в молоке пенки — это смерть. А как их может не быть, если холодную кашу заливали горячим молоком? Ну, еще картошка, тушенная до состояния полной размазни с какими-то мясными обрезочками, и суп с крупой на дне. В общем, правда гадость.

Мама со своим сливочным маслом, няня с творогом в одной руке и будильником в другой — все это было ужасно. Но это все-таки был дом — с индивидуальным подходом (ко мне) и с человеческим началом. А тут я попал в советское учреждение, где все должны были быть как все. Прием пищи превратился во что-то вообще невообразимое.

Во-первых, пища была нехороша. Не в смысле, скажем, несвежести — она была приготовлена с большой нелюбовью к тем, кто ее должен был есть. Обязательной дозой рыбьего жира поливали второе (не давать же каждому с ложечки, в самом деле). От запаха рыбьего жира меня рвет до сих пор.

Со сливочным маслом поступали еще лучше — его клали каждому в стакан кофе с молоком или какао (странно, что не в чай), оно там таяло и плавало сверху прозрачной желтой блямбой. Добраться до кофе, не хлебнув при этом масла, было невозможно. Вы хорошо представляете себе вкус этого продукта? Скоро я насобачился быстро, пока Жанна Андреевна отвернулась, вычерпывать масло ложкой и сливать под стол (ложку надо было незаметно оставить, когда убирали тарелки от супа).

С котлетами было сложнее. Сброс их под стол не проходил – за этим делом меня поймали, я был наказан, и после этого следили за мной пристально (насколько это было возможно в условиях – одна воспитательница на двадцать детей). И тогда я придумал и отработал другую тактику. Я поддевал ненавистную котлету на вилку и резким движением отправлял ее в полет через голову – на шкаф, который стоял за моей спиной. Шкаф был очень высокий, и даже Жанна Андреевна не могла заглянуть на его крышу. Операция по метанию котлеты занимала доли секунды, и не промахнулся я ни разу.

Где-то через месяц в столовой запахло покойником, но долго еще работницы детсада не могли понять, в чем дело.

Избавившись от котлеты, я обреченно сидел над макаронами, с которыми ничего уже нельзя было поделать: всех уводили на мертвый час, а я должен был очистить тарелку. Я набивал макароны за щеки, как хомяк, и запросто мог прийти вечером домой с полными от обеда защечными мешками.

Иногда, оставаясь в столовой один, я пел – от ужаса и безысходности. Благодаря высоким сводам в столовой была потрясающая акустика – как в церкви.

Все это не могло не закончиться. На шкафу обнаружили склад позеленевших котлет, меня вычислили, я был с позором изгнан из детского сада, и мучениям моим пришел конец.

До школы оставался целый год, и меня отдали «в группу». Это было частное предприятие, содержала его милейшая еврейская старушка Мария Моисеевна.

Выглядело это так. Утром нас, детей (а было нас человек семь-восемь), родители приводили на Гоголевский бульвар, где Мария Моисеевна ждала нас, сидя на лавочке. Каждый приносил с собой бидончик с обедом. Мы гуляли на бульваре до полудня, потом Мария Моисеевна вела нас к себе домой (она жила в большой старой квартире на Арбате, ходу было пять минут). Там она разогревала каждому его обед, кормила нас и укладывала на мертвый час — у кого была кровать, у кого — кушетка, у кого — раскладушка. В пять часов мы вставали, пили чай, и Мария Моисеевна выводила нас на бульвар — к той же лавочке, откуда нас и разбирали спешащие с работы родители.

Конечно, это был совсем не детский сад. Никто на нас не орал, Мария Моисеевна была доброй, уютной и вообще не повышала голоса, в квартире ее замечательно пахло и похожа она была на комнату наших соседей Герзонов, где я любил бывать, а еда из бидончика являла собой ту частичку дома, которая не давала успеть по нему соскучиться. Поэтому тоска меня не мучила, под лавочкой Гоголевского бульвара мы играли в капитана Немо, и подлавочное пространство было — Наутилус. (К тому времени баба Маня уже подарила мне полное собрание сочинений Жюля Верна в двенадцати томах в великолепном ароматном сером коленкоре. Она думала — на вырост, но я кинулся их читать тут же. Я рано научился читать.)

В конце бульвара вокруг памятника Гоголю стоят четыре фонарных столба. Каждый столб упирается в шар, а шар лежит на львиных спинах. Между передними лапами львов существует маленькая наклонная поверхность — как горка для катания. Помню, я очень любил этих львов и скатывался с горки на заднице бессчетное количество раз. Недавно я пробегал мимо памятника, остановился и подошел к одному из львов. Знаете, какой величины эта горка?

Отношение к Богу складывалось постепенно. Семья наша была отнюдь не религиозная, включая бабушек-атеисток, поэтому разъяснительной работы со мной не вел никто. Церковь в детстве ощущал как что-то неизвестное, возможно, не лишенное интереса, но практически запретное. Ощущение запрета исходило не от родителей, конечно, а от советской атмосферы в целом.

Наверно, если бы у меня тогда возникло желание пойти и посмотреть, что это такое, никто запрещать бы мне это не стал – сводили бы и показали. Но желания не возникало. Впервые в храме оказался, уже учась в шестом классе, когда с родителями поехал на теплоходе по Ладоге и Онеге. Деревянные церкви Севера производили впечатление, но скорее художественное. (Может быть, я смотрел на них глазами отца, а он, конечно, восхищался ими как архитектор.) К тому же лишенные иконостасов и пребывавшие в состоянии застывшего полуремонта, они и напоминали скорее памятники архитектуры, чем живые храмы.

Дома у нас стояла фарфоровая туристическая статуэтка Будды – улыбающийся лысый дядька с длинными ушами и толстым голым животиком. Отец привез его из какой-то командировки. Я не знал, что это Будда, и про себя звал его Аллах. Перед тем как уснуть, лежа в постели, я каждый вечер мысленно вел с ним диалоги, обсуждая поступки, совершенные в течение дня. При этом Аллах располагался где-то надо мной – не скажу, что в небе, но определенно выше, чем я, и беседовать приходилось, глядя вверх. Тон беседы всегда был дружественный, он никогда не поучал меня, и улыбка не покидала его круглого лица – просто он мягко высказывал свое мнение относительно проделанных мною действий. Помню, пару раз я с ним даже не соглашался – из принципа. Это был первый опыт общения со Всевышним.

Крестился я уже в зрелом возрасте, полном сознании и по собственному почину; правда, в домашних условиях — дело было еще при советской власти. Мой тогдашний приятель, довольно известный в Москве баптистский проповедник отец Самуил, сказал мне, что в принципе это допустимо. Для совершения обряда был приглашен православный батюшка — молодой, но очень строгих правил. Все человечество он делил на православных и чекистов, и сбить его на какие-то полутона не представлялось возможным. По ходу дела выяснилось, что мой крестный отец Самуил — протестант, и между священниками возник диспут, чуть-чуть не перешедший в конфликт. Момент был выбран очень неудачно — я уже стоял в тазике со святой водой. Сошлись они в конце концов на том, что в детстве и отец Самуил был крещен православной церковью, так что, в общем, ничего страшного нет. С тех пор не одобряю разногласий между христианами всего мира.

Несколько лет в детстве был подвержен странной привычке — произнося любую фразу, я обязательно повторял ее чуть слышно шепотом, почти про себя, еле шевеля губами. Если бы было наоборот — сначала про себя, а потом вслух, — такую репетицию я бы еще мог как-то объяснить. А тут я как будто рассматривал внимательно, пробовал на вкус уже произнесенные слова. Это могло войти в пожизненную привычку, но однажды мой дачный приятель Димка Войцеховский заметил эту мою странность и высмеял меня безжалостно. Было страшно стыдно — как будто открылась какая-то моя сокровенная тайна, — и я бросил повторять слова, хотя сначала было трудно, как будто я лишился удобной опоры при ходьбе.

К снам всегда относился уважительно и даже с восхищением; правда, без мистического экстаза. Не сомневаюсь в том, что иногда сны – это неистолкованные письма из будущего, но всяческие сонники, которыми завалены сегодня прилавки, вызывают разве что раздражение. Нас пытаются научить разбирать микроскоп с помощью молотка. Фрейд, впрочем, тоже не убеждает.

В раннем детстве часто видел один и тот же сон – мы с родителями катаемся на лодке по озеру, внезапно я падаю за борт спиной вперед и сразу ухожу под воду – глубже и глубже. (Много лет спустя, находясь под водой с аквалангом и глядя наверх, я поразился, насколько я видел тогда во сне точную картину – по свету, цвету и т. д.) Это был не страшный сон, наоборот – какое-то сладкое состояние перехода в иной мир и одновременное пробуждение.

Годах в семидесятых мне на протяжении нескольких лет снились рыбы – каждый день. Нет, я отнюдь не был на них помешан и рыбалкой увлекался в меру, и аквариума-то у меня не было. Вернее, была попытка завести рыбок совсем давно, еще на Волхонке. Мне даже купили маленький аквариум, потом долго промывал песок, отстаивал воду, потом с каким-то дядей Сережей мы поехали на Птичий рынок и приобрели самых простых рыбок – меченосцев. Мы привезли их домой в стеклянной баночке из-под майонеза, выпустили в мой аквариум, и через пять минут они все умерли. Очень я тогда плакал.

Так вот – рыбы снились еженощно в самых разных ипостасях: я разговаривал с ними, ловил их, наблюдал за ними, смотрел, как их ловят другие. Прочитал в каком-то идиотском соннике, что рыбы снятся к беременности, и сильно поразился. Спустя года три рыбные сны так же внезапно прекратились, как и начались.

Несколько раз мне показывали удивительно яркие, запомнившиеся на всю жизнь сны. Вот два из них.

Первый. (На дворе – 1975 год.) Я собираюсь ехать в Париж (в семьдесят пятом такое даже не снилось – в буквальном смысле). Мой товарищ Саша Катамахин советует мне не ходить с экскурсией по общеизвестным местам, а посмотреть мосты – они в Париже совершенно особенные. Очень точное ощущение погоды – конец марта, снег почти сошел и лежит кое-где серыми кучами, а трава уже начинает зеленеть. Я легко сбегаю с экскурсии и хожу по реке, любуясь мостами. Мосты действительно невероятно хороши – они выполнены из красного декоративного кирпича, как музей Ленина, и то, что я сначала принимаю за отражение в воде, оказывается не отражением, а подводной частью моста, зеркально повторяющей надводную. Вода в реке прозрачная, медленно развеваются длинные зеленые водоросли (как у Тарковского), и я вижу, что под ними все дно реки усеяно сундучками, ларцами, сумками – некоторые из них совсем древние. Я знаю, что существует обычай, по которому после смерти человека то главное, что после него остается – суть его жизни, – укладывается в сундучок и бросается в воду. Мне страшно хочется заглянуть в какой-нибудь такой сундучок, но я знаю, что делать этого нельзя. Поэтому я дожидаюсь, пока на набережной никого не окажется, быстро спускаюсь по газону к реке и сую руку в ледяную воду. Но сундучки лежат глубже, чем мне казалось. Помню неприятное ощущение от намокшего рукава куртки. Потом я оказываюсь в каком-то дворике с круглым фонтаном. Фонтан не работает, но бассейн его наполнен водой, и я вижу на дне те же ящички и мешочки. (Людей умерло столько, что рек уже не хватает, и используется все, что приближается к водоему.) В фонтане уже неглубоко, и я почти готов ухватить что-нибудь со дна, но тут появляется пенсионер в черном пальто – такие сидят на бульварах. Он угадывает мои преступные намерения и начинает гнать меня из дворика, мотивируя это тем, что здесь сейчас будет какое-то мероприятие и вообще нечего мне, иностранцу, тут делать. «Сейчас или никогда!» – думаю я, выхватываю из фонтана первое, что попадает под руку, и взлетаю вверх – невысоко, метров на шесть, чтобы дед меня не достал. В руках у меня черный портфель из искусственной кожи с латунным замком. Из него льется вода. Старик беснуется внизу и, грозя мне кулаком, выкрикивает фразу, смысла которой я много лет потом не мог понять: «Кто сделает это, тот от смерти подарка не дождется!» Чувствуя, что дело зашло слишком далеко, я страшно тороплюсь довести его до конца и открываю портфель. Я ожидаю увидеть там что-то значительное – скажем, книгу или какие-нибудь старинные монеты. Но внутри лежит выеденная половинка ананаса – размокшая шкурка – и алюминиевая вилка из столовой с гнутыми зубьями. От неожиданности я выпускаю из рук портфель, он шлепается прямо под ноги старику, обдавая его брызгами, и тот теряет дар речи от такого святотатства, а я просыпаюсь в сильнейшем смущении.

Второй. (Происходило уже позже – в наше время.) Ангелов на свете столько же, сколько и людей. Они мечтают поселиться на Земле – на одной половине, поделив ее с людьми. Возможно, это произойдет после конца света, когда на Земле останется вдвое меньше людей. А пока ангелам строжайше запрещено посещать Землю и вступать в непосредственный контакт с людьми. Но ангелы страшно любопытны и тайно нарушают запрет, хотя за это их ждет смертная казнь. Для этого существует специальная служба при церквях – это бабки в монашеских одеяниях. Ангел похож на ребенка в возрасте десяти-двенадцати лет, но величиной с куклу, поэтому его можно забить ракеткой для бадминтона или просто мокрым полотенцем (с этими предметами в руках монашки и шастают по городу). Правда, после смерти ангела человек, которому этот ангел покровительствовал, тоже умирает. Ангела звали Ира. Он нес мне записку от какой-то человеческой Иры, то ли художницы, то ли певицы. Я видел краем глаза, что ангел следит за мной, но боится подлететь, рискуя быть замеченным. Я очень сочувствовал ему и боялся за него, но поделать ничего не мог – дело происходило днем в центре города, вокруг была масса людей. Наконец мы очутились в каком-то парке, где народу почти не было, и ангел уже двинулся ко мне, но тут появились бабки-монашки с полотенцами. Они пару раз взмахнули ими, и от маленького создания в белом платье на асфальте осталось мокрое пятно. Почти сразу мне позвонила Ира и между делом сказала, что она не очень хорошо себя чувствует, но это ничего – она полежит денек дома, и все пройдет. Я уже знал, что ничего не пройдет, но не мог сказать ей об этом.

Проснулся с тяжелейшим ощущением непоправимого. Все бы ничего, но одна моя знакомая Ира действительно неожиданно умерла.

Спустя много лет могу добавить сюда забавное наблюдение: если дело происходит в доме, никогда мне не снится дом, в котором я живу сейчас, хотя живу я в нем уже давно, – всегда это какие-то дома из далекого детства или юности, и вижу я их в мельчайших подробностях. А я при этом сегодняшний, более чем взрослый. Это вот к чему такое? Я вообще-то совершенно не склонен к ностальгии.

С каждым годом я замечаю, что все больше и больше становлюсь похожим на отца. Я говорю что-то и вдруг слышу, что говорю его голосом, его интонациями. Я смотрю на свою фотографию – и вижу его выражение лица. (Правда, что касается похожести голосов, то это у нас обнаружилось давно, и отец очень любил поговорить по телефону с какой-нибудь моей подругой, пока меня не было дома, от моего имени. Фантазию свою он при этом не сдерживал, подруги совершенно терялись, и ни разу потом мне не удавалось убедить их в том, что это был не я.)

В жизни каждого человека есть вещи, которые он не в состоянии оценить объективно, так как даются они один раз и сам факт сравнения невозможен. У меня, например, в школе был прекрасный учитель литературы – Давид Яковлевич, и литература была у нас самым страшным и интересным предметом. Я считал это само собой разумеющимся и только много лет спустя вдруг понял, как нам повезло и каким мучением была литература для подавляющего большинства советских школьников.

Мы не можем сравнить наших родителей ни с кем – они у нас одни и для каждого самые лучшие. И все-таки мне невероятно повезло с родителями. Родом семья отца происходила из Западной Белоруссии, из хутора в Пружанском уезде. В Москву они переехали в конце двадцатых годов, когда отцу надо было идти в школу.

Отец, помню, много мне рассказывал о тех местах – в основном о волшебной природе, – и я все мечтал там побывать вместе с ним, а побывал совсем недавно – увы, без него. Снималась программа «Моя родословная», и я поехал со съемочной группой в хутор Малеч, Пружанский уезд, станция Погодино (до революции – Блудень).

Была очень морозная, снежная и солнечная зима, хутор, когда-то большой, стоял наполовину брошенным. Население состояло из Макаревичей и Антончиков, тоже наших родственников. Деда моего уже никто не помнил – слишком много лет прошло. А еще на хуторе жили евреи – до войны, и было их процентов шестьдесят. Немцы вывезли и убили всех до одного. Белорусов не тронули.

В Погодино мне показали храм, настоятелем которого был отец Антоний Усаковский, мой прадед. При храме отец Антоний построил приходскую школу, в которой познакомились его дочка Лида (боя бабушка Лидия Антоновна) и мой дед Григорий Андреевич – и она, и он там преподавали.

Во время Первой мировой отец Антоний организовал обслуживание эшелонов с ранеными – они останавливались в Погодино на десять минут. За это время успевали перевязать и накормить весь состав – сколько их там было?

После революции отец Антоний был посыльным, несколько раз выполнял поручения чуть не самого патриарха, и году в восемнадцатом-девятнадцатом следы его теряются – боюсь, прадедушку моего расстреляли. Все собираюсь зайти в архив Лубянки и попытаться что-нибудь разузнать. Все собираюсь, собираюсь...

Деда своего Григория я не застал – он умер до моего рождения (как и второй мой дед – Марк, мамин отец). Говорят, дед Григорий был очень строгий, неулыбчивый человек пуританского склада. В семье его слушались и боялись. Мрачность эта, надо сказать, не передалась моему отцу ни в коей мере. До революции дед работал на Александровской железной дороге (у меня сохранилось его удостоверение личности тех лет), потом был учителем, а после революции стал профсоюзным деятелем. В тридцать седьмом году случилась вещь невероятная – деда арестовали, продержали в камере несколько суток и вдруг выпустили, так ни разу и не допросив.

Мой отец был практически непьющим человеком, но несколько раз, когда он немного выпивал, он задавал мне один и тот же вопрос: не считаю ли я его старым? Когда я однажды поинтересовался, почему его это так волнует, он сказал, что его отец всегда казался ему очень старым человеком, а разница в возрасте у нас была примерно одинаковая.

(Недавно я поймал себя на том, что задаю этот вопрос своему сыну: не старый ли я? «Так, староватый», – дипломатично ответил этот негодяй.)

Мой отец никогда не казался мне старым, хотя ровесником своим я его тоже, конечно, не ощущал. Постарел он вдруг сразу в последние годы жизни – после смерти матери.

За мамой он ухаживал со школы – они оба учились в 57-й школе, рядом с нашим домом на Волхонке, мама на два класса младше. А жила семья отца на другом берегу Москвы-реки, прямо напротив нас – между Домом на набережной (он назывался – Дом правительства) и фабрикой «Красный Октябрь». Удивительно, что все там давно сломали, а этот маленький домик барачного типа остался – стоит один-одинешенек.

Стоит до сих пор! Правда, на барак он уже совсем не похож – весь в евроремонте, и сидят внутри какие-то конторы, – но по очертаниям – он, и даже дверь на том же месте! Я помню.

Учась в пятом классе, отец катался на лыжах на берегу Москвы-реки – скатывался на лед (гранитных ограждений еще не было). Лед проломился, и отец, по идее, должен был утонуть, но он умудрился, опираясь на лыжи, выбраться из полыньи и пришел домой, где его страшно выпорол мой дед Григорий. Вообще ему в детстве, как я понимаю, доставалось от отца.

Мама его – моя баба Лида – прожила очень долго. Была она худенькая и очень небольшого роста. Дед Григорий был у нее не первый муж. Она показывала мне фотографию первого мужа. На фотографии стоял на одном колене могучий человек с огромными усами, одетый в майку-борцовку, а через грудь шла шелковая лента, увешанная медалями. Он и был какой-то борец.

Наверно, баба Лида в молодости была необыкновенно хороша собой. Она работала учителем биологии и всю свою жизнь отдала школе и станции юннатов. Имела звание народного учителя СССР и, между прочим, орден Ленина.

Бабушка и меня пристроила на станцию юннатов – мы только переехали на Комсомольский проспект, я учился в третьем классе, а станция располагалась в парке прямо за метро «Фрунзенская», он назывался почему-то «Парк Мандельштама» – чудны дела твои, Господи! Я обожал зверей, все было жутко интересно. У нас жили орлы, пеликаны, медвежата, барсуки, мелкие птицы – целый зоопарк.

Мне для исследований была выдана пара хомячков, я должен был содержать их в домашних условиях, наблюдать ежедневно и презентовать журнал наблюдений на станции. Хомячки жили в аквариуме, безбожно воняли, и наблюдать было особенно не за чем. Вдобавок хомячиха неожиданно родила маленьких голых розовых хомячат и сама же их сожрала – я еще не знал тогда, что это довольно обычное явление, сильно расстроился, и с научной работой временно было покончено.

Отец окончил школу и поступил в Московский авиационный институт. Он был помешан на самолетах, все время рисовал их и вырезал из липы точные копии. Эта любовь к самолетам осталась у него на всю жизнь – из заграничных командировок он первым делом привозил сборные модели военных истребителей разных стран (у нас это тогда не продавалось), и мы склеивали их в четыре руки и вешали на стену, чему страшно противилась мама – у нее были свои представления об эстетике жилища. Коллекция наша насчитывала около двух сотен боевых единиц и, кстати, жива до сих пор – ее хранит моя сестра.

Из института отца и забрали в армию в сорок первом году. Скоро он стал лейтенантом и командовал артиллерийским расчетом – как я понимаю, ему только-только исполнилось восемнадцать лет. Я не знаю, сколько мой отец пробыл на фронте – теперь уже некого об этом спросить, а сам он не любил рассказывать о войне. Знаю только, что где-то в районе Лодейного Поля на реке Свирь его расчет подорвался на мине, и отца с тяжелым ранением отправили в госпиталь. Произошла какая-то путаница, и домой пришла похоронка. Баба Лида рассказывала мне, что, когда она получила эту бумажку, не дававшую никаких шансов (это даже не без вести пропавший), она ей не поверила – почувствовала, что что-то не так. И через несколько месяцев он вдруг вернулся домой – с орденом, на одной ноге и с деформированными кистями рук.

(Я видел эти руки с детства и был убежден, что они такие и должны быть – и у меня такие будут, когда вырасту.)

Однажды я случайно нашел его записную книжку – он вел ее в госпитале. Там были рисунки самолетов, несколько цитат из книги Каверина «Два капитана» и очень горькие его мысли – он не знал, как показаться моей будущей матери инвалидом, и не был уверен, что она примет его. Ничего подобного вслух я от него никогда не слышал. Но переживал он напрасно. Ей-богу, я очень немного видел людей, которые бы так любили друг друга, как мои отец и мать, – всю жизнь. А сейчас, по-моему, так вообще не бывает, вы уж меня извините. Что-то изменилось в воздухе.

Я теперь знаю что. Это было – Время. Каждый отрезок Времени, каждая глава этой книги жизни (а листается она, увы, быстрей и быстрей) хранит в себе только ей присущий запах, только ей свойственные изгибы линий и виньеток. И вот уже Эролл Гарнер кажется нам архаикой – да нет, плохое слово – милым ретро. А попробуй сыграть как он – похоже, да не то. Крохотное расстояние – а не перепрыгнуть. Воздух другой, звуки другие.

В общем, отец перебрался через Москву-реку в домик на Волхонке. На Соколе находился специальный завод, где ему сделали протез. Однажды, когда мне было лет пять, мы ездили туда вместе – протез надо было менять раз в год – там что-то снашивалось. Ночью протез лежал под кроватью, и я обожал с утра его рассматривать – ненастоящая нога! Он был очень красивый: деревянные части изумительно желтого цвета, металлические детали сверкали хромом, а крепилось все это к человеку широкими ремнями из настоящей толстой кожи.

(Однажды, много позже, я не удержался и сделал из этого ремня ремень для гитары – очень уж мне нравилась эта кожа, ничего подобного нигде нельзя было взять. Я вообще не устаю удивляться, как же быстро человек привыкает к хорошему – ведь ничего нельзя было купить, кроме товаров, необходимых для кое-какого поддержания жизни на биологическом уровне. Все остальное можно было только достать. Или – нельзя достать. Чаще второе.)

Отец вставал утром, пристегивал ногу, надевал сверху брюки и превращался в свободно ходящего человека. Меня, маленького, это всегда радостно поражало. Отец только чуть-чуть хромал, и практически никто не знал, что нога – ненастоящая. Он даже катался на коньках и учил меня – у меня получалось хуже.

В госпитале, где отец лежал после ранения, каким-то образом оказалось пианино, и он научился на нем играть – сам. (Мама, в отличие от него, отучилась восемь лет в музыкальной школе, но к инструменту на моей памяти не подходила – только один раз, когда я потребовал достать ноты песни из кинофильма «Последний дюйм», фильм шел у нас в Доме культуры и техники на Волхонке, и я умудрился посмотреть его за неделю девять раз. У песни была недежурная и какая-то не наша гармония, и как мы ее с отцом ни подбирали – все получалось чуть-чуть непохоже. Отец достал ноты, и мы с ним попросили маму сыграть нам песню по нотам – отец нот не знал. Песня, кстати сказать, оказалась в до-миноре – не самой удобной тональности для начинающих. Долгое время потом я подбирал что-то и вообще музицировал исключительно в этой тональности.)

Так вот, отец совершенно замечательно играл на пианино. Пианино, как я уже рассказывал, стояло слева у стены, было покрыто серым чехлом и называлось «Красный Октябрь». Подозреваю, что это было не лучшее пианино в мире. Но сравнить его было не с чем. (Вообще массу вещей в детстве не получается реально оценить из-за отсутствия возможности сравнения. Возможность такая приходит позже, и тут-то начинаются разочарования.) Игру отца мне тоже тогда сравнить было не с чем – это происходило позже и постепенно и никаким разочарованием не пахло.

Сейчас я могу сказать, что по манере это больше всего напоминало Эролла Гарнера – наверно, поэтому отец так полюбил его, когда услышал много лет спустя. Он играл все – «Темную ночь», «Опавшие листья» Ива Монтана, Гленна Миллера (то, что звучало в «Серенаде солнечной долины»), фрагменты из Второго концерта Рахманинова – это было его любимое произведение. Все это игралось с легким свингом и переплеталось друг с другом самым причудливым образом. С этого для меня и начинался день – отец, проснувшись, обязательно садился за пианино.

(Мама вставала раньше и всегда в дикой спешке убегала на работу – ей надо было успеть на электричку, институт туберкулеза находился на станции Яуза. Я в это время еще дремал и наблюдал мамину спешку сквозь сон. Удивительное дело – я не помню ни одного утра, чтобы мама не опаздывала, и ни одного утра, чтобы отец суетился и спешил, хотя он тоже всегда уходил на работу – просто она у него начиналась позже.)

Игра отца была чем-то неуловимо непохожа на все, что я слышал до сих пор. Когда я стал старше, мне очень хотелось научиться играть так же – легко и свободно, все, что захочешь, и без всяких нот. Я и научился в результате, но все равно не так, как он, – что-то в его манере было неуловимое.

Еще в доме постоянно играли пластинки – отец заводил музыку, как только возвращался с работы, а годам к семи я научился это делать сам. Сначала это был зеленый и овальный, как мыльница, проигрыватель «Юность», потом отец купил и, помню, с огромным усилием притащил домой радиолу «Эстония» – последнее слово техники. Она, безусловно, была мебель – огромная, с полированными деревянными боками и горящим круглым зеленым глазом. Над клавишами, переключавшими диапазоны приемника, находилась черная стеклянная шкала, и на ней – крохотные окошечки ступеньками вверх, и рядом с каждым – название далекого заграничного города: Осло, Рейкьявик, Люксембург – душа замирала от одних этих названий. Под шкалой двигалась светящаяся красная палочка – стрелка настройки. Много раз я подгонял эту палочку к квадратику с именем какого-нибудь сказочного Копенгагена в тщетной надежде услышать его неведомый голос – ничего, кроме помех и «Говорит Москва», не получалось.

А пластинок в доме было множество. Они назывались – «миньон» (меньше диска-гиганта, но больше сорокапятки – вы понимаете, о чем я говорю?), на всех была одинаковая голубая этикетка с надписью «Мелодия, 33 1/3». Эта скорость вращения пластинки появилась совсем недавно, и в самой надписи виделась некоторая гордость за отечественный технический прогресс.

Серия называлась «Вокруг света». Свет делился следующим образом: Болгария, Польша, Чехословакия, опять

Польша, опять Болгария, иногда – Франция, и в конце – что-нибудь американское или английское – одно. Естественно, либо народное, либо в исполнении певцов протеста. Сейчас я понимаю, что редкие сподвижники, тайно проникшие в идеологические дебри «Мелодии», специально навешивали ярлык «певец протеста» на какого-нибудь американского артиста, не подозревавшего о присвоении ему этого мужественного звания в далекой России, так как понимали: это единственная возможность протащить его пение на отечественный винил.

Даже в 1968 году, когда – о чудо! – на аналогичном сборнике появилась песня «Битлз» «Girl» (записанная английскими артистами всего за три года до этого) – против нее значилось: «Англ. нар. песня». Ну не было другого способа обмануть бдительность засранцев, стоявших на страже советской идеологии. Поэтому я снимаю шляпу перед этими обманщиками – это благодаря им мы в детстве узнали, что есть в мире еще что-то, кроме классики, отечественной эстрады и, пожалуй, еще более уродливой из-за беспомощных дерганий в сторону Запада эстрады наших братьев-социалистов.

В принципе, одной песни «Шестнадцать тонн» на сборнике было достаточно, чтобы понять, насколько плохо на нем все остальное. Песня запиливалась до дыр, звучала на всех танцплощадках, к ней сочинялись какие-то немыслимые русские слова.

Великая песня! Это, наверно, был для меня первый и самый сильный урок, просто я этого тогда не осознавал: в чем чудо, почему именно это сочетание звуков завораживает, заставляет отвлечься от всего и против воли начать притоптывать в такт?

Простой, как шпала, ритм, три самых элементарных аккорда, примитивная, казалось бы, мелодия, и что-то еще неуловимое, но самое главное, делающее из всего этого чудо? И хочется слушать и слушать это чудо бесконечно, а вокруг пиликают скрипки, стараются оркестры, простирают руки к микрофонам певцы и певицы — не то, не то! Все мимо! И пропасть эту не преодолеть! Второй раз в жизни я почувствовал это через несколько лет, уже услышав битлов.

Я так и не могу понять, чем объяснялась моя невероятная детская привязанность к дому и родителям. Не могу сказать, что родители меня как-то слишком баловали или сюсюкали, — напротив, мать довольно часто бывала строга. С отцом это случалось реже, но боялся я его сильнее. Не могу сказать, что я не в состоянии был вообще расставаться с родителями, — оба пропадали на работе, и это было нормально. Я как раз обожал оставаться дома один — особенно когда не было ненавистной няньки (это уже происходило ближе к школе). Можно было спокойно рыться во взрослых ящиках буфета и письменного стола — они были набиты всякими интереснейшими штуками. Однажды в платяном шкафу я нашел огромную плитку шоколада — отец привез ее из какой-то заграницы, и мама тут же ее спрятала — до торжественного случая.

(Мама вообще не могла сразу использовать привезенную вещь и сделать из этого праздник — все сразу пряталось до какой-нибудь даты или для подарка. Лежать это могло годами, и мы с отцом это ее правило очень не любили, но переспорить ее не могли.)

Шоколадина была невероятных размеров – с полменя, в яркой желтой обертке.

Вы вообще себе не представляете, какое впечатление производили те редкие предметы, которые чудом попадали к нам из-за кордона. Глаз был прочно настроен на отечественное – журналы, ботинки, игрушки, машины, пластинки, конфеты, карандаши, носки, рубашки, надписи на вывесках магазинов, – ибо другого не было. Все эти вещи составляли собой плотную и весьма однородную среду. И когда вдруг какой-нибудь предмет оттуда пробивал этот серый занавес, как метеор, – со свидетелем этого чуда мог случиться шок.

(Вы не помните, как толпился народ вокруг первых иномарок на улицах Москвы? Это было совсем недавно. Меня в таких случаях поражало то, что при общих функциях назначения – и наша, и заграничная машина – чтобы ездить, – сходство тут же и заканчивалось бесповоротно, и бессмысленно было тратить время на поиски хотя бы одного одинакового винтика: и винтики были совсем другие, и цвет, и звук, и руль, и сиденья, и фары, и ладно бы просто другие, они были безнадежно лучше, и даже пахло от машины иначе – инопланетно и маняще.)

Как кот, я перевел дух, понюхал шоколадину через обертку и нашел в себе силы положить ее на место, решив, что хватит мне и владения этой тайной – мама не знает, что я знаю, какое у нас спрятано сокровище. Пару раз я этот клад со вздохом навещал, а потом по телевизору показали фильм «Повесть о настоящем человеке». Мересьев полз по заснеженному лесу с перебитыми ногами, и плитка шоколада из боевого запаса практически спасала ему жизнь.

Фильм произвел впечатление. Все последующие дни, оставаясь дома один, я играл в Мересьева. Я ползал по квартире и, какое бы ни выбирал направление, неизбежно утыкался в шкаф с заветным шоколадом. Поскольку к этому моменту я уже детально изучил плитку снаружи и знал, что обертка довольно плотная, я решил однажды, что, если ее развернуть аккуратно, отломить один квадратик и снова завернуть, не помяв, видно не будет.

К тому же правила игры в Мересьева просто требовали есть шоколад. Я развернул, отломил, завернул – видно не было.

Дни летели незаметно, игра в Мересьева, подкрепленная заморским шоколадом, не кончалась, и опомнился я примерно через месяц, когда плитка вдруг оказалась вся пустая внутри. Обмерев, я положил пустоту в обертке на место. Было ясно, что игры в Мересьева кончились и грядет что-то страшное. Но пустотелая плитка пролежала в шкафу еще почти полгода (мама была очень запасливая), пока не пришли какие-то очень важные гости. Случился конфуз.

Я так долго с ужасом ждал наказания, что даже не помню, каким оно было.

> *Вспоминаю в этой связи еще одну совершенно позорную детскую историю. Как всякая история, она имеет свою предысторию. Учась в первом и втором классе, я раз в неделю шел после школы обедать к тете Гите – сестре моей бабушки Мани. Тетя Гита жила на Ордынке – рядом со школой. Обед был неизменно одинаков – куриный бульон с фаршированной шейкой (до сих пор вспоминаю вкус, никогда потом такого не ел), котлетка с картофельным пюре, компот. После обеда мне всегда выдавалась шоколадная конфета – одна. Либо «Мишка на Севере», либо «А ну-ка, отними!». Видимо, процедура*

выдавания одной конфеты засела в моем неокрепшем подсознании.

В общем, к нам пришли гости, и ближе к концу вечера мама попросила меня принести шоколадных конфет – они почему-то хранились в спальне в платяном шкафу. Я сосчитал гостей по головам (про себя, разумеется), вытащил из пакета соответствующее количество конфет и раздал каждому в руки – по одной. Ужас.

До сих пор стыдно.

Все это я вспомнил к тому, что я легко и с радостью оставался дома один, зная, что родители все равно где-то неподалеку и вечером вернутся. Но стоило отцу собраться в командировку, я чувствовал, что близится горе. Он уезжал примерно раз в год на месяц-полтора. И даже сознание того, что он привезет из-за границы (наверно, правильней было бы – «из заграницы») волшебные подарки, не спасало ситуацию. Я крепился до последнего, считал дни (это ужасное занятие – слишком много времени проходит между соседними цифрами), но, стоило уткнуться носом в какую-нибудь отцову куртку и вдохнуть запах – слезы брызгали из глаз и остановиться было уже невозможно.

В пионерлагере, куда меня ссылали дважды, я проревел беспрерывно: летом – месяц и зимой – две недели. Это при том, что ехал я туда с самыми радужными надеждами – все только и рассказывали, как это здорово, и лагерь, как я сейчас понимаю, был замечательный – Художественного фонда – и находился в Тарусе, посреди удивительной природы, на берегу Оки. Я уже был довольно большой мальчик (13 лет!)

и в короткие перерывы между слезами пытался понять, что же меня так расстраивает. Ничего не получалось. И лес был волшебный, и дети не такие уж глупые, и вожатые не такие уж строгие и противные, а еда меня вообще не волновала... Но нет, удаленность дома красила все это в черный цвет. Я был как улитка, которую вытащили из ракушки, а ракушку спрятали.

Я смотрю на сына, который с радостью едет в лагерь и с ней же на лице возвращается, и думаю, что не во всем мы с ним так уж похожи. Наверно, это детская истерическая привязанность к дому впоследствии отозвалась другим концом на нем.

Теперь я очень люблю путешествовать и уезжать люблю гораздо больше, чем возвращаться. За день до возвращения голова уже улетает домой, и все время кажется, что там ждут какие-то неожиданные и неприятные хлопоты. (Чаще всего так потом и оказывается. Идеальная мечта – длинное путешествие из страны в страну без заезда домой. Люблю жить в гостинице. Как Набоков.)

Наверно, дело еще было в том, что я не очень легко находил контакт с другими детьми. К тому же они почему-то всегда оказывались чуть старше меня, а в этом возрасте «чуть» значит очень много. Да еще я был мелок и застенчив и, конечно, никого особенно не интересовал.

Однажды я оказался в какой-то инфекционной больнице. В палате кроме меня было еще пятеро детей, и то, что мы все лежали и болели чем-то одним, нас как бы уравнивало. Во всяком случае, я почти почувствовал себя в компании. И тут случилось ужасное. Вечером после ужина добрая нянечка гасила свет, и начинались страшные истории – их рассказывали по очереди. В основном это были истории про Шерлохомца.

(Думаю, никто не знал, кто такой Шерлохомец, но виду не подавали, и диковинное это имя произносилось с небрежным уважением. Спустя лет десять я узнал, что это был сильно измененный дворовым детским сознанием Шерлок Холмс.) Кроме него в рассказах фигурировали три седых волоска, отрубленные пальцы и прочая нечисть – Конан Дойлем и не пахло.

Если же Шерлохомец как главный герой отсутствовал, то рассказ принимал совершенно бытовую окраску – и это было еще страшнее. Помню чудовищное повествование про нарисованного на стекле дядьку.

«Отцу сосед рассказывал – была у них на стройке история. В общем, пришла комиссия принимать одну новую квартиру, и никто не заметил, что на окне на стекле нарисован дядька. Ну, вселилась семья, и в этой комнате стал спать муж. А ночью он проснулся и видит – дядька сходит со стекла, заходит по стене на потолок и начинает показывать страшные фокусы. Ну, и муж все! – умер от разрыва сердца. А утром пришли – ничего понять не могут: муж мертвый, а дядьку на стекле опять никто не заметил. Ну, и стала там теперь жена спать. А ночью – опять: просыпается она и видит, что нарисованный дядька сошел со стекла, залез на потолок и давай показывать страшные фокусы. Ну и у жены тоже разрыв сердца. Утром глядят – мертвая. Тогда в ту комнату старшего сына положили. Утром глядят – мертвый. Ничего понять не могут. И в общем, вся их семья так поумирала. Тогда смотрят – что-то тут не так. И решили оставить в этой комнате на ночь милиционера. Милиционер лег в кровать, притворился спящим, а сам не спит. И среди ночи видит – дядька сходит со стекла, лезет на потолок. Милиционер был храбрый – у него разрыва сердца не случилось, он просто сознание потерял и страшных фокусов не увидел. А утром проснулся, вспомнил все, видит – на стекле дядька, взял и разбил это окно. Ну, и все кончилось тогда. Взаправду была история».

(Интересно, что былинный образ доблестного милиционера встречался в этих ночных рассказах довольно часто даже в сочетании с Шерлохомцем – как гарант подлинности. Да, упал с тех пор в детских глазах престиж советской милиции.)

Но бог с ним, с милиционером. Я лежал в своей койке и умирал от ужаса.

Ужас был вызван не только самими историями, хотя и ими, конечно, тоже: я понимал, что очередь неотвратимо приближается и скоро мне придется что-то рассказывать, а я ничего такого великолепного рассказать не смогу. Это был ужас неотвратимого – наверно, самый тяжелый из ужасов.

И когда наконец момент настал и все затихли в ожидании (меня ведь уже почти приняли за своего!), я закрыл глаза, натужился и произнес: «Жили-были дед да баба». Повисла тяжелая пауза. Для меня она была длиной в жизнь. Потом старший уныло сказал: «Ну ладно, спим».

Ощущение этого позора не покинет меня до последних моих дней. А ведь ерунда вроде бы, правда?

Поразительно, какой неожиданный приступ горя я вдруг испытал, когда у меня родилась сестра. (Я посчитал бы себя моральным уродом, если бы не наблюдал потом то же самое у других детей.) Мне было девять лет, и мы были на даче, и был вечер, и бабушка радостно сообщила мне, что у меня родилась сестренка.

Я как-то не придавал значения маминой беременности, не думал, чем все это кончится.

И убежал на улицу, потрясенный свалившимся на меня несчастьем.

При этом я совершенно не мог объяснить себе причину этого несчастья – я просто чувствовал, что отныне и навсегда родительская любовь принадлежит уже не только мне, а в первую очередь какому-то непонятно откуда взявшемуся неизвестному мне существу. Я впервые чувствовал себя преданным, брошенным во Вселенной и был безутешен.

Еще раз повторяю – голова в этом процессе совершенно не участвовала, все было на уровне абсолютно животных ощущений. Бабушка так и не смогла понять причину моих слез.

Ощущение горя довольно быстро прошло, хотя любви к сестре первые годы я не испытывал.

На первом году ее жизни случилась дикая и необъяснимая история. Я сидел в комнате на диване (мы уже переехали с Волхонки), а мама несла сестру из ванной в спальню и должна была пройти мимо меня. По мере того как она приближалась, я с ужасом понимал, что сейчас подставлю ей ножку. Я ничего не мог сделать – как будто дьявол двигал моей ногой. Мама споткнулась, полетела вперед и только чудом не упала. Как же меня отлупили! А я был счастлив, что опять могу сам командовать своими ногами и что все удачно обошлось. Очень хорошо помню это ощущение внезапно вселившегося беса и полной своей беспомощности.

Кстати, по поводу бесов и ангелов. Не так давно ко мне в гости приехал из Америки замечательный писатель и добрый мой товарищ Юз Алешковский.

По случаю его приезда мы решили устроить праздник и поехали на рынок. Юз обожает ходить по рынку, и я тоже, так что вдвоем мы уже получали как бы четверное удовольствие. Мы не спеша, обсуждая, что и как мы будем готовить, выбрали и купили мяса, зелени, приправ, молодой картошки, загрузили все это в мой джип и выехали с рынка. Настроение было превосходное, и, выруливая на Дорогомиловку, я произнес что-то восторженное насчет того, как все здорово, и какая дивная погода, и как мы сейчас замечательно все сделаем, и придут друзья, и выпьем, как люди.

С этими последними словами я и въехал в зад одиноко стоящего на светофоре «жигуленка».

Улица была пуста, скорость моя близка к пешеходной, и объяснить произошедшее чем-либо, кроме вмешательства потусторонних сил, я не могу. От слабого удара джип мой не пострадал, но «Жигули» распались на части, как в фильме «Братья Блюз», и открылся крепко держащийся за руль потрясенный их водитель. И он, и «Жигули» его были сильно немолоды, и понятно было, что это первый и последний автомобиль в его жизни.

После того как мы все опомнились, утешили хозяина «Жигулей», пообещав ему склеить его машину на лучшей станции, и отъехали с места катастрофы, Юз посмотрел на меня очень серьезно и сказал: «Запомни, мудило: ангелы слышат мысли, а бесы – слова. Поэтому о хорошем достаточно подумать, трендеть необязательно».

Изо всех сил стараюсь с тех пор так и поступать – никак не научусь.

Мой отец не был диссидентом. Я даже не могу сказать, что он был антисоветчиком. В коммунистическую партию он вступил задолго до моего рождения, и вполне по убеждению, и даже одно время был членом партбюро Архитектурного института, в котором преподавал. Из партбюро его, правда, попросили — на закрытых партсобраниях он тосковал и развлекал себя тем, что рисовал шаржи на прочих заседающих — а шаржи он рисовал гениально. Обычно после собрания выходила стенгазета, где эти шаржи и вывешивались...

Архитектурный институт был очень демократичным заведением. Несмотря на это, однажды секретарю партбюро не понравился шарж. Отца попросили, а заодно и закрыли стенгазету.

Я вообще не понимаю, как эти вольности могли терпеть какое-то время. Советская власть не переносила проявлений чувства юмора, а в особенности — насмешек над собой.

Удивительное дело! Почему тоталитарный режим не терпит улыбки? Ведь именно это его в конце концов и губит. Мне всегда казалось, что, если бы твердокаменные наши вожди позволяли хоть чуть-чуть улыбаться и иногда чуть-чуть улыбались сами, их режим мог бы продержаться дольше. Власть сохраняла железобетонное выражение лица, а к людям искусства испытывала глухое и мрачное недоверие.

А поскольку с этой средой нельзя было совсем уже не общаться, то выбирался один Главный Художник в каждом направлении — в живописи, скульптуре, литературе, музыке — и через них власть общалась (в одностороннем порядке, разумеется) со всей остальной творческой интеллигенцией. (Сегодня, кстати, ничего в этом плане не изменилось, во всяком случае в скульптуре и живописи — не буду называть фамилий, ладно?)

У нас в доме лежала большая и яркая книга — «Польский плакат». Отец и привез ее из Польши — у нас такое даже в дружественном польском исполнении не дозволялось. Я обожал эту книгу рассматривать вместе с отцом. Плакаты были разные — кино-, театральные, социальные и даже политические. Но все они поражали изобретательностью идей, условностью исполнения и – улыбкой. Они были живые.

Поразительное дело! Я все время вспоминал эту книжку, и в этом году моя сестра вдруг принесла ее мне – на день рождения. Не такую же, а ту самую! Как-то она у нее сохранилась. Я открыл ее – и вот это было самое настоящее путешествие в детство! Я, оказывается, помнил не только каждую картинку – я помнил их порядок, я узнавал каждую складку, каждое пятнышко на странице. Насколько же лучше мы впитываем информацию в юном возрасте!

А у нас страна была залеплена чудовищными рабочими и колхозницами с яростными взглядами и слоноподобными руками, из которых торчали транспаранты, хлебные колосья и прочие плоды труда. (Я уж не говорю про портреты обоих Ильичей – какой пласт изобразительной культуры ушел в прошлое!)

Недавно в какой-то хронике я увидел Москву семидесятых, уделанную всем этим, и как же стало тоскливо! Юмор же сводился к борьбе с недостатками. Недостатки в основном были зарубежного свойства, и тогда юмор назывался сатирой.

Придворный карикатурист Бор. Ефимов рисовал скрюченных капиталистов, державших в когтистых лапках то мешок с надписью «100 000 000», то атомную бомбу, похожую на дыню. Из оскаленных их ртов вместе со слюнями вылетали слова «ложь», «клевета», «холодная война» и «реванш». Тут же, на карикатуре, присутствовала широченная красная ручища, либо сжатая в кулак, либо с указующим перстом – прочь, мол, с картинки, то есть с нашего земного шара. Это было не смешно.

Аркадий Райкин в жутких масках то бюрократа, то склочника, то бракодела боролся с недостатками внутренними – и это был предел дозволенного смеха. (Когда он снял маску и попытался делать то же самое с человеческим лицом, у него тут же начались проблемы.)

Так что если нормальные люди и смеялись, то чему-то очень своему и очень в своих компаниях. На людях следовало не смеяться, а – радоваться. Успехам нашей самой передовой в мире державы, например.

Так вот, отец не был диссидентом.

Хотя я очень хорошо помню (я еще был совсем маленьким), как он возмущался по поводу какого-то фильма: почему если американский, то – шпион, а если наш – то разведчик? «Прикуси язык!» – кричала баба Маня. Она жила на свете дольше отца и знала, чем кончаются такие рассуждения.

Я представляю, сколько отцу приходилось терпеть от партийных идиотов, курировавших советские экспозиции на международных выставках. Отец и делал эти экспозиции – то была его вторая работа помимо преподавания в Московском архитектурном. Организация называлась – Государственная торговая палата. Одной из функций этой организации являлась демонстрация мощи нашей страны на мирном международном рынке; с этой целью в разных странах как дружественного социализма, так и загнивающего капитализма устраивались выставки, для их художественного решения требовался архитектор, в качестве которого в числе прочих и приглашали моего отца.

Примерно раз в год он уезжал в загранкомандировку – делать выставку.

Тогда загранкомандировка значила нечто большее, чем сейчас. Мать складывала в чемодан отцу консервы, консервный нож, вилку, кипятильник – платили за границей только суточные, а всем надо было привезти подарки. Месяц проходил в мучительном ожидании, и вот отец возвращался (мы ездили его встречать) – на чемодане заграничные наклейки, а внутри!..

С каким же трепетом я лез в этот чемодан! Я нюхал вещи, приехавшие из другого мира, – это был совершенно незнакомый и прекрасный запах. Шмотки меня мало интересовали – я получал сначала ковбойские револьверы (предварительно заказанные, естественно, причем со всеми деталями – какой ствол, какой барабан, какая ручка да чем стреляет – дети удивительные сволочи!), чуть позже – модели самолетов для склеивания, потом – пластинки, струны, гитары и даже усилители. По-моему, отец все свои суточные тратил только на меня.

Но я не об этом. Я помню, как на одной из выставок (кажется, в Канаде) было необходимо повесить над входом в павильон какую-то брежневскую цитату. У отца она была написана белыми буквами по голубому фону. За день до открытия выставки приехал искусствовед в штатском и потребовал, чтобы цитату переписали – она должна была быть белым по красному, и никак иначе.

Я понимаю, сейчас это как-то даже не смешно. Тогда это было совсем не смешно – командировка могла стать последней.

По-моему, отца спасало чувство юмора. Помню, с каким смехом он рассказывал, как в павильон в раздел пушнины пожаловал сам министр пушной промышленности и распорядился, где что расположить: тут соболя, тут – чернобурка, а тут – онтадра. «Не онтадра, а ондатра», – возразил отец.

Министерская свита замерла. «Ну что вы, Вадим Григорьевич, – снисходительно ответил министр, – я двадцать лет руковожу отраслью. Конечно, онтадра!» Они поспорили, к ужасу министерских шестерок, – никто из них за двадцать пять лет министра ни разу не поправил.

И все-таки неприятие советской власти возникло у отца совсем по иной причине – сейчас я в этом не сомневаюсь. Внутри у отца был идеальный камертон, настроенный на красоту. Отец не мог провести некрасивую линию – она бы у него просто не получилась. Надо видеть его рисунки, чтобы это понять. И у отца в голове никак не складывалось: если мы дети самого передового в мире учения, то почему все вокруг такое некрасивое? Почему машины, дома, одежда, фонарные столбы, почтовые конверты, эстрадные певицы, мебель, вывески магазинов, обложки журналов, партийные транспаранты и портреты Ленина – почему все такое уродливое? Это было неприятие советской власти на эстетическом уровне.

Я думаю, что тест на красоту – самый верный тест, чтобы определить, все ли правильно в доме. А вот видеть красоту можно научить только в детстве.

Увы.

Вам никогда, пардон, не казалось, что в словосочетании «альтернативное искусство» заложено что-то не то? Впрочем, так можно скатиться к выяснению вопроса, что мы понимаем под словом «искусство», и проорать друг на друга весь остаток жизни. У меня на этот счет есть собственное определение, но оно исключительно субъективно. Раздражала меня всегда не новизна и революционность формы – это как раз только радовало. Раздражало, что за всем этим делом гораздо легче спрятать собственную бездарность. При работе с формой традиционной этот номер не проходит.

Занимаясь много лет музыкой, я часто замечал с некоторой печалью, что очень немного людей отличают хорошую музыку от плохой. Один мой товарищ, старше меня на пару лет (замечательный, кстати, человек), любил группу «Ласковый май» и все время заводил ее в своей машине, а на мой вопрос, не сошел ли он с ума, отвечал: «А мне нравится!» – и диалог заходил в тупик. Просто в детстве его никто не научил отличать хорошую музыку от плохой. При этом, как ни странно, в других областях все может быть в относительном порядке.

С изобразительным искусством, кстати, еще хуже. Принцип Чехова «и лицо, и мысли, и одежда» тут, к сожалению, не работает. Я часто встречаю образованных людей, они одеваются со вкусом, разбираются в театре, читали все, что нужно, и при этом дома на стене у них висит нечто чудовищное. Я в таких ситуациях смущаюсь и ухожу от разговоров о живописи – ни врать, ни расстраивать людей не хочется, да и никто не просил меня воспитывать их.

Один весьма известный искусствовед по-дружески объяснил мне, что сегодня живопись или графика сама по себе никого не интересует. (Говоря «никого», он, конечно, хотел бы подразумевать все прогрессивное человечество, хотя речь на самом деле идет о довольно узком круге людей, именующих себя продвинутыми и задающих тон. Малопонимающим боязно от них отстать – в их представлении это будет отстать от современности.) Итак, сама картина никого не интересует – нужен перформанс. Вот ежели рядом с этой картиной будет играть на арфе карлик и рожать женщина, а на саму картину будет какать попугай – сенсация (в продвинутом кругу, разумеется) обеспечена. Только очень важно, чтобы карлик был лысый, потому что блондин был неделю назад у Иванова (Петрова), и тот играл на лютне, а какали голуби. Все здорово, только не понимаю, нужна ли тут картина, особенно если она никуда не годится, а если она вдруг хороша, то неясно, зачем ей такие костыли.

Советская власть записывала в леваки всех уклонявшихся от принципа социалистического реализма, и они уже вызывали сочувствие и симпатию как смелые люди и борцы с режимом. Это был некий фронт, и кто как рисовал, было вроде не самым главным. Квартирные выставки, подпольные мастерские, километровая очередь в павильон «Пчеловодство» – как же меня туда тянуло!

Советская власть сдохла, и вдруг стало ясно, что никаких индульгенций в плане искусства борьба с режимом не дает. И что фронт – не един, а есть там художники хорошие, а есть – разные. Это, оказывается, очень тяжело, когда не с кем бороться. Продвинутые, не мысля себя вне борьбы, принялись бороться с формой. (Это проще, чем с советской властью, – она не дает сдачи.)

Вся эта тусовка вокруг прогрессивного искусства напоминает мне какой-то садик. Там свои правила, свой язык, свои игры и небывалое высокомерие по отношению ко всем стоящим за оградой. Интересно, что, как только кто-то из садика начинает вдруг интересовать широкую общественность – скажем, его работы появляются на других выставках или вдруг начинают хорошо продаваться – его тут же с негодованием выпихивают из садика за забор – он стал коммерческий, и я слышу в хоре негодования нотки зависти. То, что при этом художник ни на йоту не изменил своим работам, совершенно неважно – важно, где он с ними оказался. Какая-то в этом есть гадость, ибо видели ли вы художника, который не хочет, чтобы его работы покупали? А если ты действительно этого не хочешь – зачем выставляешься? Выставляйся дома.

Очень похожее происходило в середине восьмидесятых в так называемой Московской рок-лаборатории – последней судорожной попытке умирающего комсомола сплясать кадриль с неформальной молодежью. Чтобы попасть в эту рок-лабораторию, надо было быть альтернативным во всех проявлениях и с презрением относиться, скажем, к «Машине времени» как к зажравшимся и продавшимся ретроградам. Умение петь, играть или сочинять музыку было отнюдь не первостепенной важности вещью. Стоило группе «Браво» обрести популярность, выходящую за рамки этой песочницы, как их дружно облили фекалиями и выгнали из садика – они продались. Оказывается, важно не что и как поешь, а – с какой поляны.

Все-таки страшно интересно – это отголоски классовой борьбы или просто от зависти?

Имел я длинный спор с кинорежиссером Сергеем Соловьевым. Речь шла об одном очень ловком молодом человеке, который вдруг взял и стал концептуальным художником, очень удачно попал в красную волну, которая накрыла Америку, умиленную словами Gorbachoff и Perestroyka (и схлынула, кстати, через пару лет, оставив американцев в некотором недоумении).

Я печалился по тому поводу, что прокатились на этой волне за океан самые ушлые и шумные, убедив на время наивных американцев в том, что они и есть соль русского современного искусства. Они заслонили собой многих действительно хороших художников, которые в это время сидели и рисовали. Соловьев мне отвечал, что победителей не судят и что талант – это не просто нарисовать занимательную картинку, но еще и добиться того, чтобы человечество ее полюбило. Наверно, сегодня дело именно так и обстоит. Но мне все-таки кажется, что это два каких-то разных таланта. И если первый отсутствует, то самые невероятные проявления второго вызывают у меня разве что чувство неловкости за его обладателя.

Победителей, кстати, тоже судят. Их судит Время.

А если вас интересует сугубо мое определение искусства, то звучит оно примерно так: «Искусство есть стрельба в неведомое, где степень точности попадания соответствует степени приближения человека к Богу».

Вот так высокопарно, господа. И если стоящий рядом со мной метко пускает стрелу в цель, мне все равно, какую при этом эстетику он исповедует и какой ширины у него брюки. Тем более мне это безразлично, если стрелы его уходят в «молоко». Согласитесь, господа, что второе мы наблюдаем куда чаще.

Перечитал эту главу и расстроился: написано-то давно. Чуть не двадцать лет назад. Ничего не изменилось. Меньше всего мне хочется в этой истории выглядеть замшелым ортодоксом и ретроградом. И искусство по-прежнему разное – и «актуальное», как его называют его апологеты, отказывая в актуальности остальным, и всякое прочее – искусство вообще. И во все времена гениального были крупицы, а хорошего – куда меньше посредственного. И пусть цветут все цветы. Просто не люблю жуликов.

Интересно, что мы с отцом никогда не говорили на эту тему. И тем не менее, когда я пишу это, я слышу в голове его голос. Для него не существовало заборов, разделяющих направления и жанры, но искусство от неискусства он отличал моментально и безошибочно. Он не видел противоречий между Модильяни и Рембрандтом — он видел противоречие между ними и Глазуновым.

Еще одна вещь, которая меня поражает, — деление искусства на прикладное и чистое. (Следовательно, прикладное — уже нечистое, понимаете? То есть как бы второго сорта.) О чем вы, господа? О какой такой чистоте? Я, например, не знаю неприкладного искусства.

Потому что музыка — это чтобы слушать. Картина — чтобы повесить на стену и смотреть на нее. Книга — чтобы читать. Я что-то упустил?

Мало того, почти все великие произведения искусства писались на заказ: и мессы Баха, и фрески Сикстинской капеллы, и «Святая Троица», и великий художник никогда не отличался в глазах человечества от великого ремесленника каким-то свечением над головой — этот нимб ему приделали не так давно, лет сто пятьдесят – двести назад. И импрессионисты, которые смели классицистов, так же мечтали продавать свои работы, как и их растоптанные предшественники. (Не всегда сразу получалось — это другой вопрос.) Я не верю художнику, который пишет картины, складывает их за шкаф и говорит, что пишет для Вечности и ничье мнение его не интересует. Я сам иногда повторяю эту фразу (мол, сам знаю, что у меня получается, а что — нет), но, сделав что-то новое, спешу это показать — сначала друзьям, а потом всем остальным. С этого момента моя вещь уже становится прикладной, верно?

Отец, кстати, выставлялся как художник всего один раз – в Архитектурном институте, на выставке работ преподавателей. Среди прочих работ он вывесил портрет негра. Выставку, естественно, принимала комиссия, какой-то идиот спросил: «Зачем нам негр?» – портрет сняли. Я думаю, это очень ранило отца, больше он не выставлялся, отшучивался: «На фиг мне это надо?» А графика у него была потрясающая, с невероятно точной линией, в необычной технике и очень по тем временам не соцреалистическая.

Отец подолгу не рисовал – не было времени, потом вдруг садился и выдавал залпом работ двадцать – на одном выдохе. И все-таки зрители были – в первую очередь наша семья и школьный его друг дядя Соля, полковник медицинской службы, и работы его становились прикладными к нам. Работ было очень много, мать пилила отца, чтобы он наконец выхлопотал мастерскую, потому что и так повернуться негде. Для мастерской нужно было собрать какие-то бумажки, а отец больше всего на свете не любил собирать бумажки и ходить с просьбами. Мать в конце концов победила, отец собрал бумажки, получил мастерскую где-то у черта на рогах, отвез туда свои работы, но рисовать по инерции продолжал дома. Потом в мастерской лопнула труба, и почти все работы погибли.

Впрочем, все это в качестве примера не годится – рисование не было основной профессией отца, оно вообще не было его профессией, он работал архитектором и оформителем, и это отнимало все силы и время, а рисовал он действительно больше для себя. И все же года за два до смерти – у меня была какая-то выставка моих работ – полушутя сказал: «Может, и мне с тобой выставиться?» Теперь я понимаю, что ему этого очень хотелось. И мне страшно жаль, что мы не успели это сделать.

Я сделал это совсем недавно, в маленькой, удивительно уютной галерее «Роза Азора». Мы с сестрой собрали почти все оставшиеся отцовские работы. В основном это были женские портреты. Мы повесили их в первом зале, а мои картинки – во втором. Я очень волновался. Наверно, было видно, что откуда выросло. Наверно, было видно, что наши работы роднит и что различает. И что совершенно точно было видно – Время, нас разделяющее, Время, водившее нашими руками, – такое разное.

Мне кажется, мой отец был доволен.

У американских индейцев был такой музыкальный инструмент – индейская скрипка. Она представляла собой гриф с одной-единственной струной. Конец грифа зажимался зубами, и голова играющего становилась резонатором. Скрипка звучала – но только внутри головы скрипача, снаружи было тихо. Инструмент давал шанс стать Паганини для самого себя.

Других примеров чистого искусства я не знаю.

Еще были праздники.

Детская жизнь вообще вспоминается как цепь сплошных праздников. И не потому, что мы так хорошо жили, – просто о несчастьях не сообщалось и о них никто не знал. Это сейчас нам о них талдычат с утра до ночи со всех страниц газет и по всем телепрограммам, думая, очевидно, что таким образом можно уменьшить их количество, а скорее всего, ничего не думая.

А тогда несчастья если и происходили, то – в странах капитализма. А наша жизнь состояла из радостных трудовых будней и – праздников. Народ с огромным воодушевлением встречал решения съезда, вставал на трудовую вахту, перевыполнял план, а в праздники – рапортовал. Все понимали, что на самом деле все не так, подтрунивали над этим (в основном в меру дозволенного), но на атмосферу в целом такая безоблачность сильно влияла. Изредка только умирал какой-нибудь член политбюро, и то никто по нему взаправду не скорбел, и даже голос диктора по радио звучал излишне траурно, и казалось даже, что он втихаря подмигивает, пользуясь тем, что его не видно.

Да и сами события, в общем, заслуживали праздников – все было впервые. Международный фестиваль молодежи и студентов в моей детской памяти не отпечатался – от него осталась только газовая косыночка с легкомысленными картинками и надписями «Мир» на всех языках – она накрывала телевизор. А вот как запустили первый спутник – помню отлично.

Мир натурально сошел с ума. Дикторов распирало от торжественности, все ликовали и братались. А тут еще практически следом запустили второй – с живой собакой Лайкой внутри! – и потом, почти сразу, – какой-то уж совсем невероятный третий. Так их и изображали на плакатах, транспарантах к парадам, в детских книжках и на подстаканниках – земной шар весь в параллелях и меридианах, иногда с добрым и умным лицом, и из него торчат три дуги: на первой – первый спутник (шарик с четырьмя антенками), на второй – второй, и из него торчит счастливая собачья морда в круглом прозрачном шлеме, и на третьей – третий, самый большой, в виде конуса с хвостиками и крючочками. Модели спутников были выставлены в скверике у Большого театра, во втором было проделано специальное окошечко, чтобы все видели, как там помещалась собака-космонавт. У спутников была толпа. Мы с отцом ходили смотреть, и он сажал меня к себе на плечи, чтобы мне все было видно.

А потом вдруг сразу – Гагарин! Вот это было да! Все верили, что кого-нибудь запустят, но никто не думал, что так скоро. Было совершенно ясно, что космическая эра берет бешеный разгон, что коммунизм наступит завтра-послезавтра и что Америку мы обогнали навсегда. То, что все это происходило на фоне наших коммуналок и очередей в баню, никого не смущало.

Нас отпустили с уроков, и мы побежали смотреть, как встречают Гагарина. Его везли через Большой Каменный мост в открытой светло-серой «Чайке» с эскортом мотоциклистов, рядом с ним сидел Хрущев, а сам Гагарин, между прочим, стоял и махал всем рукой, а «Чайка» была доверху завалена цветами и на мост было не взойти. Стоял волшебный весенний день, радость граничила с безумием. Во дворах пили и танцевали. По небу пролетали вертолеты, с них сыпали розовые и голубые листовки с портретом Гагарина, мы залезли на крышу нашего дома и собрали их целую кучу – внизу их быстро затоптали, а на крыше они лежали целенькие. Долго мы потом этими листовками менялись.

Первое мая и Седьмое ноября тоже были безусловными праздниками. Однажды отец принес билет на парад – на Красную площадь. Мы шли на парад, вернее, отец шел, а я сидел у него на плечах, держал в руках билет (он выглядел необыкновенно значительно и нарядно), и меня распирало от важности. Мы прошли несколько оцеплений милиции и оказались на трибунах. Было пасмурно и холодно, сидеть на ледяных гранитных трибунах было невозможно, поэтому все стояли. А неподалеку справа был Мавзолей, и на нем маленькие фигурки в черном – правительство. Меня пришлось спустить с плеч, чтобы я не заслонял парад другим важным гостям, я страшно замерз и почти ничего не видел, но чувство гордости и сопричастности посетило в полной мере.

Обычно парад мы смотрели по телевизору, а потом сразу бежали на набережную – часть танков возвращалась с парада по ней, и их можно было увидеть совсем близко. Танки нравились необычайно. Парад шел по восходящей – сначала маршал Малиновский объезжал на открытой машине все рода войск, поздравлял каждых в отдельности, они ему в ответ кричали одинаковое и неразборчивое. Оркестр совершенно замечательно замолкал на полуноте в тот момент, когда машина с маршалом останавливалась у очередного полка. Все это было красиво, но не очень интересно.

Потом войска расходились, последним уходил оркестр, продолжая играть, и наступала пауза – пустая огромная площадь, тишина, и издалека нарастающий грохот моторов – танки идут!

Интересно – восхищение танками так и не прошло. В середине восьмидесятых мы с «Машиной» были на гастролях на Дальнем Востоке, нас позвали на полигон – пострелять из чего угодно. Меня посадили в танк – два рычага, две педали, проще не бывает. Я дал по газам. После того как я без всяких усилий перелетел небольшую речку, а потом, даже не заметив, срубил две приличные березы – в душе возникла какая-то лихая бесшабашная вседозволенность, – не хотелось останавливаться. А потом мы еще на ходу пару раз шарахнули из пушки – и я почувствовал себя настоящим терминатором.

Кончилось все смешно. Вдоволь настрелявшись из всех видов оружия, мы приехали на площадку прямо к концерту, и тут выяснилось, что одно ухо у меня совершенно не слышит – причем не правое, которое ближе к прикладу, а противоположное – левое! Оказывается, петь и играть с одним ухом – занятие почти невозможное. Отчетливо помню этот ужас до сих пор.

Танки вызывали безотчетный детский восторг. Это был мой любимый момент. Сначала легкая десантная техника, потом артиллерия, потом – танки, тяжелее и тяжелее, и в самом конце – ракеты. Последней везли, как правило, какую-то совершенно невероятную дуру длиной с железнодорожный вагон. В этот момент по телевизору всегда показывали иностранных дипломатов и военных атташе – как они щелкают фотоаппаратами. Было совершенно ясно, что именно с помощью этой ракетищи Америке, если будет надо, покажут кузькину мать.

И все-таки больше всего я любил Новый год. Военного парада, правда, для ощущения полноты праздника немного не хватало, но это компенсировалось общей праздничной атмосферой, которая начинала накапливаться за несколько дней – с другими праздниками такого не происходило. По городу несли елки, стянутые веревками, как колбасы, посередине Детского мира ставили огромную ель. Говорили, что в Кремле еще больше, но я там так ни разу и не был.

Отец или мать приносили с работы праздничный заказ – картонная коробка, в ней – дефицит: баночка лосося, баночка сайры, балык, копченая колбаса, коробка конфет, курица, гречка, майонез, бутылка коньяка и бутылка шампанского. Бабушка и мама готовили салаты, варили студень.

Отчетливое воспоминание: принесли заказ, разложили свертки на столе, в доме радостное возбуждение, оно, естественно, передается и мне, я бегаю вокруг стола, еле доставая носом до края. Родители что-то сообща несут на кухню, я остаюсь в комнате один, прямо передо мной сам собой медленно распахивается, раскрывается сверток из плотной вощеной бумаги, внутри – белое, нарезанное. Сыр! Я хватаю кусок, откусываю сколько могу. И застываю: это не сыр, это сливочное масло! Выплюнуть уже нельзя – давясь, глотаю. Лет тридцать после этого не мог смотреть на сливочное масло.

Отец ставил в спальне елку (больше было негде), она тут же начинала пахнуть. Украшали мы ее вместе, я искалывал себе все пальцы (удивительно – несколько елочных игрушек сохранились у меня с тех пор – а вроде бы такая хрупкая вещь!). До двенадцати мне сидеть не разрешали, отправляли спать в комнату к елке; я знал, что утром под ней окажутся подарки, подозревал, что положат их туда родители, когда я засну, и изо всех сил боролся со сном – подсмотреть, как они это будут делать и что там такое, но так ни разу и не дождался.

Однажды пришел Дед Мороз – в красной шубе, шапке, с красным носом и белой бородой – прямо из журнала «Мурзилка». Я испугался. «Ты ел?» – строго спросил он меня. «Ел», – ответил я, потрясенный. «Спал?» – «Спал». – «Маму-папу слушался?» – «Слушался», – пролепетал я, уничтоженный категоричностью вопросов. «Ну, тогда получай подарок», – сказал Дед Мороз и протянул мне мешок. Еще не веря, что ужас кончился, я вытянул оттуда какую-то коробку. Дед Мороз ушел, а я долго потом не мог прийти в себя. Через несколько лет я вспомнил этот эпизод, и мне сказали, что это был мой отец, но я, честно говоря, не верю до сих пор. Неужели можно вот так в упор не узнать родного отца?

Ощущение длинного праздника связано с летом и с дачей. Дачу мои родители снимали в Загорянке у хозяйки Юлии Карловны. Точнее, снималась не дача, а ее половина – две комнатки и замечательная, застекленная ромбиками терраса, которую окружал густой, запущенный сад. Кроме Юлии Карловны на даче имелся ее сын Клим и старая овчарка Дези. Клим играл на мандолине, а овчарка Дези лежала в тени рядом со своей конурой – в силу доброты характера и преклонного возраста она никого не могла обидеть. Вышла у нас с ней тем не менее печальная история.

В дачной компании я, как всегда, был самым маленьким – если не по возрасту, то уж во всяком случае по физическим параметрам (по длине я догнал своих сверстников уже в девятом классе – с моим отцом была та же история, и та же история происходит сейчас с моим сыном). А еще я был очень доверчивым, поэтому остальным было удобно ставить на мне всякие эксперименты и испытывать новые шутки.

Как-то одна большая девочка попросила меня закрыть глаза и открыть рот. Происходило все в большой компании, и я, не ожидая ничего плохого, выполнил ее просьбу. И тут она коварно вдунула мне в рот одуванчик. Рот залепило пухом, все вокруг засмеялись, я открыл глаза, закашлял, пушинки полетели наружу. Не все, конечно, – часть прилипла к языку и небу, и это было очень противно. Еще было страшно обидно, хотя я не подал виду и даже посмеялся со всеми. Самым печальным было то, что видели этот номер сразу все, и повторить его было уже не на ком – я оставался крайним.

Я ушел и довольно долго думал, с кем же проделать этот фокус – необходимо было сбросить позор на кого-то следующего. Родители отпадали – я чувствовал, что им может не понравиться. Оставалась старая овчарка Дези. Я сорвал одуванчик, подошел к старушке (она очень тепло ко мне относилась), сел перед ней на корточки и сказал: «Дези, закрой глаза, открой рот». По-моему, она все это и проделала. И тогда я дунул пухом прямо ей в морду. Бедная собака страшно испугалась и непроизвольно дернула открытой пастью в мою сторону. Ее клыки рассекли мне лоб, потекла кровь. Я заплакал, прибежали родители, переполошились, наподдали Дези по холке – а она и так выглядела очень виноватой. И тут уж я разрыдался в полную силу – мне было жалко несправедливо наказанную собаку, раненого себя, при этом я ощущал совершенную невозможность объяснить родителям, что же тут произошло. Лоб со временем зажил, я ходил к Дези извиняться, и, по-моему, она меня простила.

Чувствительность моя, как я сейчас понимаю, граничила с патологией. Однажды вечером вся семья сидела на террасе. Пили чай, за окнами шумел дождь. Беседа шла какая-то взрослая, мне было неинтересно, я вышел в сад и по тропинке – за калитку. Теплый дождик оставлял на лужах пузыри, по дорожке прыгали большие редкие лягушки. Я взял одну в руки, мы поговорили с ней о чем-то, я посадил ее обратно на дорожку, она немного посидела рядом со мной и скакнула в темноту. Через мгновение по дорожке протопали чьи-то огромные ботинки, пахнуло табачным дымом. Страшное предчувствие кольнуло мне в сердце, я кинулся шарить по темной земле и на ощупь нашел то, что осталось от моей лягушки, – она превратилась в блин. Я прорыдал двое суток без перерывов на еду и сон. Объяснять что-либо в таких случаях родителям было бессмысленно – я мог изложить ход событий, но не мог объяснить глубину трагедии.

Эти редкие истории, впрочем, совершенно не умаляли дачного счастья, которое начиналось с переезда на грузовике с какими-то тюками, коробками, стульями в начале июня из уже душной Москвы в зеленую влажную Загорянку. Я, помню, сам складывал свою коробку – с красками, пластилином, самыми нужными игрушками.

(Еще был блокнот – я собирался написать книгу. Она должна была называться «Москва в огне» – про войну. На первой странице я вывел название большими печатными буквами и объял их языками пламени. На следующей странице шел подзаголовок: «Глава первая. Украдена пограничная собака» – должна же была война с чего-то начаться! Потом пошел текст: «Ряд пограничников стоял на заставе. Вдруг один из них воскликнул: «А где моя пограничная собака?» Дальше работа над книгой не пошла.)

Так вот, родители начинали разгружать вещи, развязывать тюки, баба Маня бежала открывать сразу все окна – проветривать, а я несся к своему дачному другу Димке Войцеховскому. Я в детстве не бегал, бегать у меня получалось хуже, чем у других ребят, – не так быстро и изящно. Но я выработал свою собственную систему ускоренного передвижения вприпрыжку, когда два раза подряд подлетаешь вверх сначала на одной ноге, а потом – на другой. Прыжки получались гигантские (если разогнаться), так что я не бежал, а именно несся.

Дача Войцеховских стоит почти напротив нашей, и мне у них нравится все: сам дом коричнево-бордового цвета, какой-то высокий, кривоватый и оттого напоминающий старинный парусный корабль, обилие всяких загадочных штук (Войцеховские не снимают дачу, как мы, – это их дача, поэтому тут полно всяких штук), Димкины родители дядя Володя и тетя Ира – молодые и веселые люди, бабушка Варвара Петровна – у нее все какое-то большое: руки, ноги, лицо, она постоянно готовит что-то вкусное на ревущем керогазе и дает потом нам с Димкой. Еще есть дед – с седыми усами и нестариковской выправкой. Он служил еще в царской армии, у него на лбу вмятина от немецкой картечины и он – георгиевский кавалер, поэтому степень моего трепета перед ним безгранична.

А еще у Димкиных родителей есть настоящая «Волга» салатового цвета с серебряным оленем на носу, и на ней можно в какой-нибудь выходной поехать на настоящую рыбалку на речку Ворю. Димкин отец не рыбак, но у него есть товарищ – Николай Николаевич, он настоящий разведчик (представляете – работает в КГБ!), и вот он-то как раз рыбак, и если вдруг вечером он у Димкиных родителей в гостях, значит, завтра рано утром поедем на машине на рыбалку (меня, конечно, возьмут), Николай Николаевич будет нам с Димкой показывать, как правильно ловить рыбу, потом будем жарить шашлыки на костре, хором кричать: «Мясо!» – в общем, набор невероятных чудес. Мои родители легко отпускали меня с Димкиной семьей, хотя сами так ни разу их приглашения не приняли.

Но такие выезды – это все-таки нечастое событие. А так мы с Димкой с утра до ночи предоставлены самим себе. У нас с ним масса общих интересов. То есть они практически все – общие.

Мы собираем бабочек. (Удивительно, что это не мы с ним два таких выродка – в Загорянке много других детей, и почти все собирают бабочек, причем это отнюдь не результат нашего с Димкой влияния – это какое-то общее поветрие.

Не только бабочек. Все (поголовно!) собирали почтовые марки, монеты, спичечные этикетки. Первый вопрос при знакомстве – ты что собираешь? Интересно – насколько глубоко в прошлое уходила эта традиция? Мой отец в детстве тоже собирал марки, мне от него досталась приличная коллекция колоний двадцатых-тридцатых годов. А ведь марки, скажем, нельзя собирать, не разбираясь в них. А разбираться в них – знать историю стран, события, по случаю которых эти марки были выпущены. Сегодняшние дети в этом возрасте собирают вкладочки от жвачки. Тоже, в общем, красивые бумажки. Дуреем на глазах.)

Поскольку мы ограничены в доступе к научной информации, а жажда знаний наша беспредельна, обычные бабочки средней полосы приобретают совершенно фантастические названия. Из настоящих, совпадающих с общечеловеческими, это только павлиний глаз, траурница и чрезвычайно редкий махаон. Остальные носят непонятно откуда взявшиеся имена – король, королева, большая королева, краснодарская шоколадница, королек. Ходят слухи о невероятной ночной бабочке по имени типарел. Она настолько редкая, что пока ее никто не видел, но возможность ее внезапной поимки все же не исключена.

Однажды я где-то услышал, что в аптеке принимают крылышки майских жуков – из них делают лекарство и поэтому платят по две копейки за штуку. (Ума не приложу, откуда это взялось, – не сам же я это выдумал, в самом деле.)

Быстро была организована боевая бригада, и за несколько вечеров мы наколотили невероятное количество майских жуков. Жуки сбивались влет с помощью только появившихся тогда ракеток от модной игры – бадминтон. Коричневые верхние крылышки отделялись и складывались в трехлитровую банку. Когда банка наполнилась, мы бережно взяли ее и с песнями понесли в аптеку. Помню споры на тему, что мы будем покупать на наши миллионы и почему, собственно, Сашка и Колян набили жуков больше, чем Димка и я, а делить деньги будем поровну. В аптеке долго не могли понять, чего эти дети от них хотят. Не знаю, почему меня тогда не убили.

Помню ощущение невероятной победы – не просто моей, а победы Справедливости. Это произошло на станции. Но дайте я сначала расскажу вам про станцию.

Нам не велят туда ходить – во-первых, чтобы попасть на станцию, надо переходить шоссе, а это опасно. Потом, там ходят электрички, и это тоже опасно. Но мы все время оказывались там – там шла какая-то насыщенная, яркая жизнь. У станции располагался рыночек и всякие магазинчики и палатки – дощатые домики, крашенные в синий и зеленый цвет. Продавали хлеб, керосин, молоко. Стояла бочка с квасом. Денег у нас не было, но можно было побродить под платформой, вздрагивая от грохота причаливающих электричек, довольно быстро набрать копеек, которые провалились в щели между досками, покрывающими эту самую платформу, и тогда уже напиться квасу до умопомрачения, до бульканья в голове (большая кружка – шесть копеек, маленькая – три. Большую я осилить не мог). Ребята постарше собирали тут же, под платформой, бычки, вытряхивали из них табак, делали самокрутки и курили, но нас это пока не интересовало.

Недалеко от платформы стояла будочка «Шиноремонт». За ней была выкопана глубокая круглая яма – для погибших покрышек. Но покрышек не хватило, природа, не терпящая пустоты, заполнила оставшееся пространство водой, и образовался маленький мутный прудик метров пять в диаметре. Рыбы там, естественно, не было, но всякие водяные насекомые кишели в изобилии. Сюда мы, коллекционеры, и приходили их ловить. Для ловли годился тот же сачок, что и для бабочек, правда, от шурования в грязной воде, заросшей черт знает чем, он быстро ломался и умирал.

Так вот, в один из таких научных походов, когда мы сообща вылавливали из прудика всякую насекомую мелочь – водомерок, гладышей, скорпиончиков и личинок стрекоз, – классифицировали их и сажали в банки от майонеза, я вдруг увидел на поверхности огромного жука-плавунца. До этого мы видели его только в книжке и даже не мечтали о встрече. Размеры его потрясали воображение. Казалось, он может не войти в майонезную баночку.

Я заорал, но подлое чудовище к этому моменту как раз набрало воздуху и нырнуло, и, когда все повернулись на мой крик, на поверхности лужи остались только круги. Конечно, мне никто не поверил. История эта в течение получаса повторилась трижды – я видел, как жук всплывал в разных местах и всякий раз уходил под воду прежде, чем его успевал заметить хоть кто-нибудь кроме меня. На третий раз меня подняли на смех, обозвали всем, чем можно, собрали банки со своей мелюзгой и двинулись в сторону дома. А я остался, глотая слезы, ибо надо было либо спасать свою честь, либо топиться тут же в пруду.

Жук не появлялся, и я уже боялся, что не увижу его никогда, и вдруг увидел — он висел у поверхности почти на самой середине лужи. Я затаил дыхание, встал на самый край какой-то покрышки, вытянулся вперед вопреки всем законам равновесия и, когда зверь уже пошел в глубину, подсунул под него сачок. По удару, который ощутила рука, я понял — есть! С диким криком, с сачком наперевес, даже не посмотрев на пойманное насекомое, я кинулся вслед за ребятами. Слава богу, они не успели уйти далеко, а то бы я умер от разрыва сердца. Какой же это был триумф, какая победа!

Спортивных массовых игр мы с Димкой избегали. Почему он — я не знаю, а я — по причине собственного физического несовершенства. А был я мелок, слаб и, видимо, довольно неуклюж — во всяком случае, по сравнению с другими ребятами. Да еще вдобавок почти все они были постарше меня, а в этом возрасте день идет за год — если тебе четыре, а твоему приятелю восемь, то он старше тебя в два раза.

Когда рушить коллектив все же не хотелось, я соглашался постоять на воротах. Однажды я стоял на воротах, а играли мы с какими-то совсем уже здоровыми парнями. Я задумался о чем-то своем и вдруг увидел, что тяжелый мокрый мяч летит прямо мне в морду. Даже если бы я захотел среагировать — скажем, поймать его или, наоборот, увернуться, — я бы все равно не успел. Гола я не пропустил, но откачивали меня минут двадцать. Больше я на воротах не стоял.

Нас с Димкой страшно интересовала военная техника, причем не современная, а Второй мировой войны, наша и немецкая — танки и самолеты. Не понимаю, откуда взялась такая любовь, но знали мы с ним все — вплоть до модификаций и годов выпуска.

У Димкиного деда была старая книга — огромный, неподъемный коленкоровый фолиант под названием «Танк», выпущенный, видимо, подарочным тиражом специально в пику Климу Ворошилову, ратовавшему, как известно, за конницу. Книга являла собой историю танкостроения с прекрасными гравюрами и фотографиями. Книга была изучена и перерисована до дыр.

Откуда мы черпали информацию о самолетах, я уже не помню — кажется, из книги авиаконструктора Яковлева. Дни мы проводили в изготовлении моделей. Исходным материалом служил пластилин, но не думайте, что наши изделия напоминали мягкие игрушки, — мы делали практически точные копии. Просто, чтобы пластилин стал для этого пригодным, его надо было подержать в холодильнике для придания ему твердости, а потом острым ножом резать из него детали будущего танка или самолета.

Конечно, на жаре модели наши долго не жили, но это только придавало им дополнительную ценность — нужно было немедленно устраивать сражение.

Я больше трудился над немецкой техникой, мне нравилась эстетика вермахта — хищные, рубленые формы. За них заодно и приходилось воевать. Но это меня не очень расстраивало — немецкий самолет должен был в конце концов быть сбит, а это-то и было самое красивое — самолет поджигали с помощью спички, он начинал терять формы, оплавляться и горел совсем как настоящий (во всяком случае, в кино) — бензиновым пламенем с черным дымком. Тут его надо было уронить на твердую поверхность, он врезался и догорал уже на земле, оставляя после себя кучку черно-серого пепла. Думаю, мы чудом не спалили Димкину дачу.

Когда мой отец однажды увидел наши с Димкой военно-авиационные занятия, он необыкновенно завелся и рассказал мне, что, когда он был маленький, он тоже делал точные копии военных самолетов, правда не из пластилина, а из липы – он вырезал их ножом.

Ах, как мне хотелось иметь настоящий маленький «Мессершмит-109»! То есть не настоящий, конечно, а точную копию, изготовленную из чего-нибудь более вечного, чем пластилин. Я представлял его себе в деталях: сантиметров двенадцать в размахе крыльев, серо-синего цвета с металлическим отливом, фонарь кабины прозрачный, а на фюзеляже видны ряды крохотных заклепочек.

Тогда я еще просто не мог знать, что такие модели существуют в природе – в Советском Союзе их не производили, а из-за границы отец пока ничего подобного не привозил. А поскольку я не мог даже предположить существование чего-то такого подобного, то я и не мог попросить отца привезти мне это. Но прошло несколько лет, наши с Димкой игры закончились, мы с отцом стали собирать модели самолетов, и однажды он привез мне именно такой «Мессершмит» – и размеры, и цвет, и даже заклепочки на корпусе совпадали. Я держал его в руках, потрясенный, и думал, что он мог бы принести мне куда больше счастья, попади он ко мне лет пять назад.

Удивительно, что такое происходило потом со мной много раз: я становился обладателем объектов своих самых заветных мечтаний, но всегда это происходило много позже, когда уже и штука эта не очень-то была нужна, и в путешествие это хотелось не так, как тогда, и по женщине этой уже давно не страдал. Мне даже виделась во всем этом какая-то система, за которой был скрыт очень важный именно для моей жизни смысл. И пару раз мне казалось, что вот-вот он будет разгадан. Но – так и не разгадал.

В чем тут дело?

А ведь все очень просто. В мою юную голову пытались вдолбить: не очаровывайся, не создавай себе кумира, все эти предметы не будут завтра иметь для тебя никакого значения. И даже сейчас, разгадав смысл этого постоянного урока, я далеко не всегда ему следую – просто не получается: как это не очаровываться, если эта вещь очаровательна? И потому полон мой дом всевозможными и, казалось бы, ненужными штуками, и каждая живет на своем месте, и каждой я благодарен за то, что она открыла мне какой-то секрет и помогла что-то увидеть и понять.

Интересно, что слово «пошлость» (как и понятие, естественно) существует, видимо, только в русском языке. На английский язык, например, это слово переводится так же, как и вульгарность – vulgarity, а это, согласитесь, совсем не одно и то же. Мы же, очень хорошо чувствуя, что это слово обозначает, как правило, не в состоянии объяснить это ощущение другими словами. Попробуйте сами.

Оказывается, в прошлом слово «пошлый» имело совсем иное значение, о чем нам сообщает словарь: старинный, исконный; прежний, обычный. (А других значений он, кстати, и не дает.) Похоже, не так уж давно пошлым называли не пошлый в сегодняшнем понимании, а бородатый анекдот. Любопытно – когда и при каких обстоятельствах смысл слова переменился.

У Даля: избитый, общеизвестный и надокучивший, вышедший из обычая. Неприличный, почитаемый грубым, простым, низким, подлым, площадным. Вульгарный, тривиальный. Очень близко, но чего-то не хватает.

У Ушакова: заурядный, низкопробный в духовном, нравственном отношении, чуждый высших интересов и запросов. Вроде хорошо, дал бы еще кто точку отсчета – это вот нравственно и духовно, а вот отсюда уже не очень. И не меняется ли положение этой точки от эпохи к эпохе, а значит, каждый день?

В силу совершенной общепонятности, что ли, определения пошлости и в то же время совершенной же его субъективности каждому из нас кажется, что он очень хорошо видит и чувствует пошлость, но при этом видит абсолютно по-своему и в разных явлениях. Меня это так заинтересовало, что какое-то время я практически проводил опрос друзей и знакомых – все эти люди занимаются театром, кино, музыкой – в общем, искусством. Многие из них не смогли дать мне своего определения пошлости вообще. (Как правило, именно те, которые чувствуют малейшее присутствие пошлости, как полицейская собака – наркотики. Вы уж мне поверьте.)

Иван Дыховичный отослал меня к Набокову. Нахожу у него целую лекцию под названием «Пошляки и пошлость». (Интересно, что лекция переведена с английского, то есть писана и читана была американцам, как раз этого понятия в арсенале, на мой взгляд, не имеющим. Очень мне было интересно – как называлась лекция в оригинале, то есть на английском языке. Оказывается, так и называлась – «Poshliaki and poshlost».) Нахожу абзац, на мой взгляд, самый главный. «У русских есть, вернее, было специальное название для самодовольного величественного мещанства – пошлость. Пошлость – это не только явная, неприкрытая бездарность, но главным образом ложная, поддельная значительность, поддельная красота, поддельный ум, поддельная привлекательность». Готов подписаться под каждым словом, кроме двух – «явная, неприкрытая». Иногда очень даже прикрытая.

Кинорежиссер Дмитрий Светозаров, с которым мы много работали как композиторы, высказал предположение, что пошлость – это что-то из области формы. Понимаю – историю Ромео и Джульетты может рассказать Шекспир, а может автор криминальных хроник газеты «Мегаполис-Экспресс». Фабула истории при этом совершенно не изменится. Для измерения же иных параметров – не про что, а как – не изобрели пока точных приборов.

Но разницу почувствуем, да?

Актриса Юля Рутберг сказала, что пошлость – это всегда перебор. Всегда 22 очка. Недобор не может быть пошлостью – это будет просто плохо, слабо. А пошлость – всего слишком: слишком ярко, слишком нарядно, слишком громко рассказывает и сам при этом смеется.

Алена Свиридова: «Пошлость – это неорганичность».

Был у меня в давние времена знакомый по прозвищу «Угол от бани». Весил этот человек килограммов под двести и внешность в этой связи имел необычайную. У него был коронный номер: сидя за столом в какой-нибудь суперрафинированной компании (дамы в вечерних туалетах, все только что не переходят на французский), он обращался к близсидящей мадам: «Будьте добры, если это только вас не затруднит, передайте мне соль, пожалуйста, а то как сейчас ебану, блядь, по башке!» После секундной оторопи это всегда вызывало истерический общий смех. Ручаюсь – ни в чьем другом исполнении этот номер смеха бы отнюдь не вызвал.

Мне кажется, что пошлостью может оказаться неудачное зависание между двумя жанрами. Грубо говоря: Мона Лиза –

это классика, Мона Лиза на пивной банке – это пошлость, а четыре пивных банки с Моной Лизой – это уже поп-арт. Границы при этом могут быть весьма тонкими.

Поп-арт вообще часто балансирует на волосок от пошлости. Может, именно поэтому данный арт – поп? (Сергей Соловьев: «Пошлость – это все общепринятое». Лихо сказано, да?) Иногда магия имени или персоны здорово заслоняет истинное положение вещей. Недавно я пересмотрел фильм «Imagine» и вдруг с грустью понял, что это невероятно пошлый ролик – ранее магия Джона Леннона это заслоняла, и казалось, что все, к чему он прикасается, становится великим.

Нет, не все.

Помните? Сначала он с Йокой идет по этакому затуманенному саду, причем он в клешах и в шляпе, а она в вечернем платье. Потом они останавливаются у некой белой виллы, архитектурой своей являющей мечту нового русского (колонны, портик, все дела), и каким-то образом просачиваются внутрь сквозь закрытую дверь. Далее после глубокомысленного титра «This is not here» они оказываются в белой зале, Леннон – сразу за белым роялем, а Йоко раздвигает шторы на окнах. В общем, по стилистике все это гораздо больше подходит к творчеству группы «Белый орел», чем к песне «Imagine». А ведь смотрел я это раньше и не замечал всей этой клюквы – Леннон заслонял. Сидел и восторгался, робея.

Интересно – все мои друзья и знакомые, говоря о пошлости, примеряли ее прежде всего к своей профессии.

Леша Романов: «Не могу определить даже для себя словами, но точно знаю, когда надо выключить телевизор. Это что-то из области сокровенных ощущений, а говорить о сокровенном вслух – это и есть пошлость».

Оксана Ярмольник — слово в слово: «Пошлость — это сокровенное, высказанное вслух». Согласны? По-моему, все-таки не всегда. А то бы мы всю жизнь общались какими-то обиняками.

Очень мне хотелось получить определение пошлости от Юза Алешковского. Ибо уверен — из всех моих друзей и знакомых он как никто чувствует эту субстанцию. Вот что он написал мне из-за океана: «Странное дело — то, что мы безошибочно чувствуем и мыслим как очевидную пошлость в манерах поведения претенциозных людей, в безвкусице крикливой моды, в дешевке лжеремесел, наконец, в адском количестве подделок орангутангов от музыки, литературы, живописи и дизайна — хоть ты ее, на хуй, убей, выскользает из формул определения этого малоприятного явления, возможно, более древнего, чем проституция и желтая журналистика.

Если не растекаться мыслью по Древу Добра и Зла, то пошлость — это более-менее точная примета частичного, порой полнейшего отсутствия души в ком-нибудь и в чем-нибудь. Отсюда — не красота, всегда исполненная достоинства, а вызывающе нелепая красивость, не всепоглощающая страсть любовного соития, а занятие похотливой нелюбовью, внимание мазил авангардизма-задогардизма не зову Музы, а модозвону баксов и т. д. и т. п. При всем при том пошлость — не только фальшак, внушивший сам себе уверенность в обеспеченности золотцем души, но, к сожалению, ставший денежной единицей и критерием псевдоэстетики массового бескультурья.

Стоп! Треп бесполезен. Шлюховатая пошлость все равно выскользнет из формул определения ее сути. Это тебе, Андрюша, не водичка дождя небес, родничка, колодца и всего

Мирового океана, покоящаяся всего лишь в паре буковок и в цифирке всего одной – в H_2O».

А вот Боря Гребенщиков не раздумывая сказал следующее: «Пошлость – это боязнь отказаться от привычного и надоевшего самому тебе видения мира».

Может, кому-то это покажется спорным. Но мне по ощущению очень близко. И кстати, совпадает со старинным, изначальным значением слова. Круг замыкается.

Поскольку интерес к данному вопросу не иссяк, вот вам еще два определения:

«Пошлость – это попытка воспарить без каких бы то ни было на то оснований». (А. Синявский)

«Пошлость – все ушедшее в народ». (А. С. Пушкин)

А?

Право, не знаю, что в этой истории поучительного или вообще интересного, но на меня она произвела очень сильное впечатление, так что – пусть уж будет.

На самой заре существования «Машины времени» (тогда еще – «Машин времени» – году в 71-м) дети каких-то родителей пригласили нас выступить на Николину гору.

Нас еще крайне редко вообще куда-нибудь приглашали, и каждое такое приглашение было событием. Стояла прекрасная ранняя осень, было тепло и солнечно, мы поймали в назначенный день какой-то «рафик», закидали в него наш чудовищный первобытный аппарат и поехали. «Рафик» оказался без окон и сидений и представлял собой изнутри глухую железную коробку, вызывающую ассоциации с газовой камерой, и в дороге мы чуть не задохнулись – когда он остановился наконец на зеленых просторах Николиной горы, мы из него не вышли, а выпали.

Сам концерт (громко сказано!) состоялся в каком-то крохотном деревянном клубике при небольшом скоплении молодых людей и ничего не понимающих старушек и никаких воспоминаний не оставил. Когда мы уже сворачивали свое барахло, к нам вдруг подошел Никита Михалков. Он был очень большой и красивый. Знакомы мы не были, а кино «Я шагаю по Москве» видели все неоднократно, и степень робости моей перед ним была высока необычайно. Сначала Никита Михалков присел к роялю и наиграл одним пальцем мелодию из одноименного фильма – как позывные. А потом объявил, что незачем нам прямо сейчас ехать в Москву, потому что он приглашает нас к себе на дачу пить водку.

На дачу к Михалкову пить водку!

Тут случилась весьма забавная вещь. Никита (тогда еще Никита, а не Никита Сергеевич) утроил мое стеснение тем, что попросил у меня автограф. Никто и никогда до этого у меня автограф не просил. И я, теряя сознание от робости, начеркал ему на бумажке – «Впервые в жизни даю аФтограф». Вообще-то я страдаю природной грамотностью и эту описку отношу целиком на счет моего полуоморочного состояния. Никита Сергеевич эту бумажку сохранил и впоследствии пару раз (в шутку, надеюсь) попрекал меня моим невежеством. Никита Сергеевич, это я от ужаса, честное слово!

Мы быстренько загрузили в тот же жуткий «рафик» инструменты вместе с Борзовым и Мазаем (им зачем-то надо было вернуться в Москву до ночи) и отправились в гости.

Был сказочный ясный вечер, на участке у Михалкова стоял длинный дощатый стол, уставленный водкой и овощами.

Народу было много, я практически никого не знал, но понимал, что раз мы все у Михалкова, то это его друзья, а значит, тоже известные и талантливые люди, и чувствовал себя в этой связи застенчиво и важно одновременно. Водку пили из каких-то здоровенных деревянных пиал, темп потребления был высок, деликатность не позволяла мне отставать от окружающих, а поскольку мой юный организм был к тому времени воспитан исключительно на дешевых сортах портвейна и к водке не готов, скоро я оказался в состоянии полной эйфории.

Звезды качались над головой, и наш стол, как корабль с замечательными людьми, сидящими по бортам, плыл в какое-то счастье. А после того как Никита, после очередной пиалы уронив голову на ладонь, необыкновенно задушевно спел песню про коня, который гулял на воле, я совсем размяк. Вдобавок ко всему слева от меня обнаружилась очаровательная девушка Алена, мы мило болтали обо всем, выказывали друг другу знаки внимания, и наши чувства крепли с каждой минутой. Когда Алена вдруг засобиралась домой, я обнаружил, что наступила ночь.

Страсть кипела во мне, и я не хотел отпускать девушку, да и ей не хотелось покидать компанию, поэтому мы решили, что сейчас я провожу ее до ее дачи, она как будто ляжет спать, а сама, обманув строгих родителей, вылезет в окно, мы вернемся к Никите и продолжим веселье.

Я поднялся из-за стола на нетвердых ногах и последовал за Аленой во мрак. Мы шли куда-то прямо, потом налево, потом опять прямо и куда-то вправо. Дачные улицы были плохо освещены и совершенно пустынны, и меньше всего я заботился о том, чтобы запомнить маршрут – Алена уверенно тащила меня вперед. Через некоторое время мы оказались у калитки, у которой мне велено было тихо ждать. В глубине участка за забором угадывался дом, там горел свет, и Алена упорхнула. Я же прилег на травку у калитки, что в моем состоянии было самым естественным, и отключился.

Проснулся я оттого, что на меня с неба падали тяжелые холодные капли. Посмотрев на часы, я отметил, что прошло чуть больше часа и свет в доме за забором уже не горит. И еще – что мне адски холодно. Тем не менее я потоптался еще минут пятнадцать у закрытой калитки, дрожа от наступающего похмелья и печали, понимая, что никакая Алена уже не выйдет, так как ее либо заперли, либо сама она забылась сном и ждать бесполезно. В тот момент, когда я наконец решил двигаться в сторону дачи Михалкова, я понял, что совершенно не представляю себе, где эта дача и в какую сторону следует идти. На всякий случай я вышел на дорогу и попробовал пройти по ней сначала метров сто в одну, а потом в другую сторону, надеясь на внезапную вспышку памяти. В подсознании было черно, вспышек не происходило. Поселок был мертв – дачный сезон окончился, многие дачи были уже пусты, а в остальных хозяева спали и света не наблюдалось.

Я пробовал изо всех сил прислушаться, надеясь уловить в ночном эфире хоть далекие отголоски веселой михалковской компании. Тишина была мне ответом, только капли ледяного дождя стучали по мне чаще и чаще. Через полчаса дождь превратился в ливень с грозой, и редкие фонари на столбах погасли. Темнота наступила такая, что я не видел собственной руки. Впрочем, даже если бы я ее видел, общей картины это бы не меняло.

Я машинально старался двигаться, просто чтобы не окоченеть от холода. Если я вдруг падал в канаву с водой, было ясно, что я перемещаюсь не вдоль, а поперек дороги. Еще через час я понял, что умираю.

Это было довольно необычное и новое ощущение, и самым обидным казалась близость человеческого мира с его уютом и теплом и при этом абсолютная невозможность до него добраться.

Современный человек вообще не готов к смерти, иначе ему пришлось бы признать, что все, чем он занимался в этой жизни вплоть до внезапного прощания с ней – ел манную кашу в детском саду, учился, прогуливал уроки, выпивал, ходил на работу, женился, изменял жене, разводился и женился снова, болел, делал подарки друзьям, смотрел футбол, ездил на рыбалку, чинил машину, читал книги, мечтал о хорошем, – все это и было смыслом его жизни. Нам же кажется, что весь этот быт к задаче нашего появления на свет никакого отношения не имеет, а истинное наше предназначение скрыто где-то рядом и однажды мы его неизбежно коснемся.

Кончина, которая всегда неожиданна (даже если ожидаема), разрушает эту иллюзию. Самураям, которые готовили себя к смерти как к главной и неизбежной цели в жизни с первого дня, видимо, проще было умирать.

Может быть, им было тяжелее жить.

Впрочем, в тот момент я об этом не думал. Видя вдали неверный огонек, я из последних сил брел к нему, утыкался в забор, за которым темнилась громада чьей-то дачи с тусклой дежурной лампочкой над крыльцом, и слабо кричал. Пару раз мне вообще не ответили. Один раз пообещали спустить собак, и собака действительно загавкала неохотно, и я опять ушел во тьму. На четвертый раз мне повезло, калитка оказалась незаперта, я смог подойти вплотную к дому и поэтому был услышан, и какая-то старушка зажгла свет на втором этаже и высунулась в окошко посмотреть на меня.

Посмотреть было на что.

Волосы я тогда носил исключительной длины, клеша были в заплатках, а маечка – в радужных разводах, и после двухчасового гуляния под осенним ливнем и падания в канавы все должно было выглядеть очень хорошо. К тому же меня трясло крупной дрожью, цвета я был синего и говорить уже не мог – я шептал. Я униженно просил позволить мне постоять под навесом крыльца, пока этот ночной кошмар не кончится. Видимо, что-то в моем образе и интонациях было такое, что старушка почти согласилась.

И тут услышал я далекий шум мотора и задним зрением увидал мелькнувший в черноте свет фар, и нестройные родные голоса прокричали: «Макар!»

«Я здесь!» – прохрипел я, бросился на звук, упал, вскочил, перелетел через забор, снова упал – уже в родную канаву, выплыл и выкарабкался на асфальт прямо под колеса Никитиным «Жигулям». Сам Никита сидел за рулем, глаза его были плотно закрыты, но машина двигалась по дороге довольно уверенно. А Кутиков и Кавагое, раскрыв обе задние двери, кричали «Макар!» в темноту.

И как только они умудрились вспомнить обо мне?

Через десять минут я уже был в доме, напоен водкой с чаем (это, кстати, и есть грог), растерт полотенцем, возвращен к жизни и уложен в постель. Перед самым отходом ко сну Михалков и Кутиков вдруг выяснили, что оба занимались боксом – только один в тяжелом весе, а другой – в весе пера, и закрыл я глаза под частые шлепочки Кутикова по Никитиному телу, которые прерывались редкими пушечными ответными ударами. «Сейчас Кутикова убьют», – успел подумать я и уснул, счастливый.

Так, наверно, и останется для меня тайной – какая магическая сила заключена была в звуке электрогитары, качающемся на мягких подушках баса и живом сердцебиении ударных? Когда в девятом классе у меня в руках оказалась настоящая японская электрогитара, включенная в настоящий маленький японский усилитель, несколько часов подряд я просто слушал звук.

Я даже не утруждал себя какими-то аккордами – просто проводил медиатором по открытым струнам и слушал волшебный звук. Потом поворачивал на усилителе ручку «tremolo», и звук рассыпался на тысячу хрустальных осколков. Я поворачивал ручку «reverb», и осколки начинали падать в бесконечное пространство, уменьшаясь и исчезая вдали.

Я гипнотизировал себя таким образом до поздней ночи, ложился спать, но спать не мог, вскакивал с постели, включал усилитель (щелчок, подхваченный эхом ревербератора, и красный глазок горит), снова и снова водил по струнам, уже не зажигая света, и от этого звуки становились еще прекраснее. И казалось – так недалеко от них до битловских песен: вот они, кирпичики, – осталось только сложить!

Просто взять и сложить.

Снова и снова думаю, что вот в таких, казалось бы, мелочах нам страшно везло. Тогда это были совсем не мелочи – это были самые настоящие чудеса, ниспосланные нам свыше. И всякий раз это был невероятный толчок, заставлявший тебя забыть все на свете и – делать, делать...

А какая власть, какая магия исходила от длинноволосых людей в расклешенных джинсах, стоящих с гитарами наперевес в табачном дыму! (До сих пор не понимаю – почему ни в одном гитарном магазине нет большого зеркала на стене – оно там нужно не менее, чем в магазине готового платья.)

И как же мне, зажатому жаркой околдованной толпой, хотелось оказаться по ту сторону – вместе с могущественными посвященными – повелителями звука! Ночью, если шел дождь, отражение в окне получалось зыбким и размытым. Надевал электрогитару, прилизывал челку, принимал позу, смотрел в отражение – похож ли на Харрисона? С учетом размытости было похоже.

Читая сейчас книги битлов и роллингов про их юношеские годы, я поражался – насколько все у всех было похоже! Невзирая на разный общественно-экономический строй и несхожесть в идеологии.

Клепали жуткие самодельные гитары, часами прокручивали туда-сюда магнитофонную пленку, пытаясь разобрать слова какого-нибудь рок-н-ролла.

Билла Ваймана, например, взяли в группу «Роллинг Стоунз» за то, что у него был настоящий басовый усилитель – в пятьдесят ватт! История, абсолютно типичная для Москвы или Питера начала семидесятых. И все-таки было одно маленькое отличие.

Если поэт в России – больше чем поэт, то уж битлы были точно больше чем битлы. Потому что любой юноша, живший в любой стране, включая социально и идеологически близкую Польшу, чувствовал, что он живет с битлами на одной планете, дышит одним (или почти одним) воздухом и встреча с ними в принципе реальна – теоретическая возможность оказаться на концерте или купить новый альбом в магазине делала их достижимыми и оттого не настолько волшебными.

Исключение составляли Китай, Северная Корея и наша родина. Мы жили на другой планете. И мы хорошо знали, что значит слово «никогда». (Какое счастье, что мы ошибались!) И крохотные осколки всего битловского, чудом перелетавшие через ржавый уже железный занавес на нашу сторону, обретали ценность даров иного, высшего, мира.

Поэтому, кстати, и девушки смотрели на всех нас не совсем такими глазами, какими они смотрят сегодня, скажем, на «Иванушек» или «Мумий Тролля». Сегодня это общепринятое легальное фанатение, поддерживаемое и приветствуемое разными средствами массовой информации, – в общем, так, как это всегда обстояло там, за кордоном. У нас же даже оказаться на сейшене где-нибудь в середине семидесятых значило уже попасть в касту избранных и посвященных – невероятно сложно, безумно желанно и немного опасно. И на сцене, заставленной жуткими ящиками и опутанной проводами, стояли не просто волосатые мальчики в самостийных клешах – а носители того, горнего битловского, света. И это не могло не отражаться в девушкиных глазах. Человек с гитарой обретал мощь вожака.

Что за древняя сила природы заставляет особей женского пола стремиться к вожаку стаи?

Не могу сказать, что мы этим злоупотребляли.

Но не могу сказать, что мы этим не пользовались.

Любовь была напрочь лишена меркантильности – во-первых, по причине отсутствия денег у всей нашей среды – благодаря наличию родителей мы не голодали и даже могли раз в год, скопив сообща, купить какой-нибудь усилитель «Регент-30» производства ГДР. (Несмываемая печать социализма лежала на этих изделиях.) К тому же при желании удавалось скинуться на портвейн (желание, надо сказать, возникало ежевечерне). Но денег на удовольствия никогда не было. Да не было, впрочем, и удовольствий, на которые их можно было бы потратить.

(Хотите представить себе вечернюю Москву семидесятых? Езжайте в Могилев. Только прямо сейчас, а то и там откроют какие-нибудь увеселительные заведения или хотя бы зажгут витрины.)

Но дело даже не в этом – допускаю, что у кого-то вне нашего круга деньги были – были же и фарцовщики, и дети членов ЦК. Но светлый дух хиппи витал над нами – деньги были не модны. Это был дурной тон. Хорошим тоном считалась система аск.

Это означало настрелять денег на баллон у добрых прохожих, вертясь у магазина «Российские вина», что на улице Горького, то есть на Стрите, то есть на Тверской.

(Сам я, правда, робел, но друзья старались – ого-го!) Вот вам уличная, то есть народная, песенка тех времен.

Как пройду по Стриту,
В шоп полукать вайн зайду,
А в шопе френды стоят,
У френдов айсы горят.
Было б рубль сорок семь —
Было б клево бы совсем.
Я в беде не одинок —
Есть у нас один ванок —
Старая система «аск»
Снова выручает нас.
Вдруг вбегают две герлы —
«Ой, спасите от урлы!»
Нам не страшен хулиган (кантри бой!) —
Получает по рогам.
Было б рубль сорок семь —
Было б клево бы совсем.

(В этом куплете, правда, содержится явный художественный вымысел – насчет урлы. Обычно, если чего случалось, победителями выходили как раз они – хиппи драться не умели и не любили.)

За геройские дела
Нам любая даст герла —
Ринггануть на флэт пора,
Фак устроить до утра.
Было б рубль сорок семь —
Было б клево бы совсем.

Кто-то из моих знакомых подметил, что эпоха перестройки сменила эпоху застоя в тот момент, когда слово «факаться» было заменено словом «трахаться».

Очень меткое наблюдение.

Так вот, любовь была напрочь лишена меркантильной окраски, внезапна, ветрена и стремительна. Хорошо, что спид появился чуть позже. К тому же от сексуальной деградации спасало отсутствие мест, где в принципе можно делать это, – не на глазах же у родителей, в самом деле. И не в подъезде – мы все-таки были не настолько хиппи. Впрочем, места все равно находились.

Мое сексуальное развитие было довольно поздним. То есть влюбленности меня посещали с самого раннего возраста – еще до детского сада я влюбился в девочку Милу из Норильска – она приезжала к Войцеховским на дачу. В детском саду мою любовь звали Света Логинова, и, по-моему, она даже отвечала мне взаимностью. Потом со второго по седьмой класс включительно я был тайно и потому безответно влюблен в одноклассницу Наташу Головко (срок, между прочим!), потом в параллельном классе появилась Лариса Кашперко, и мы даже сделали ансамбль и пели вместе, платонические чувства вот-вот должны были обрести плоть — и тут на меня обрушились битлы со всем рок-н-роллом и полностью заняли мое сердце. И только на первом курсе института бас-гитарист группы «Вечные двигатели» Дима Папков, узнав, что я до сих пор не познал женской ласки, взял меня за руку, вывел на Калининский проспект, тут же снял девушку в плюшевой юбке и объяснил ей задачу. Вечером этого же дня девушка в плюшевой юбке все со мной и проделала, оставив меня в странном сочетании ужаса и восхищения.

С прочими пороками дело обстояло не лучше. Я упорно не хотел курить и пить — мне было невкусно. Сережа Кавагое, делавший упор на рок-н-ролльную идеологию, был страшно недоволен — я разрушал имидж бит-группы (слова «имидж», правда, еще не существовало, но в общую картину я действительно не вписывался). Однажды терпение его лопнуло, и он, как под конвоем, повел меня в кафе «Альтаир» (было такое на Университетском, теперь там, по-моему, «Луна»). Стоял прекрасный летний вечер, я слабо отбивался. Сережа мрачно уверял меня, что стоит только начать — и я пойму, как это здорово. Была взята бутылка портвейна «Азербайджан» и два мороженых — на закуску. Спустя час я отчаянно тошнил тут же в скверике на Университетском, шатаясь и пугая гуляющих бабушек с детьми, а Сережа Кавагое учил меня делать это в урну и элегантно. По его словам выходило, что без этого никак нельзя, а значит, это тоже часть науки, но приятного все-таки больше.

Видимо, я оказался способным учеником. Через пару месяцев я уже вовсю курил «Приму» и тошнил как все. Элегантно.

Кстати, одно из сильнейших разочарований последних лет. Бывает, что в женщине тебе нравится абсолютно все, кроме какой-нибудь чепухи: например, вдруг замечаешь, что она что-то оживленно рассказывает тебе, а тебе неинтересно. И кажется, что это такая мелочь, что она непременно растворится во всем остальном хорошем. Нет. Она не растворится и будет все время отравлять жизнь, как гвоздь в сапоге, и конец ваших отношений будет ужасен.

Не знаю, как у вас, а у меня теория эволюции видов с человеком как ее венцом всегда вызывала сомнение. Сначала – на интуитивном уровне. Потом я попробовал в этом разобраться.

По Дарвину выходило (в самом примитивном, естественно, изложении), что вследствие изменения окружающей среды и, следовательно, условий жизни в процессе эволюции возникали более сложные и более приспособленные к этим условиям формы. Теперь взглянем на картину незамыленным глазом.

Для меня очевидно, что главная функция любой формы жизни – это продолжение жизни данной формы. Вы ведь не будете с этим спорить? (Вам не скучно?) Так вот – с этой точки зрения самыми жизнеспособными являются самые древние и примитивные организмы – вирусы. Они прекрасно себя чувствуют и в абсолютном холоде, и в дикой жаре, столетиями обходятся без пищи и размножаются с немыслимой скоростью. Не то что планета Земля с ее постоянно меняющимся климатом – все человечество с арсеналом современной науки ничего не может с ними поделать.

Со следующим, немного более сложно устроенным, видом – бактериями – уже легче. То есть их при большом желании уже можно уничтожить, защищенность их от внешнего мира не столь совершенна. Но и они дадут сто очков вперед любой более поздней и более сложной форме — скажем, рыбам.

Хотя и рыба носит в чреве ежегодно несколько миллионов икринок, может по полгода обходиться без еды, легко впадает в анабиоз при понижении температуры и легко выходит из него. С теплокровными существами, более сложными и более молодыми, дело обстоит гораздо хуже — в смысле способности к выживанию. И потомства у них рождается в миллион раз меньше, и кровь у них не остывает вместе с окружающей средой, значит, необходимо постоянно поддерживать внутреннее тепло — с наступлением холода рыба ест меньше, а теплокровные должны есть больше. (Вам правда не скучно?)

Интересно, что в растительном мире та же история — чем вид древнее, тем он более, а не менее жизнестоек. Не хочу утомлять вас примерами.

Помню, факт взятия первобытным человеком в руки палки подавался как гигантский скачок вперед. На самом деле палка выполняла функцию костыля — этот самый первобытный человек был уже настолько несовершенен и беспомощен сам по себе, что не мог без костылей.

Все появившиеся вслед за палкой блага цивилизации — всего лишь более современные разновидности этого костыля. Размахивая костылями, человечество стремительно и планомерно уничтожает все живое вокруг и соответственно самое себя, то есть история развития жизни на Земле близится к естественному концу. Будучи лишенным костылей, человек представляет собой крайне слабое, тепло-любивое, избирательное в пище, постоянно болеющее и с большим трудом и неохотой размножающееся создание.

Несколько лет назад я вдруг увидел, что все люди, в сущности, тоненькие полупрозрачные мешочки, наполненные различными, в основном дурно пахнущими, жидкостями и субстанциями. Куда ни ткни (практически пальцем!) – потечет. Впечатление оказалось настолько сильным, что какое-то время мне было неприятно физическое прикосновение к любому человеку, включая молодых красивых девушек.

Потом молодые красивые девушки все-таки победили.

(Хотя вот история, связанная, наверно, с моими детскими атавизмами. Однажды я был долго и, надо сказать, безнадежно влюблен в одну девушку. Среди всех ее удивительных достоинств меня поражало одно – она совершенно не имела запаха. Мне в этом виделось что-то небесное. Ничего у нас так и не сложилось, мы расстались и долгое время не виделись. Встретились случайно спустя пару лет, разговорились, и я вдруг почувствовал легкий запах пота, от нее исходивший. И понял, что я не люблю ее больше.)

Итак, вывод: если каждый следующий в цепи развития вид более сложен, но менее жизнестоек, чем предыдущий, то вся эволюция – цепочка, запрограммированная не на развитие, а на сворачивание жизни на Земле.

Кем и почему?

Мир тем не менее все-таки тяготеет к гармонии. В юности я знавал одну семейную пару. Они нежно любили друг друга. И все у них было замечательно, кроме одного – у него сильно пахло изо рта. Настолько, что я не мог понять – как они целуются, получая взаимное удовольствие? (А они делали это постоянно.) Спустя много лет она случайно призналась мне, что с детства начисто лишена обоняния.

Вы не замечали, что самые счастливые семейные пары – это дурак и дура? Между ними часто возникает какая-то абсолютная гармония, полное согласие. Я никогда не видел такого согласия между умным и умной (другие сочетания вообще не беру).

Почему?

Свое двадцатипятилетие «Машина времени» отметила концертом на Красной площади. Как это все удалось сделать и каким это образом так замечательно все прошло – до сих пор не пойму. Не хочу копаться в деталях, но могу сказать, что накануне, когда уже монтировали сцену у Исторического музея, радиостанции надрывались и в Москву съезжались фаны со всей страны, разрешение на проведение концерта еще не было подписано Моссоветом, то есть мэрией. И если бы там проявили не мудрость, а твердость (как учила советская власть), то не знаю, чем бы все кончилось.

Но мэрия проявила мудрость, меня вызвали туда утром и объявили, что приняли высочайшее решение мероприятие дозволить, и даже предложили помощь по организации.

Помощь была уже не нужна.

Назавтра, в день концерта, я с утра метался по Красной площади, в десятый раз проверял все на свете, боялся дождя. (Случилось, кстати, удивительное. К середине дня я почувствовал на лице легкое жжение, но значения этому не придал – не до того было. На следующий день я обнаружил, что лицо мое страшным образом сгорело и кожа сходит большими лоскутами. Такого со мной не происходило ни до, ни после – ни в горах, ни в тропиках. И день-то был не особенно солнечный. Либо над Красной площадью в тот день открылась озоновая дыра, либо степень сгорания находится в прямой зависимости от степени психования – тогда это медицинское открытие.)

В общем, все прошло замечательно. Начали вовремя, оркестр Кремля сыграл «Yellow Submarine», концерт продолжался семь часов, звук был превосходный, все участники (а было их, по-моему, одиннадцать команд) выступили отлично, телевидение и радио транслировали, дождик, которого я так боялся, все-таки пошел где-то в середине вечера, но несильный и ненадолго, зато потом между ГУМом и Кремлем встала удивительной красоты радуга. Количество зрителей точно никто не определил, но по данным милиции, которая для безопасности разделяла толпу на квадраты, народу было 300–350 тысяч.

Милиции, слава богу, вмешиваться ни во что не пришлось – никто никому даже на ногу не наступил. За сценой у нас стоял балаганчик, где всем нашим друзьям и участникам бесплатно наливали и давали закусить, и работал этот балаганчик в усиленном режиме. То и дело мне приходилось бегать через тройное оцепление к Манежной площади, откуда пытался прорваться к нам за кулисы наш очередной боевой товарищ двадцатилетней давности. Со всеми пришлось по чуть-чуть выпить за день рождения, а когда концерт наконец завершился, то вся эта шобла – музыканты, жены, общие друзья и подруги – еще поехала в дискотеку «Пилот» на концептуальный банкет (водка, капуста, соленые огурцы, картошка, селедка, черный хлеб). До «Пилота» я еще доехал, но там на меня накатила такая усталость, что я бросил всех, не помню как добрался до дома и заснул как мертвый.

Спустя десять лет, на наше тридцатипятилетие, мы решили повторить эксперимент. Нас вдохновил Пол МакКартни – он поставил сцену не у Исторического музея, как мы, а у Василия Блаженного и уж больно хорошо смотрелся. На нас посыпались неудачи – во-первых, я за месяц до концерта сломал руку, она так до конца и не сроcлась, и играть было очень трудно, во-вторых, опять пошел дождь – только теперь уже настоящий, затяжной, и зрители вымокли до нитки – в общем, былого веселья не получилось – так, в общем и целом достойно. Никогда нельзя ничего повторять.

Утром меня разбудил сосед. Жил я тогда в дачном поселке Валентиновке, и сосед мой, военный переводчик и афганец, а ныне инвалид, пришел ко мне с поздравлениями и подарком. Подарок являл собой очаровательную юную козочку – в буквальном смысле, разумеется. Не знаю, где он ее взял и почему решил отдать мне. Как человек военный и не лишенный некоторой жесткости, он предположил, что вечером ко мне, наверно, понаедут недопившие вчера гости и тогда козочку можно будет зарезать и сделать из нее шашлык. Заглянув в голубые козочкины глаза с длиннющими ресницами и магическим вертикальным зрачком, я понял, что это совершенно невозможно.

Если воображение позволяет вам представить себе ангела в образе четвероногого создания, то это был как раз тот случай. В общем, я растроганно поблагодарил соседа и пустил козочку на траву. Она тут же встряхнулась, освоилась, примерилась к кустам смородины, которые росли у меня вдоль забора, и принялась за работу. Стригла она быстро и исключительно чисто, так что после нее оставалась полоса выжженной земли и безжизненных прутиков высотой в 70 сантиметров.

Через час смородина у меня кончилась, и коза принялась кричать. В интонациях ее было что-то отвратительно капризное, не терпящее возражений и потому невыносимое. Картину сильно оживляли собаки. Их у меня было две – совсем молодой кавказец Батя (ростом ровно с козочку) и старая вороватая овчарка Линда. Первое время Батя, повинуясь пастушьему инстинкту, хватал козу за щиколотки. Но скоро она научила его бодаться, и они шумно сталкивались лбами, а Линда носилась вокруг, хватала за задницу то одного, то другую и оглашала окрестности радостным лаем.

К обеду стало ясно, что скотовода из меня не получится. По счастью, у меня гостил мой товарищ из Питера художник Андрей Белле по прозвищу Белек. Он как раз строил себе дом за городом на берегу Невы, и я, расписав ему все прелести козоразведения на вольных травах под Питером, уговорил его забрать козу с собой.

Осталось решить задачу, как доставить скотину до места. О том, чтобы просто взять ее в поезд, не могло быть и речи – зверь выказывал живость необыкновенную, просьбы и команды игнорировал, к тому же центнер листьев, съеденных с моей бывшей смородины, уже начал поступать наружу в переработанном виде с пугающей частотой. И тут я вспомнил, что знаменитый зоолог и путешественник Джеральд Даррелл в целях безопасности перевозки усыплял диких животных. Усыпить козу было нечем – никаких таких препаратов я дома не держал, да и сам снотворным никогда не пользовался. Пришлось сесть в машину и ехать в городскую больницу.

Стоял жаркий воскресный день, в Калининграде было пыльно и пусто. Внутрь больницы я проник без труда и долго шарахался по безлюдным коридорам – ни больных, ни людей в белых халатах. Наконец я нашел докторов – по случаю выходного они пили в ординаторской. С трудом отбившись от предложения тут же выпить с ними, я обрисовал им ситуацию. Надо сказать, история с козой была воспринята с большим профессиональным недоверием, и мне даже намекнули, что если я чего хочу, то прошу у них не совсем то, что для этого нужно, и вообще с ними можно быть пооткровеннее. Но я стоял на своем, и врачи, пожав плечами, выдали мне наконец несколько ампул, сказав, что каждой из них хватит на здоровое и сильное животное.

Когда я вернулся в дом, уже вечерело. Мы с Бельком нашли в гараже мешок из рогожи, вытряхнули из него картошку и прошлогоднюю землю, после чего я набрал в шприц бесцветную жидкость из ампулы, мы окружили бедную козочку, Белек схватил ее за рога, а я вонзил шприц в заднюю ногу — поближе к попе. Коза закричала — пронзительно и страшно — и упала замертво. Никогда я не видел, чтобы снотворное действовало так молниеносно. Я даже подумал сначала, что доза была слишком велика и зверь скончался, но, поднеся ухо к нежному розовому носу, уловил слабое дыхание — коза спала. Мы без усилий уложили тело в мешок и поехали на вокзал.

По дороге Белек уверял меня, что скотина пробудет в отключке до утра, поэтому совсем ни к чему ставить о ней в известность проводников. Но я хотел, чтобы все было по закону. Поэтому я пошел в кассы, сунул голову в окошечко и честно сказал, что хочу отвезти в Питер козу. Я ждал скандала, но кассирша, не поднимая лица, равнодушно промолвила: «Шестьдесят семь рублей шестнадцать копеек». Потрясенный, я отсчитал деньги и получил солидного вида синюю квитанцию, где среди цифр, печатей и водяных изображений значилось: «Коза, 1 шт.».

Потом я взвалил мешок на плечо, и мы с Бельком зашагали по перрону. В этот момент коза стала подавать признаки жизни – она начала слабо шевелиться, не приходя в сознание, и издавать звуки. Мне не с чем сравнить эти звуки. Коза не кричала и не блеяла – она тихонько блажила. Наверно, так плачет во сне карлик. Но с такой квитанцией мне уже ничего не грозило. Мы дошли до нужного вагона, я отдал Бельку мешок, попрощался с обоими, обещал навещать, и поезд медленно тронулся.

Судьба козы в дальнейшем, увы, не сложилась. Довольно быстро она выросла в красивое стремительное животное с сумасшедшими дерзкими глазами. Но характер имела прескверный. Вследствие того, что она категорически отказала в сожительстве местному деревенскому козлу, молока у нее так и не появилось. Строптивость ее доходила до абсурда – единственный способ загнать ее в сарай выглядел так: два дюжих мужика тянули ее за рога прочь от сарая, а потом внезапно по команде разжимали руки. Под силой собственного противодействия коза влетала в сарай, и оставалось только с максимальной скоростью захлопнуть ворота. К тому же животное обладало невероятной прожорливостью, и берег Невы, некогда зеленый, медленно, но верно превращался в пустыню, покрытую ровным слоем черных блестящих шариков.

В результате всего этого местные жители под предводительством бывшего водолаза Лехи, воспользовавшись приближением Нового года и отсутствием Белька, казнили и съели скотину.

Мне жаль, что я даже не успел дать ей имя. Я бы назвал ее Ребеккой.

Когда я учился в шестом классе, к нам в школу приезжал детский композитор Кабалевский. Это был такой сухой и очень бодрый дядька. Он показывал нам электронный инструмент

«Терминвокс» — чудо отечественной технической мысли (прошло тридцать пять лет, и я увидел и услышал тот же инструмент в руках девушки-исполнительницы, и это было блестяще — он до сих пор не имеет аналогов в мире), потом Кабалевский рассказывал нам, что для облегчения понимания музыки детьми он разделил ее всю на три категории — песня, марш и танец. Тут же и провел с нами эксперимент, подтверждающий правоту его метода. «Ну, что это?» — радостно вскрикивал он, наигрывая что-то бодренькое на пианино. «Танец!» — хором отвечали все, включая самых тугоухих. «А это?» — «Марш!» Действительно, ошибиться было трудно.

Но меня всегда интересовало другое. Что такое мажор и минор? Нет-нет, я понимаю: малая терция — минор, большая — мажор, но мы всего этого еще не знаем. Да это ничего и не объясняет. Почему малая терция — грустно? Почему любой ребенок всегда отличит грустную мелодию от веселой? Почему она всем кажется грустной?

По-моему, я совершил открытие, и, по-моему, я его ни у кого не украл.

Если мы запишем на пленку человеческую речь и проследим за ней на дисплее эквалайзера (извините за умные слова — на экране, графически показывающем частоту звука), то увидим, что наша речь не постоянное бубнение на одной ноте: ее мелодия взлетает вверх, опускается вниз, и между словами, как между нотами, возникают интервалы. А теперь попробуйте записать и проследить речь человека, чем-то расстроенного, и речь человека, радостно возбужденного. И вы увидите, что между словами (а иногда — между слогами слов) речи человека опечаленного преобладают малые терции и квинты — постоянно прослушиваются ступени минорного трезвучия. Человек же, пребывающий в радости, глаголет квартами и большими терциями. То есть, разговаривая, человек все равно поет. Но печальная информация ложится у него на одну мелодию, а радостная – на другую.

Интересно, что все это относится к музыке (и интонациям) европейской. Если взять восточную речь и восточную музыку, то и интонации, и мелодические ходы мы услышим совсем другие, но и там печальная речь будет так же связана с музыкой, навевающей на восточного человека печаль (на нас, может быть, и нет).

Меня в детстве занимало: почему у битлов иногда грустные стихи поются на веселую музыку? Это вызывает театральный эффект – когда человек, смеясь, рассказывает о своем горе.

Музыка – состояние, не подкрепленное конкретной словесной информацией. Поэтому она несет, конечно, в сто раз больше, чем самые мудрые слова.

> *Подробно результаты моего исследования изложены в книжке под названием «В начале был звук», – получилось, по-моему, и вправду любопытно. Так что рекомендую без ложной скромности.*

Мне кажется, музыка (не музыка вообще, а музыка как мы ее знали) пережила в недавнем прошлом три смерти. Конечно, она не умерла – умрет она вместе с человечеством. Она трансформировалась во что-то, что я не берусь комментировать – найдутся люди посовременнее меня. Но если говорить о музыке как мы ее знали, то первая ее смерть наступила в момент изобретения звукозаписи. Конечно, звукозапись дала возможность миллионам людей услышать то, что они никогда бы не услышали. Но тем самым девальвировала музыку и превратила ее в консервы, убив уникальность каждого исполнения. Бах всю жизнь проиграл в одной капелле. Много ли народа слышало его? Не думаю. Но его нельзя было сделать потише или погромче, нажать на «stop» и отмотать на начало. Или, скажем, подложить его игру под рекламу памперсов.

Каждая взятая им нота звучала единожды и неповторимо. И тем была ценна в высшей мере. Звукозапись имеет такое же отношение к живому исполнению, как фотография к живому человеку. Конечно, бывают очень красивые фотографии.

Вторая смерть наступила при изобретении электронного метронома и электронных барабанов. Нет, конечно, механические метрономы были задолго до этого – для репетиций. Но никому не приходило в голову нанизать музыку на ритм, лишенный жизни. А жизнь – это масса ритмов, спрятанных в природе, и прежде всего биение нашего сердца, и оно никогда не бьется равномерно. Мы волнуемся, и наш пульс учащается. И сейчас концертные исполнения рок-н-ролльных артистов в полтора раза быстрее студийных. Сравните состояние на сцене перед беснующимися фанами и в пустой прохладной студии. Практически вся заводная музыка тридцатых-шестидесятых от начала к концу хоть чуточку ускорялась – не специально, разумеется. На столько же повышался пульс исполнителя. Сейчас это считается большим недостатком. По-моему, это естественное и потому необходимое качество.

Сегодня придумали массу хитростей, чтобы замаскировать бездушного электронного барабанщика под живого. Например, в его идеально точную ритмически игру специально вводят маленькие ошибки. На покойника наводят румянец и ждут, когда он зашевелит пальчиками.

Третья смерть – изобретение музыкальных компьютерных программ. Я хорошо помню взрыв музыкальной электроники в семидесятых – Эмерсон, Жан Мишель Жарр, Томито. Мне казалось тогда, что человечество пойдет по пути поиска новых, неизвестных ему звуков, порожденных новыми приборами. А мода на это дело продержалась недолго, после чего вся электроника на девяносто девять процентов свелась к имитации уже известных нам, изобретенных давным-давно инструментов. Консервы породили консервы следующего поколения.

Имитация живых звуков музыкальных инструментов дошла до совершенства – и осталась имитацией. Там есть все – обертона, вибрация, богатство тембра, нет только той информации, которая присуща звуку, когда его извлекает из живого инструмента живой человек. Когда я слышу запись фокстрота тридцатых годов в исполнении какого-нибудь джаз-банда (а это все-таки консервы первого поколения), я все равно поражаюсь тому, как живые вибрации, драйв каждого музыканта (чуть-чуть разный!) складываются в мощный общий поток энергии. Бегун на фото застыл, но застыл красиво. Что бы я ощутил, если бы удалось оказаться там и тогда, когда все это игралось и еще оставалось уникальным?

На современном компьютере можно складывать музыку, как конструктор из кубиков. Подвигать туда-сюда, поменять местами пару фраз, заменить ритм. Конечно, это тоже будет музыка. Но не та, которую мы знали.

Глупо стоять на пути прогресса. Уже выросло поколение, вскормленное консервами второго порядка. Для них эти звуки так же естественны и желанны, как для меня «Рикенбеккер», включенный в «Вокс», а для моего отца – хор саксофонов Гленна Миллера. Они усовершенствуют компьютеры, и я даже не могу представить себе, что будет у них в арсенале лет через десять. Все идет своим чередом, и, видимо, слава богу.

И все-таки, отрывая музыку от живых рук и губ, живого пульса и живого сердца, мы что-то убиваем в ней. И если мы видим, как человечество становится на наших глазах циничней, жестче и инфантильней одновременно, – боюсь, тут не без консервов.

Думал, сейчас, почти двадцать лет спустя, что-нибудь добавлю по этому поводу. Нечего добавить. Ничего за эти двадцать лет не изменилось. А если взять такой же отрезок времени, скажем, с конца пятидесятых по конец семидесятых – сколько цветов и плодов дало дерево рок-н-ролла, сколько было сделано открытий, сколько направлений родилось, сменило друг друга и успело устареть! И как же нам повезло – мы застали эту эпоху молодыми! Вряд ли я бы взялся за гитару, если бы сегодня мне было шестнадцать лет.

Может сложиться впечатление, что воспитал меня исключительно отец. Это совсем не так. Воспитывала меня как раз мама.

Мама была удивительно красивой женщиной. (Странно, что мы всю жизнь помним родителей как бы в одном возрасте, а ведь, когда мы родились, они были молодые.) Мама была очень красивой, но никогда не была модницей, не пользовалась косметикой и, по-моему, всю жизнь проходила с одной прической. Однажды отец привез ей из какой-то заграницы тушь для ресниц. Мама попробовала ее на себе.

Моя маленькая сестра расплакалась: «Мама, у тебя звериные глаза!» Больше мама не красилась.

Сколько я ее помню, она все время волновалась. Волновалась, что я не поел. Волновалась, что я заболею.

Поскольку она была медик, волнения по поводу всевозможных болезней усиливались многократно. Сколько она таскала меня по своим знакомым врачам-специалистам! Как же я это ненавидел! Она все время волновалась, что опоздает, поэтому все время опаздывала.

Ее призвание было – заботиться и помогать всем. Доходило это до абсурда. Чем дальше от нее был человек и чем пустяковее была причина, тем больше она переживала. Она могла не спать ночь из-за того, что племянник ее дальней знакомой не поступил в музыкальную школу, и думать – с кем бы поговорить и как все устроить. Причем сама дальняя знакомая при этом переживала значительно меньше или не переживала вообще.

Бороться в этом смысле с мамой было бесполезно. Ее энергии хватало на огромное количество людей. Она постоянно несла кому-то коробки конфет, кому-то звонила и просила принять такого-то, кого-то устраивала к какому-то врачу. Все это являлось абсолютно бескорыстной потребностью ее организма.

Несмотря на широкий охват, мне доставалось в первую очередь. Я жил под градом забот и беспокойств. Это не могло не утомлять. Отец втайне сочувствовал мне, и, конечно, я подсознательно искал у него защиты. Мама была запретительным органом, а отец – разрешительным.

Когда мне исполнилось лет четырнадцать и я, как мне казалось, получил в силу этого право на некоторую самостоятельность, мы иногда страшно ругались. Вернее, ругалась мама. Я молча копил злобу.

«А ты почему молчишь?» – кричала мама отцу. Отец мрачно просил не расстраивать маму. Понятно было, что это его беспокоит больше, чем сам факт моего поведения. Пару раз я уходил из дома (ненадолго – на день-два). Символом примирения у нас в семье была шарлотка. Мама ее замечательно пекла. (Пожалуй, это было единственное, что у нее получалось вкусно.) Если я, уйдя в слезах из дома и намотавшись по Стриту, друзьям и вокзалам, возвращался усталый и немытый домой поздно ночью и видел на столе шарлотку, любовно накрытую сверху полотенцем, – я понимал, что меня простили. Мама очень быстро отходила.

Еще позже, когда у «Машины» начались проблемы с советской властью, мамина боязнь за меня перешла все границы. Отец, конечно, тоже переживал, но не подавал виду, чем очень меня поддерживал. Казалось бы, логичнее было попросить меня бросить к чертовой матери эту антисоветскую музыку. Но, во-вторых, это бы ни к чему не привело. А во-первых – это маме и в голову не приходило.

Моя комната была единственным и постоянным местом, где мы собирались, сидели, репетировали, выпивали и даже вступали в мимолетные сожительства с девушками. И мама заботилась о каждом, как обо мне, все время несла нам какую-то еду. Девушек, правда, не одобряла. Но исключительно с медицинской точки зрения. Она изо всех сил старалась сгладить углы в отношениях «Машины» и совка, не понимая, что это невозможно. Ей казалось, что стоит убрать из программы песню про дураков и про марионеток, и нас перестанут вязать и все станет хорошо. А поскольку она по опыту знала, что разговаривать со мной на эту тему бессмысленно и все опять кончится скандалом, она прибегала к эпистолярному жанру.

Я возвращался домой, как обычно, ночью и находил на столе записку на трех листах. Начиналась она с того, что я, негодяй, опять пришел под утро и когда все это кончится, потом – где суп и котлеты и чтоб я все съел, и потом – о ужас! – заботливо составленная программа выступления «Машины времени» на завтрашнем сейшене с убедительной просьбой не петь того-то и того-то – есть масса других хороших песен. Записке нельзя было ответить, и я бесился в пустоту.

Возможно, из-за этой своей безумной переживательности мама заболела раком. Очень рано – ей еще не было шестидесяти. Поскольку она сама была медик, скрывать что-либо не имело смысла, и все происходило медленно и непоправимо. Нам доставали импортные лекарства (это тогда еще было непросто), мама пила то отвары из трав, то специально очищенный керосин, я даже приводил какого-то экстрасенса, у которого под пиджаком проступали гэбэшные погоны, – ничего не помогало. За несколько дней до смерти мама написала мне и сестре записки – кому из ее знакомых врачей звонить, если заболит зуб, кому – если горло, кому – если, не дай бог, сердце. Это было ее завещание.

Ужасное, незабываемое воспоминание детства. Мы с мамой едем в метро – наверно, к очередному врачу – показывать меня. Внезапно мама открывает сумочку, достает оттуда какую-то маленькую бумажку, складывает ее вчетверо и сует мне: «Немедленно почисти ногти! Они у тебя черные!» Ногти у меня действительно черные. Я жутко краснею: «Мама, все смотрят!» – «Да прекрати, никто на тебя не смотрит!»

Отец после смерти матери сразу очень сдал, постарел как-то внутри. Перестал по утрам играть на пианино. А потом жизнь стала постепенно уходить из него. Два раза я видел его ожившим – когда мы с ним перебирали и рассматривали его старые картинки и когда мне удалось вытащить его на концерт Рея Чарльза. Я все время мотался по гастролям, видел отца редко, и ухаживала за ним моя дорогая младшая сестра.

В день, когда отец умер, я находился в Египте. В доме у меня тогда оставался мой киевский друг по имени Гриц. Когда я вернулся, он рассказал мне, что в день смерти отца (Гриц ничего об этом не знал) в дом вошла синица, походила по кухне, по гостиной, влетела в мою мастерскую, посидела на столе и вышла (не улетела, а вышла) через дверь. Гриц говорил, что не видел такого никогда в жизни – как будто она искала что-то.

Я прилетел из Египта, и мы похоронили отца. Не скажу, что народа было безумно много – несколько преподавателей из института, несколько бывших студентов, несколько старых друзей, родственники, ближние и дальние, с которыми встречаешься исключительно на похоронах.

Через несколько дней я заехал в офис «Синтез рекордс» к Саше Кутикову. Стоял жаркий летний день, Кутиков сидел за столом, как и подобает президенту компании, окна и двери на балкон были широко раскрыты, а за спиной у Саши на книжной полке сидела изумительно желтая канарейка. Это выглядело так естественно, что я даже сначала подумал – Кутиков завел домашнюю птицу, и мы с ним какое-то время говорили о делах, а канарейка все сидела неподвижно, и тогда я сказал: «Какая у тебя красивая птичка».

«Какая птичка?» – удивился Саня.

Я показал на полку. Саня удивился еще больше и протянул к ней руку. Канарейка спокойно взлетела и пересела на окно. Она производила впечатление ручной. Мы накрошили ей печенья на подоконник, она вежливо склевала несколько крошек, внимательно посмотрела на нас по очереди и упорхнула в небо.

Был девятый день.

2000–2001

Фотоальбом

Это мои прабабушка и прадедушка

Фото моего прадеда по отцовской линии – отца Антония Уссаковского. Он из простого сельского священника к 1918

году дослужился до исполнителя особых поручений при патриархе. Мы о нём много читали (он в Западной Беларуси был известный религиозный деятель), а фотографию найти не могли. Совсем недавно сестра нашла чудом в архиве одной фотомастерской.

Мой дедушка Марк. Я его так и не видел

Моя бабушка Мария Моисеевна – судмедэксперт на Петровке, 38

Дед Григорий

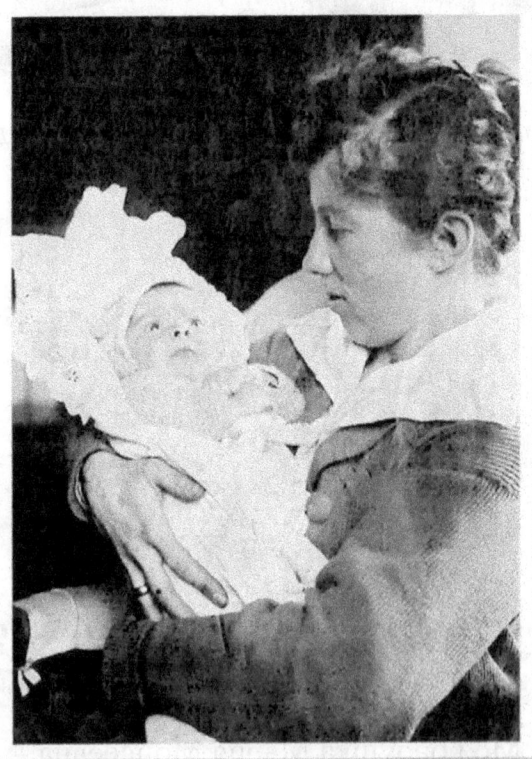

Баба Лида с маленьким папой на руках

А здесь отец уже на фронте

Вот таким я отца помню

Видимо, сразу после войны

Мама и папа, конец 40-х

Это моя мама. Красавица! (А кепочку она папину надела!)

Я с мамой на даче в Загорянке

Когда папа приезжал на дачу, была такая радость!

А это в Москве

Очень нравились самолеты

Я с сестрой на руках

С ней же через 15 лет

Первое сентября

Десятый класс. Я, Мазай, Борзов.
Максимально допустимая степень битловости

Подпольный сейшен в Инязе.
1973

ЕВИНО ЯБЛОКО

Вместо предисловия

Все персонажи этого повествования, включая Толика, вымышлены, и автор не ставил себе задачу добиться их сходства с реальными людьми. Если кто-то все же такое сходство усмотрел – это его проблемы. В любом случае автор никого обидеть не хотел. Честное слово.

1

– А кстати, почему яблоко – Адамово? Вообще говоря, инициатива целиком исходила от Евы. Адам всего лишь проявил слабость. Это Евино яблоко! А кадык назвали таким образом, видимо, потому, что Евино яблоко встало Адаму поперек горла?

(Из разговоров с Толиком)

2

В привычку Егора не входило анализировать уже случившиеся события – случилось и случилось. Все равно ничего никогда не повторяется. Поэтому даже собственный жизненный опыт – вещь вполне бессмысленная, а о чужом и говорить нечего. По этой причине Егор далеко не сразу заметил, что наличие везения в его жизни, скажем так, превышает среднестатистические параметры.

В конце концов, кто эти параметры установил? Согласно теории вероятности бутерброд должен падать маслом вниз столько же раз, сколько маслом вверх. Желательно через раз. Отрежьте кусок хлеба, намажьте его маслом и проведите эксперимент. Только не жульничайте при броске. Что получится? А вот что: у разных людей результаты окажутся разные, и объяснить это с точки зрения физики невозможно. Был у Егора приятель – тоже, кстати, музыкант, – звонивший ему раз в месяц исключительно в тот момент, когда Егор разговаривать просто не мог: смертельно опаздывал куда-то, или стоял под душем, или тушил пожар. Тут раздавался звонок, Егор, чертыхаясь, хватал трубку и слышал неторопливое, расслабленное: «Привет, Егорушка… Ну, как дела?» С течением времени приятель пришел к убеждению, что Егор просто не желает с ним общаться, и у Егора не находилось аргументов, чтобы его разубедить. Разве что позвонить самому. Но просто позвонить, чтобы потрепаться, Егор не мог – он этого не понимал. Телефон – это для дела. А общих дел у них не было. В конце концов Егору даже стало интересно: сумеет ли этот приятель хоть раз попасть своим звонком в удобное, нормальное время? Нет, этого так и не произошло. Мало того: оказалось, что он всем знакомым звонил в самый неудачный момент. Всегда. Явление носило ярко выраженный мистический характер. В результате приятель разобиделся на знакомых, а заодно и на страну, и уехал в Израиль. Теперь он звонил Егору из Иерусалима, и Егор, выскакивая из-под душа с намыленной головой, стиснув зубы, слышал знакомое: «Привет, Егорушка... Ну, как вы там?»

* * *

Егор родился в Москве в знаменитом роддоме Грауэрмана – его семья жила совсем недалеко, на Гоголевском бульваре. Позднее Егор пришел к выводу, что другого роддома в центре, видимо, и не было – все его ровесники-москвичи были произведены на свет именно там. Даже странно: такой маленький зеленый трехэтажный домик в самом начале Арбата. Впрочем, Москва в те времена и была один центр – уже за площадью Гагарина, которая тогда называлась Калужской заставой, начинались глухие окраины с редкими островками новостроек.

Родители Егора относились к тонкой прослойке интеллигенции – мама работала в литературном журнале, отец – в строительном управлении. Наверное, Егор рос в замечательной семье – откуда мы знаем? Детство у каждого бывает один раз, и родители бывают один раз, поэтому сравнить не с чем, да и как оценишь? Глядя на друзей по двору? Вон у Генки отец пьет и Генку иногда лупит – а Генка все равно бегает счастливый. Или нет?

Егору досталось от отца дважды, и это произвело на него сильнейшее впечатление. Один раз он, раздухарившись, наподдал ногой красно-синий резиновый мяч, мяч подлетел вверх и свалил с пианино старую бабушкину вазу. Второй раз, уже позже, в школе, Егор попытался переправить в дневнике двойку на пятерку (ничего не получилось), протер в серой бумаге дырку, обреченно ждал неминуемого. Страшно было не от ударов по попе, а оттого, что отец так рассердился.

Мать Егора была тихая, голоса никогда не повышала и сердиться, кажется, совсем не умела. Она умела только расстраиваться. Сколько Егор ее помнил – она все время сидела за своим письменным столом, закутавшись в большой коричневый шерстяной платок, листала бумаги, что-то подчеркивала, стучала на пишущей машинке «Эрика». Машинка была главным предметом восхищения Егора. Иногда ему удавалось упросить маму, и она давала ему попечатать. Счастье длилось недолго – Егор старался воспроизвести музыку, вылетавшую из-под маминых пальцев, для этого надо было бить по клавишам быстро и ритмично, но буковки на тонких металлических ножках намертво сцеплялись между собой у самой бумаги, машинку заклинивало, мама хмурила брови, снимала с машинки крышку, разлепляла буковки и просила Егора нажимать клавиши медленно и по очереди. Медленно и по очереди было неинтересно.

Еще из детства в памяти остался игрушечный футбол – жестяное граненое поле зеленого цвета, в него натыканы маленькие футболистики в красной и синей форме: «Спартак» – «Динамо». Они играют крохотным стальным шариком, для этого надо щелкать курочками по краям поля – у каждого футболистика свой. Очень трудно запомнить, какой курок от какого игрока. Отец соображает быстрее, обидно. А если поле перевернуть – вообще интересно: от игроков к куркам идут длинные пружинки. Похоже на пишущую машинку.

Приходила учительница музыки Рита Абрамовна – каракулевая шуба, малиновые ногти. Композитор Майкапар, «В садике». Слегка расстроенное пианино стояло у стены в гостиной, укрытое серым льняным чехлом, и воспринималось маленьким Егором как мебель: мама всего пару раз на его памяти открывала пианино, садилась рядом и извлекала из него тихие печальные звуки – Шопен. Егор и предположить не мог, что этот черный комод в чехле может стать орудием пытки. Два года фортепьянных мучений запомнились Егору как один бесконечный поход в поликлинику к зубному – не так больно, как страшно и противно. Еще запомнилось ощущение бесконечного счастья – в тот день, когда он узнал, что Рита Абрамовна больше приходить не будет.

* * *

Егору досталось расти в странное время. Про время это написаны книги, сняты фильмы, наворочены горы вранья. Но запах его, дыхание его помнят только те, кто это время застал, кто дышал его воздухом. Огромная неповоротливая страна то грозила миру атомной бомбой, то осыпала золотым дождем новорожденные африканские страны, жители которых только-только вышли из джунглей. А своих сыновей держала в черном теле, и ничего, ловко у нее это получалось, и не было ни богатых, ни бедных, ибо если нет богатых, то как поймешь, что бедные – все, и недосягаемым верхом благосостояния считалась машина «Волга» и дачный участок в шесть соток, и все говорили немножко не то, что думают, и делали немножко не то, что хотелось, и ходили на партсобрания, и дружно поднимали руки, одобряя исторические решения съезда, и панически, безмолвно боялись власти, и занимали пять рублей до получки, и возвращали в срок, и смирно стояли в бесконечных очередях за кефиром, «докторской» колбасой и портвейном «Кавказ», и банку сайры можно было увидеть только в праздничном продуктовом заказе по спецраспределению, а книгу «Три мушкетера» получить, сдав двадцать килограммов макулатуры, и на кухнях говорили вполголоса в синем табачном дыму, и крутились катушки на огромном магнитофоне «Днепр», и тихо пел Окуджава:

– *По Смоленской дороге – леса, леса, леса...*

* * *

Мама умерла от рака и оттого, что ее вдруг выгнали из издательства. Егор смутно чувствовал, что связано это было с тем, что она выстукивала дома вечерами на машинке, но был он к этому моменту еще мал, и битлы еще не ворвались в его душу, и родители выдворяли его из комнаты, когда в ней велись взрослые разговоры, и он сидел в спальне на кровати и тупо щелкал рычажками на своем жестяном футболе, и послушно махали ножками плоские футболистики – щелк-щелк!

На мамины похороны пришло неожиданно много народу, никого из них Егор раньше не видел. Мама лежала худая и совсем непохожая на себя, говорились какие-то дурацкие речи, было холодно, страшно, и хотелось скорее уйти. Позже Егор много раз думал: ведь он ничего не знал о том, чем его мама занималась. А теперь уже не узнает – негде и не у кого. Мамина смерть, которая, казалось, должна была сблизить Егора с отцом, напротив, их вдруг отдалила: отец постарел, замкнулся, стал уж вовсе неразговорчив – а он и раньше многословием не отличался, – и было похоже, что никто ему больше не нужен. Приехала тетя из Ленинграда, пожилая, почти незнакомая Егору женщина, семейные отношения с которой у него тоже не сложились. Пара лет пролетели незаметно, а потом до Советского Союза докатилась, сметая барьеры и железные занавесы на своем пути, битловская взрывная волна, и Егора вместе с тысячами его сверстников и сверстниц подняло в воздух, закрутило, понесло, и все остальное на свете перестало иметь для них смысл и значение.

Что это было? Какое диковинное электричество прошло через сердца молодых людей всего мира? Сейчас Егор не смог бы ответить на этот вопрос, а тогда он им и не задавался –

все вдруг радостно сошли с ума. Возмущалась главная газета «Правда», плевались политобозреватели с серых экранов телевизоров, трещали заслоны – все это было смешно. В конце концов, спустя полтора десятка лет, не выдержав напора волны, рухнул глиняный динозавр по имени Советский Союз – задолго до того, как Ельцин документально подтвердил его смерть в Беловежской Пуще. А тогда, в шестьдесят девятом, Егора как будто смыло с убогого безлюдного берега в волшебное разноцветное море, полное новых друзей и подруг, и совсем рядом неслась невероятная Желтая Подводная Лодка. И никому не приходило в голову, что битлы уже подписали приговор их угрюмой бескрайней родине – цветы и песни, песни и цветы!

В общем, скоро родительскую квартиру на Гоголевском бульваре разменяли на две однушки, отец уехал в Беляево, а Егору досталась маленькая квартирка в самом начале Ленинского проспекта – рядом с Институтом стали и сплавов, куда он только что поступил. Какие стали, какие сплавы! К этому моменту Егору было совершенно все равно, куда поступать, он просто не хотел огорчать отца и выполнял завет матери – поступить хоть куда-нибудь. Раньше, в детстве, Егору нравилась профессия врача – холод блестящего металла инструментов, благородная миссия – спасать людей. Еще он заметил – а мама часто таскала его по врачам, – что пациенты всегда немного заискивают перед врачом, а то и побаиваются его, дарят ему конфеты. Врач как бы стоял чуть-чуть выше обычного человека, это не могло не привлекать. Егор уже было собрался в мед, но необходимость изучать там мертвую латынь резко оттолкнула. В одном черепе двести костей! И все по-латыни! Зачем? А про «стали и сплавов» он узнал случайно от своего товарища Вовки Матецкого – они отчаянно обменивались дисками – «пластами».

Раз – и поступил. Как такое бывет? Вдруг. Когда не особенно стараешься и переживаешь – обычно получается легко и хорошо. Поэтому и квартиру выменивали в этом районе, и получилось совсем рядом – пять минут пешком.

В квартире Егор оказался почти один. Тетя Фира из Ленинграда вызвалась его опекать, жила на кухне, но это было невыносимо, и тетя Фира сама это понимала, так что Егору осталось чуть-чуть поднажать – и тетя уехала в свой Ленинград, оставив Егору полный холодильник кастрюлек с невкусной едой и какой-то свой легкий специфический запах. Свобода!

* * *

Первый раз Егору повезло совсем давно. Ему было лет семь, и мама возила его в Гурзуф. Гурзуф прилепился своими кривыми белыми домиками и чопорными сталинскими санаториями к склону древней горы, внизу синело невозможное море. Жили они с мамой в хрупкой кривой клетушке во дворике, по которому ходили поджарые крымские куры и всегда сохло белье – в основном всевозможные плавки и купальники: квартирантов было много. В сени дерев на маленьком столике сипел керогаз, что-то варилось, со стуком падали на землю перезрелые сливы. У мамы обнаружился знакомый в военно-морском санатории – какой-то капитан, здоровенный и молчаливый. Он не оставлял маму вниманием: молча потея, сидел с ними на пляже, вечерами они втроем ходили в «Старт» – кинотеатр под открытым небом – и даже протащили Егора на взрослый фильм «Великолепная семерка», практически спрятав его под маминым сарафаном. На третий день Егор почувствовал, что он в этой компании лишний. Это его совершенно не огорчило – наоборот: вокруг было столько интересного! Егор просыпался рано утром, часов в шесть, когда мама еще спала, и бежал копать червей к вонючему арыку, несущему скверну из стоящих на горе пятиэтажек. С этими червями в баночке из-под майонеза и леской, намотанной на деревяшку, он вприпрыжку спускался к пирсу и до полудня в компании таких же огольцов ловил расписных зеленух и мордастых бычков, держа натянутую леску на пальце. В двенадцать на пирс заходила мама, сзади вышагивал капитан. Егора вели в блинную на набережной, кормили блинами со сметаной, звали с собой на пляж – но на пляже было жарко и скучно, Егор уже тогда не мог просто так валяться под солнцем без дела. И он убегал в Генуэзскую крепость.

Крепость нависала над бухточкой под названием Чеховский пляж на самом краю Гурзуфа – впрочем, до этого самого края было рукой подать. Надо было пройти мимо пирса, к которому уже вовсю причаливали белые прогулочные пароходики, и из их рупоров-колокольчиков несся над морем голос Эдуарда Хиля: «Как провожают пароходы? Совсем не так, как поезда...» Потом следовало обойти поверху Дом творчества художников имени Коровина, в просторечии Коровник, и по узенькой крутой тропке спуститься на Чеховский пляж. Второй путь шел по воде – надо было, наоборот, спуститься у самого Коровника к морю и, перелезая через старые шаланды и ржавые рельсы, ведущие в воду, дойти до скалы Шаляпина – красивого утеса, уходящего основанием в зеленую глубину. Тут спортивные юноши и их загорелые подруги прыгали в море, огибали скалу Шаляпина вплавь и выбирались на берег в безлюдной бухте Чеховского пляжа. На этот путь Егор не решался – волны с грохотом и брызгами били в отвесную стену утеса, а плавать Егор практически не умел.

Крепость, вернее, то, что от нее осталось, являла собой руины грубо сложенных стен с большими прямоугольными проемами и заваленными проходами в какие-то подземные пространства. Чтобы добраться до нее, приходилось карабкаться вверх по еле заметной и почти отвесной козьей тропке, обдирая колени о сухие колючки и чувствуя спиной море. По кромке крепостных стен ходили чайки, кося на Егора недобрым глазом, кое-где было накакано, но вид сверху открывался волшебный и атмосфера завораживала. Прямо под скалой гуляли темно-зеленые волны, на плоских камнях лежали небольшие человечки спинами вверх – девушки с развязанными шнурочками купальников, – белоснежные чайки висели в воздухе на одном уровне с Егором, и он мог смотреть на них сбоку. Егор обожал это место. В один из таких походов он зачем-то выбрался из проема в дальнем конце крепости, где скала под ней вертикально падала в море. Он потом не мог объяснить себе, зачем туда полез – как будто его что-то толкало. Камни под его сандаликами посыпались, он заскользил вниз и через мгновение обнаружил себя висящим над бездной. На дне бездны ворочалось море.

Егор проехал на спине метра три, собирая колючки, но до воды было еще очень далеко. Моментально покрывшись холодным потом, он понял, что сцепления его рубашки и шортиков со скалой хватает ровно на то, чтобы застыть неподвижно и не дышать – о том, чтобы попытаться выбраться наверх, не могло быть и речи. Егор, скосив глаза, посмотрел вниз. Слева и справа – почти под ним – из кипящей пены выступали темные камни. Еще дальше, правее, на берегу лежали маленькие отдыхающие. Верх никто не смотрел. Да и кричать было страшно – для этого пришлось бы набрать воздуха в легкие. И тогда Егор, неловко и отчаянно оттолкнувшись всем телом от колючей стены, полетел вниз.

Он даже не ушибся об воду. Она только с неожиданной силой ударила в нос, оказалась где-то внутри головы и потом на протяжении двух дней то и дело вдруг начинала вытекать обратно – в самые неподходящие моменты. Егор не помнил, как он летел, как оказался в воде, как догреб до прибрежных камней – они были совсем рядом. На пляже никто ничего не заметил. Потом Егор приходил посмотреть на это место снизу – снизу казалось не так безнадежно высоко, как сверху, но этажа четыре туда укладывались свободно. И вот что интересно – Егор не мог вспомнить страха. Нет, страх был, пока он висел на скале. А в момент, когда прыгнул, – не было.

Маме Егор решил ничего не рассказывать. И в крепость больше не забирался.

* * *

Вторая и третья истории произошли несколько позже, одна за другой. Вторая случилась в метро, на станции «Кропоткинская». Егор вбежал на перрон (сколько он себя помнил в этом возрасте – он всегда бежал), а поезд уже собрался отходить, двери зашипели. Егор сделал последний рывок – и одна нога его оказалась в вагоне, а вторая провалилась между вагоном и платформой. Двери закрылись, поезд тронулся. И тут случилось невероятное: какой-то дядька в кепке, по виду – совершенный таксист, одной рукой рванул красную ручку «Стоп-кран – отключение дверей», а другой – втянул Егора в вагон. За шиворот. Слегка встряхнул и поставил вертикально. При этом он не произнес ни слова и даже как будто смотрел немного в сторону, и лицо его с надвинутым на глаза кепарем выражало полнейшую невозмутимость. Вроде как он специально здесь стоял. Через пару секунд двери вагона снова закрылись и поезд поехал. Егор дрожал, пассажиры качали головами: «Носятся, как сумасшедшие…» – дядька вообще отвернулся, как будто ничего и не произошло. Егору казалось, что путь до следующей станции бесконечен. На «Парке культуры» он выскочил – невозможно было находиться в этом вагоне, – даже не сказав дядьке «спасибо», долго сидел на скамейке, переводил дух, рассматривал дыру в штанине и длинный расцветающий синяк – через дыру, представлял себе, как его должно было раскатать. Получалась жуткая картина.

А спустя еще пару месяцев Егор опаздывал в школу и перебегал улицу у самой Арбатской площади – от дома к памятнику Гоголя. Накануне навалило снегу, который превратился на мостовой в кашу цвета кофе с молоком, было скользко. Добежав в четыре прыжка до середины улицы, Егор вдруг увидел боковым зрением, что прямо на него несется черная «Волга». Не успев ни подумать, ни принять решения, Егор обнаружил, что развернулся и бежит обратно к тротуару. Удар пришелся по его желтому ранцу из искусственной кожи, и тот отлетел метров на двадцать. А Егор не то что не упал – он даже не остановился, просто сменил направление бега, подхватил с мостовой ранец за оборванные лямки и свернул в Малый Афанасьевский – от орущего вслед водителя криво затормозившей «Волги», от остолбеневших прохожих, вообще от ужаса произошедшего. Он чувствовал, как хромированный ободок фары «Волги» дробит ему позвоночник, и никак не мог избавиться от этого ощущения.

Ничего – побродил по арбатским переулкам, привязал оторванные лямки к ранцу узелками (пристегивать было уже не к чему, получилось немного коротковато, но терпимо), пошел в школу. Ко второму уроку.

* * *

А еще через пару лет постылая школа вдруг закончилась – и какая понеслась жизнь! Их команда с гордым названием «Вечные двигатели» уже к третьему году своего существования не то что гремела, но, скажем так, производила некоторый шум в московском подполье. И модные хипповые герлы на стриту уже оборачивались, когда Егор с басистом Митей шли по правой, тусовочной стороне этого самого стрита в направлении кафе «Московское». А когда тебе семнадцать лет, каждый такой взгляд очень много значит. И все кажется возможным.

Все в один момент стали почти независимыми людьми – почти, потому что денег было мало. Но денег было мало у всех, а если вдруг у кого-то их оказывалось больше, то

тратили их вместе – быстро и весело. Да и на что было тратить? По ресторанам их компания не ходила – а их и не было, ресторанов-то, в нашем сегодняшнем понимании: те несколько чопорных и унылых заведений, которые и назывались тогда ресторанами, не привлекали совершенно. Исключение составлял ресторан «Пекин» на первом этаже одноименной гостиницы: подавали там диковинные китайские блюда за копейки, и можно было на три рубля напробоваться до невозможности. Советские люди это заведение особо не жаловали, опасаясь, что их накормят червяками, а Егор с друзьями обожал. Ходить туда следовало днем, вместо лекций, когда посетителей нет вообще и официанты просто вынуждены обратить на тебя внимание. Не каждый день, конечно. Раз в месяц. Да нет, вполне хватало на жизнь – отец подбрасывал понемногу, плюс стипендия, пиво стоило двадцать четыре копейки, а джинсы носились вечно и делались от этого ношения только лучше и лучше. Конечно, были еще другие деньги – священная касса для приобретения «аппарата»: динамиков, колонок, усилителей, гитар, струн, клавиш, барабанов, тарелок, проводов, – всего того, без чего невозможен рок-н-ролл, и пополнялась она за счет сейшенов, на которые «движков» приглашали все чаще. Касса медленно и верно росла, и никому не могло даже в голову прийти взять оттуда, скажем, трояк на бутылку. Хранителем кассы был Егор.

Ух, какая это была жизнь! Она неслась где-то совсем рядом с убогим, вечно будничным существованием советской страны – и не имела к ней никакого отношения, и вся была – праздник. Граждане государства уныло шли на работу, читали газеты, смотрели по телевизору программу «Время», очередной съезд коммунистической партии принимал исторические решения, страна клеймила позором американский империализм и израильскую военщину, послушно ликовала седьмого ноября и Первого мая, а здесь, в другом измерении, среди верных друзей и внезапных подруг до утра до хрипоты спорили, кто поет верхний голос в «One after 909» – Пол или Джордж, и стирали в кровь пальцы об ужасные струны, безуспешно снимая пассажи Джимми Хендрикса, и курили до одури, и пили все, что можно и нельзя было пить, и были счастливы, и не было для них другого мира. Уже много позже, вспоминая эти годы, Егор поражался – как мало места в его памяти занял институт: ну, какие-то страхи перед экзаменом, ну, какая-то смешная поездка на картошку. Все! И даже когда его вытурили из этого самого института – не за хвосты, нет, хвостов не было, он умудрялся учиться хорошо, а в результате очередной идеологической чистки рядов советской молодежи, – даже это, в общем, обидное неординарное событие никаких воспоминаний не оставило.

3

Интересное дело – «Вечные двигатели», начавшие свое существование еще в школе как шаманская секта по прослушиванию ансамбля «Битлз» с целью извлечения из электрогитар максимально похожих звуков – юная группа, которую никто не принимал всерьез, – эти «Вечные двигатели» постепенно набирали обороты и становились модной командой. Слава пришла к ним не в один день, и, возможно, это уберегло их от головокружения. Да и с самоиронией в команде всегда был полный порядок. Басист Митя, правда, на заре туманной юности любил привести на репетицию какую-нибудь чувиху, чтобы та сидела и смотрела, как он красиво поет и играет, но Егор с клавишником Дюкой так его простебали, что он надулся и водить чувих на репетиции перестал. Репетиции – это было святое, это было служение, медитация, молитва – какие бабы? Егор не заметил, когда команда стала известной, а потом знаменитой, – когда впервые, в семьдесят седьмом, они вырвались на сейшен в Питер и вдруг оказалось, что вся питерская система знает наизусть их песни – только по магнитофонным пленкам? Или в восемьдесят первом, когда они чудом, краешком попали в плохое советское кино, а народ ломился, чтобы увидеть «движков» на экране, и страна впервые узнала своих героев в лицо? Или раньше, в восьмидесятом, когда директор Московской областной филармонии на свой страх и риск взял группу на договор, и их повезли на гастроли в город Минск, во Дворец спорта, с ужасной сборной солянкой в первом отделении, и Егор не представлял себе, как могут прийти на их концерт шесть тысяч человек, да еще два раза в день, да еще целую неделю подряд, а к Дворцу спорта тянулась километровая очередь, и вся милиция города была стянута для наведения порядка? И ведь не было в группе никаких виртуозов: играли и пели «движки», в общем, посредственно. Дело было в чем-то другом. В песнях, конечно. Но и в чем-то еще.

В начале семидесятых, когда рок-н-ролл еще полагалось петь по-английски, приоритеты были расставлены четко: инструмент, аппарат и умение играть «один к одному». Играй как Хендрикс – и будешь Хендрикс. Никому не приходило в голову, что Хендрикс уже есть и второй никому не нужен. Гитары ревели, чувихи сходили с ума, пипл тащился. А дальше – куда дальше? «Движки» среди этих хендриксов, пейджей и элвинов ли терялись совершенно. И тогда они, пока еще негромко, вслед за Градским и молодой «Машиной», запели по-русски. Свое.

А потом прошло еще несколько лет, и открылись кое-какие двери, и вдруг стало ясно, что никому не интересна эта игра в джимми хендриксов. И пошли хендриксы и сантаны лабать по кабакам и петь про комсомольские стройки в жуткие вокально-инструментальные ансамбли. Сколько судеб тогда было искалечено, сколько кумиров рухнуло с пьедесталов! А «движки» крепчали, матерели, ссорились и мирились, но не разбежались, как многие, и их вязали, но так и не посадили, топтали, но так и не растоптали, и мерли, как зимние мухи, один за другим генеральные секретари Коммунистической партии Советского Союза, а они все играли и пели, с каждым годом крепче и крепче стоя на ногах. И причиной тому, конечно, были их песни – ничем другим они внимания привлечь не могли. Что это были за песни? Егор не занимался анализом такого рода – пишутся, и слава богу. Песни у него получались очень простые – и даже, приглядевшись, можно было понять, что откуда выросло: немножко битлов, немножко Окуджавы, немножко Высоцкого, немножко «Машины». Ирония и жалость. Просто в них было что-то, заставлявшее фанов подхватывать их со второго раза и петь хором вместе с «движками», раскачиваясь в такт. Что это за неуловимая, необъяснимая составляющая? Мы не знаем.

Какой все-таки поразительный организм – группа! Егор часто думал об этом. С чем это можно сравнить? «Коллектив единомышленников» – как писали про них бездарные газетчики, когда про группы стало можно писать? Чушь собачья, какие они единомышленники? Нет на свете более непохожих друг на друга людей. Просто однажды они отравились каким-то общим ядом, попали под один никому не видимый луч света. Такой изысканной смеси любви, зависти, дружеской верности и причудливых предательств в одном флаконе, пожалуй, не встретишь нигде. Годы – какие годы, десятилетия! – переплели, переплавили этих очень разных людей в совершенно невероятный конгломерат, и годы-то тут ни при чем – вы знаете, что такое таинство создания новой песни? И какое ощущение взаимного обожания и радости заливает команду, когда хорошая песня наконец родилась на свет? А ведь люди эти еще жили какую-то часть жизни, скажем так, «на стороне» – влюблялись, женились, растили детей. Интересно: жены (а периодически женаты бывали все) никогда внутри команды любовью не пользовались. Это что, ревность?

Иногда Егору вдруг на мгновение открывалась бесконечно сложная, хрупкая и, казалось, случайная связь людей, событий и явлений, поступков и результатов – так фотовспышка на долю секунды выхватывает из темноты комнату, заполненную множеством предметов. Все это напоминало хаос, и, хотя начитанный Митя любил говорить, что хаос – самая устойчивая форма существования материи, становилось страшно: как все это не рассыпается, взаимодействует, движется непредсказуемо?

Везло «движкам»? Определенно везло.

4

Первая встреча состоялась во сне.

Когда-то Егор прочел в медицинском журнале, что люди с нормальной психикой видят исключительно черно-белые сны. Егору очень хотелось хоть раз увидеть такой сон, но как он ни старался, не мог себе такого даже представить: это что, как в старом телевизоре? Сны у него случались яркие, запоминающиеся и иногда весьма содержательные – если бы Егор относился к себе с меньшей иронией, он бы, наверное, их записывал. Особенно ясно запоминались как раз цвета. Этот сон по силе ощущений был особенным.

Дело происходило в какой-то квартире на высоком этаже, совершенно пустой. Егор однажды видел такое в конце семидесятых, когда его приятель Игорек со всей семьей уезжал в Америку, как это тогда называлось, на ПМЖ – постоянное место жительства. Отъезд держался в глубокой тайне – а по-другому тогда и быть не могло: засветишься, попадешь в отказники, – и ни Егор, ни остальные друзья Игорька ни о чем не подозревали до последнего момента, когда разрешение на выезд уже было получено. Игорек вдруг пригласил всех на проводы, Егор вошел в такую знакомую квартиру и обалдел: она была совершенно пуста – голые стены. Все вещи: мебель, пианино, книги – все было уже продано и роздано родственникам, поэтому скатерть с бутылками

и бутербродами располагалась посреди комнаты прямо на полу. Во сне не было ни скатерти, ни тоскливой с натужным весельем атмосферы проводов. Комната была полна какими-то друзьями и знакомыми, все оживленно беседовали, кажется, выпивали. Егор потолкался среди народа и вышел на кухню – покурить. Кухня, как и комната, была совершенно пуста – одинокая плита и раковина в углу, а у окна, казавшегося голым без занавески, стояло несколько совсем молодых и совершенно незнакомых Егору ребят. На вид лет по шестнадцать, модные стрижки, модные шмотки – балахончики с капюшонами, узкие джинсы, расшнурованные, как полагается, кроссовки – ничего особенного. Но Егора вдруг окатило горячей волной какого-то невероятного, нечеловеческого счастья. Это было совершенно новое ощущение – Егор потом пытался сравнить его хоть с чем-то ему знакомым и пришел к выводу, что, наверное, так бывает счастлива собака, к которой наконец вернулся хозяин.

Ангелы!

Егор ощутил это мгновенно – всем телом, всем существом. И замер, не зная, что делать, как себя вести. А ангелы – их было, кажется, трое – болтали о чем-то необыкновенно веселом, хохотали, и невозможно было понять, о чем они – слова знакомы, смысл неуловим. А потом один из них повернулся к Егору и сказал: он здесь для того, чтобы сообщить ему, что там, наверху, его очень любят. И все – развернулся к своим, и они продолжили свое веселье, как будто никакого Егора тут нет. В другой ситуации это было бы даже обидно, но физическое ощущение счастья настолько заполняло каждую клеточку, что ни на какие другие чувства места не оставалось.

Потом Егор проснулся – сон оборвался, а счастье осталось, и целый день Егор ходил, светясь изнутри и боясь это счастье расплескать.

Назавтра он встретил Светку.

5

Нельзя сказать, что Егор был какой-то невлюбчивый – напротив, его вполне можно было назвать легко увлекающимся. Бывали даже серьезные, клинические случаи – однажды, будучи безнадежно влюбленным в загадочную красавицу, поехал искать ее в Таллин – тогда это еще так писалось, – не зная ни телефона, ни адреса – только, что живет она в центре, в Старом городе. Красавица появлялась в Москве неожиданными наскоками, останавливалась в каком-то жутком актерском бомжатнике и звонила сама – когда считала нужным. Моросил мелкий дождь, Егор бродил по кривым безлюдным улочкам с сумкой на плече, ощущая себя полным идиотом, и ничего не мог с собой поделать. Без всякой надежды нарезал круги часа четыре, неизбежно выходя на площадь Старого Тоомаса, потом смертельно напился с двумя командированными лейтенантиками, которые умудрились его узнать, и вечером сумел улететь домой. Спустя пару лет красавица рассказала Егору, что тогда она все эти четыре часа ходила за ним следом, пораженная масштабом его безумия, – он не поверил. Впрочем, это на нее было похоже.

Интересно другое. Повстречав свою первую, а потом и вторую жену, Егор с первой секунды знал, что они поженятся. Увидев только что, еще издалека, – знал. Еще не познакомившись, еще не услышав имени. Откуда? Причем это было не желание, не порыв души – именно знание.

Первая жена, наверно, была слишком хороша для Егора – во всяком случае, он впоследствии думал именно так. Она безупречно относилась к себе самой и требовала такого же отношения к себе со стороны близких. Поначалу так оно и происходило, а потом «движков» каким-то чудом взяли в филармонию, и они неожиданно вырвались из постылого подполья, где совсем уже нечем было дышать, на бескрайние оперативные просторы страны – и жизнь закрутилась совсем с другой скоростью: с гастролями, перелетами из города в город, безумными толпами поклонников и поклонниц – кто знал, что их будет так много? – и во всей этой карусели вдруг оказалось, что жена занимает в Егоровой жизни не самое большое место – мы ведь быстро привыкаем к хорошему, верно? А она со своей гордостью этого, конечно, простить не могла.

Что касается второй жены, то она Егора так и не полюбила, хотя честно старалась, отвечая на Егоров порыв. Никакой химии не возникло, она страшно злилась – на себя, но в основном на Егора: больше было не на кого. И в первом, и во втором случае расставание прошло быстро и достаточно безболезненно. Брачные периоды чередовались с полосами восхитительно свободной жизни, лишенной всяких обязательств и полной нечаянных радостей. Хорошо гулять по цветочным полям, думал Егор. Особенно если это просто прогулка и в главную задачу твою не входит собирание гербария или поиск аленького цветочка.

* * *

Пребывая именно в этой жизненной фазе, Егор поздним вечером забрел в только что открывшийся на Ордынке клубик

«Бедные люди». Это был один из подарков перестройки – еще год назад Егор находился в твердом убеждении, что такие стильные, не по-советски уютные кабачки в нашей родной стране в принципе невозможны – ну разве что в Прибалтике, там почти заграница. Чтобы вот так, и группа играла, и без ментов на входе? Да никогда! Ошибался. Распустились, как почки весной.

В «Бедных людях» было до синевы накурено, весело, сидели ребята из «Квартала», какие-то их расписные подруги. Егору обрадовались, усадили, налили. Он машинально – нет, конечно, не машинально, вполне осознанно – огляделся. Двойной лорнет, скосясь, наводим... Наводить особенно было не на что. Вдруг девушка в черном, сидевшая метрах в пяти по диагонали от Егора и почти к нему спиной, коротко обернулась, и Егора ошпарило: он где-то видел это печальное, почти библейское лицо, эти густые темные волосы – где, когда? Он даже не заметил, одна она или нет. А дальше между ними произошел диалог – беззвучный, на радиоволне. Его можно было бы сравнить с обменом эсэмэсками, да только не было тогда еще в природе никаких эсэмэсок, и первые мобильные телефоны «Моторола» величиной и весом с добрый кирпич и ценой в пол-автомобиля «Жигули» только-только появились у самых крутых бандитов.

«Ну вот, я здесь сижу».
«Я вижу, черт возьми!»
«Ты будешь что-нибудь делать?»
«Что?»
«Ну, не знаю. Хотя бы подойдешь».
«Я не могу!»
«Почему?»
«Я не могу просто взять и подойти к незнакомой девушке!»
«Почему?»
«Не знаю. Никогда не мог. Нас должны представить!»
«О, как интересно. Ну ладно, я пошла».

И Егор с ужасом понял, что вот сейчас она встанет, пойдет к выходу, и он никогда больше ее не увидит. Понял – и не мог пошевелиться. И она встала и пошла к выходу –

прямо мимо Егора, и тут Арик из «Квартала», почувствовав Егорово отчаянье, схватил ее, проходящую, за руку и легко, одним движением, усадил за стол. Егор не помнил, как их, по его настоянию, представили и о чем они проговорили весь вечер, а потом всю ночь. Когда мужчина и женщина идут навстречу друг другу – неважно, о чем они говорят, смысл слов не имеет никакого значения, ибо вступают в работу совсем иные, могучие механизмы, неведомые нашему сознанию и неподвластные ему. И только чувствуешь, как ток бежит по проводам и согревает их, и как уже привычный хаос, из которого еще вчера состоял твой мир, вдруг уступил место простой и ясной гармонии, и что ты – счастлив, счастлив каждую секунду твоей новой жизни.

И нет от этого счастья ни лекарства, ни спасения.

* * *

Почему, как это происходит? Еще секунду назад ты был нормальным, адекватным человеком, веселым и циничным, и ничто не угрожало твоей свободе – и вдруг, среди бела дня, совершенно незнакомая девушка говорит тебе три слова ни о чем – и ты уже не ты, и отныне не принадлежишь себе, и приоритеты твои вмиг поменялись местами, и некая неведомая сила теперь движет всеми твоими мыслями и поступками, даже не советуясь с тобой. Что это? Евино яблоко? Светка, казалось, была создана для Егора – он не находил в ней недостатков. Хотя был необыкновенно придирчив в мелочах, и такая, казалось бы, ерунда, как визгливый тембр голоса, или неприятный смех, или, скажем, некрасивые пальцы, да еще с облупленным лаком на ногте, могли отвратить его мгновенно и бесповоротно. Какая-нибудь небесная красавица вдруг заводила не к месту дурацкий разговор – и через минуту Егор уже искал выход из помещения. А теперь он изучал Светку — и не находил в ней изъяна. Знал, что так не бывает. Смотрел во все глаза — и не находил. Сколько они пробыли вместе — год, три, пять? Он не помнил. Он не мог вспомнить, о чем они говорили — а они ведь говорили! Не расставались столько лет — и говорили! Изредка даже ссорились — из-за какой-нибудь ерунды — и быстро мирились. Светка обладала редчайшим даром — не доставать. Она занимала исключительно свое место в пространстве и не претендовала на его расширение. Ее мало интересовала музыка Егора, его главное дело жизни — так ему, во всяком случае, казалось. Она не рвалась на концерты «движков» — кроме тех, на которые не пойти было уже неприлично. Егора это даже сначала немного обижало — а потом он понял, что это как раз замечательно, хватит уже фанаток с горящими глазами и разрухой в головах. Егор не мог нарадоваться — дороги его были починены, трещины в стенах исчезли, ветер не бил в лицо, а приятно толкал в спину.

Была ли счастлива Светка? Мы этого не знаем. Она оказалась очень скрытной, и Егор это понял далеко не сразу. Она, например, не хотела переезжать к Егору, хотя тот одно время настаивал — почему нет, в самом деле? А вот не хотела, и не объясняла причину, и они встречались где-нибудь в городе и шли куда-нибудь ужинать или просто в кино, если было что смотреть, а потом ехали к Егору на Ленинский, а утром сонный Егор отвозил ее в дебри Новобасманной, в место ее обитания. Понастаивал-понастаивал — перебирайся! — да и бросил: не хочет, и не надо.

Однажды Светка его сильно удивила. Они тогда втроем с приятелем поехали путешествовать по Кубе — давно собирались. Все было восхитительно: мохито, сигары, озорные кубинки с животным блеском в глазах, невероятно синий океан. На рынке в старой Гаване черный, как сапог, кубинец продавал цветастые сарафанчики – целая охапка на вешалке: пестрые, разные. Егор решил купить Светке сарафанчик – уж больно она их разглядывала. Светка выбрала два. Два не получалось – денег было мало. Да нет, хватило бы, конечно, и на два – ну, пришлось бы совсем поджаться. Егор попробовал объяснить это Светке, и она вдруг, отвернувшись, беззвучно заплакала – так горько и безнадежно, что Егор оторопел. И подумал в эту секунду, что он на самом деле совсем ее не знает. Не может быть причиной такого горя какой-то сарафанчик. Подумал и забыл.

* * *

А потом, год спустя, у Егора дома Светка выронила в прихожей сумочку, и из нее вдруг выпал презерватив в нарядном пакетике. Это было настолько неожиданно и настолько необъяснимо, что Егор не нашел ничего лучше, чем спросить: что это? Светка покраснела, насколько могло покраснеть это смуглое существо, пробормотала что-то невнятное, нагнулась и спрятала презерватив обратно. Удивительное дело: в Егоре сработала защитная реакция – до такой степени не хотелось верить в увиденное и строить предположения на эту тему, что эпизод был моментально вычеркнут из сознания. Разговор закончился, не успев начаться. Не было ничего.

А еще через полгода, привычно целуя Светку перед сном, он по еле заметному изменению, которое бы не зафиксировал ни один самый точный прибор в мире, вдруг понял, что у нее кто-то есть. Кто-то еще, кроме Егора. И он ее целует. И опять – это было не подозрение, не предположение, а абсолютно твердое знание, и унылые Светкины слова, что никого у нее нет, не имели значения – она сама это чувствовала.

И начался ад.

Все в этот раз было не так, как всегда. С глаз долой, из сердца вон – не получалось. Егор не мог понять: вроде Светка занимала в его жизни твердое, постоянное место, но, скажем так, не закрывала собой весь небосвод – и вдруг на этом месте осталась зияющая дыра, и нечем ее было закрыть, и что бы Егор ни делал и о чем бы ни думал, эта дыра не давала ему покоя, она была в нем самом, и он вытекал из нее по капле – каждую минуту, каждый час, – не остановить.

Соперником Егора оказался ничем не примечательный совсем юный мальчик – лет на пятнадцать моложе Егора и на пять – самой Светки: они, оказывается, все это время работали вместе в издательстве журнала «Не спи, замерзнешь!». Возможно, это тоже подливало масла в огонь: меня, Егора, – и на кого? Но в действительности сам факт ее отсутствия причинял такую невыносимую боль, что с кем она там сейчас, не имело никакого значения. Все потеряло смысл. И тогда Егор сделал то, чего не следует делать никогда: бросился вслед ушедшему поезду.

Ух, как Светка тогда по нему потопталась! Нет, она не бросала трубку, не отказывала в свиданиях. И они шли в ставшие для них любимыми за эти годы ресторанчики, и она словно не видела, что творится с Егором – а он сидел напротив постаревшим полуживым идиотом, не в силах улыбаться и поддерживать разговор, – и мило принимала подарки, которыми он ее заваливал, а потом ехала к своему юноше – нет-нет, подвозить не надо! – оставляя Егора корчиться в пустой машине. Шли месяцы, и ничего не менялось, и время словно остановилось, и Егор понимал, что эту историю надо как-то кончать.

6

На самом деле все просто – надо, сидя на стуле, найти такую позу, чтобы ружье упиралось стволом в грудь чуть левее середины, а большим пальцем ноги можно было нажать на курок. Упереть ствол в подбородок, конечно, еще проще, но тогда в результате все получится очень некрасиво... это просто поразительно, о чем человек в такие моменты думает. «Покойник выглядел нехорошо». Егор поразмышлял на эту тему и, утешая себя, решил, что, видимо, это все-таки происходит от подсознательной заботы о родных и близких – сбегутся, а тут такое безобразие, все забрызгано. Потом понял – нет, вранье: все-таки хочется в последний момент выглядеть красиво. Хотя бы достойно. И перед родными, конечно, тоже, и вообще. Артист хренов. Как же мы смешно устроены!

А страха-то никакого и нет. Просто руки немного холоднее, чем обычно. И лист с последними распоряжениями и пожеланиями написан ровным и разборчивым почерком и даже выглядит стильно (опять!). И лежит на столе на самом видном месте. И дальше ты садишься на стул в вышеупомянутую позу, а ружье – охотничья двустволка Тульского оружейного завода, двенадцатый калибр – уже заряжено «жаканами». (Оба-то ствола зачем? Хотя понятно: никогда не знаешь, какой курок с каким стволом связан. Вот так соберешь всю решимость, нажмешь на курок, а там – щелк!

А патрон в другом стволе. То-то будет противно! Второй раз и нажать не решишься. Прямо заново рожден. Водевиль! Так что оба курка в одинаково рабочем состоянии.) И не надо терять плавность движений.

И дальше – очень интересно: сильный толчок в грудь, а выстрела ты практически не услышал, хотя он у двустволки очень громкий, – просто какой-то маленький шарик лопнул прямо над ухом, и остался звон, который будет теперь затихать долго, и жаркий запах пороха, и даже сладкий вкус на губах – забавно: вкус сгоревшего пороха на губах. И потом ты поплыл медленно вверх и влево, и полет твой не очень управляемый – такое часто бывало раньше во сне: вроде умеешь летать, но довольно коряво, и вот направляешь себя мысленно вперед и вверх, а тебя тянет куда-то вбок – неторопливо, как воздушный шарик под потолком. Откуда могли приходить в сон эти ощущения?

И еще интересно: рук нет. И только сейчас понимаешь, что всю жизнь видел свои руки постоянно: на руле, с вилкой, рюмкой, карандашом, гитарой. Их не видно только в одном случае: если они связаны за спиной. И оказывается, не видеть их даже более непривычно, чем не ощущать. На того, кто лежит внизу, смотреть не хочется. Странно: думал, что будет интересно. Нет, не хочется. И еще – очень сильное и яркое ощущение, ни на что не похожее, все же когда-то посещавшее. Вспомнил: это было лет в четырнадцать, когда ночью в постели юношеская эрекция, подогретая мечтаниями, вдруг разрешилась естественным образом – впервые в жизни. Этим взрывом Егора выбросило в открытый космос, и несколько секунд он с поразительной силой ощущал свою микроскопическую ничтожность и непостижимую бесконечность пространства, его окружавшего. Пространство это было наполнено покоем, чернотой и какой-то мощной, ровной и тихой печалью, и не было слов, чтобы определить и описать это состояние – настолько оно было не похоже на все, что приходилось испытывать раньше. Через несколько секунд картина размылась и исчезла, но Егор тогда долго не мог перевести дух. И – вот оно откуда! Может быть, тело твое, впервые пытаясь подарить кому-то жизнь, само на мгновение умирает? Или все тайны Жизни и Смерти находятся в одном сосуде?

А потом почему-то заносит в спальню – так чудно: никогда не видел ее с этой точки. Неубрано. Странная мысль: сколько вещей сразу стали ненужными. Майки, носки, джинсы, любимая кожаная куртка, висящая на стуле, книги на окне и около кровати – прямо на полу, записная книжка на тумбочке, старая гитара, лежащая поверх одеяла на условно женской половине – все это в один момент стало никому не нужным. Егор даже почувствовал жалость к этим ни в чем не виноватым вещам, которые никто больше не будет любить. Захотелось потрогать гитару – не получилось. А потом опять потянуло куда-то вверх и влево, на секунду открылась верхняя поверхность шкафа – боже, сколько пыли! – и смятая пустая пачка «Явы» – сколько она тут пролежала? А потом Егор понял, что проходит через окно, и вся улица укутана густым серым туманом – нет, это был не туман: просто пространство теряло конкретные очертания. Две мысли неподвижно зависли в голове (в голове?): «Вот и все» и «Только-то и всего?».

*   *   *

– Ну что, понравилось?

Он сидел на подоконнике. Тот самый модный юноша из сна. Сидел и болтал ногой. Егор никак не мог опомниться. Его как будто из воды выбросило на берег. Вот они, руки. Вот он, я. Господи ты боже мой.

– Понравилось? – юноша, кажется, веселился.

— Не знаю… Нет… Что это было?

— Ты последнее время слишком много размышлял об этом. Даже мечтал. Пришлось показать тебе, как это бывает на самом деле. Вообще-то это нарушение правил. Но я подумал – вдруг тебе понравится?

Нет, он точно веселился. В другой ситуации Егор бы разозлился – очень уж явно парень демонстрировал свое превосходство, – но, чтобы разозлиться, надо сначала успокоиться, а прийти в себя все никак не получалось. И вообще – что происходит?

— Ты кто? Правда ангел? – Егор подумал, что это самый идиотский вопрос, который он задавал в жизни. Нет, это бред какой-то.

— Ну да. Херувим и серафим. Если тебя это устраивает.

Параметры человеческой психики, оказывается, имеют пределы. Нельзя, оказывается, изумиться двум вещам одновременно. Особенно если в обоих случаях речь идет о сверхъестественном. Только по очереди. Егор понял, что само присутствие молодого человека поражает его значительно меньше, чем то, что он только что испытал.

— Как ты это сделал?

— Элементарно, Ватсон. Это вопрос времени.

— Времени?

— Ну да. Движение вбок. Рассматриваешь варианты.

— Вбок? – У Егора кругом шла голова.

— Я тебе еще не рассказывал про время? Как-нибудь расскажу.

— Ты мне вообще ничего не рассказывал.

— В самом деле? Обязательно расскажу. Только не сейчас. Сейчас ты ничего не соображаешь. Ты мне лучше вот что скажи: попробовал? Больше не будешь?

– Не буду.

– Точно не будешь?

– Я же сказал!

– Вот и славно. Трам-пам-пам.

Да что же это такое!

– Слушай… А как тебя зовут?

– Меня не зовут. Это бессмысленно. Мы приходим сами.

– Пожалуйста, не издевайся. Имя у тебя есть?

– В вашем понимании нет. Обращайся, как тебе нравится. Хочешь – по-ангельски: скажем, Нафанаил. Или Солкосерил.

Сволочь. Ну, ладно.

– А можно – Толик?

– Можно. Почему Толик? – Он, кажется, удивился.

– У меня так кота звали.

Получил?

– Отлично. Никогда не был Толиком. Ну ладно, как-нибудь загляну. Не скучай.

* * *

Раз – и нет никакого Толика. Пустой подоконник. Было, не было?

7

Однажды, в кабинете врача, когда окончательно выяснилось, что Егор не в силах позволить засунуть себе в горло страшную черную кишку с маленькой лампочкой на конце, доктор сделал ему интересный укол. Укол был комариный, куда-то в кисть руки, и доктор сказал, что Егор сейчас заснет, и Егор лежал и ждал, когда он заснет, и все никак не засыпал, а потом доктор сказал, что можно вставать и одеваться. Оказывается, прошло полчаса, и врачи все уже проделали, и что самое поразительное — момент засыпания и возвращения к жизни склеились воедино, а то, что было между ними, — исчезло без следа. Спустя пару лет, когда процедуру пришлось проделывать еще раз, Егор решил во что бы то ни стало засечь момент отхода ко сну, лежал и тужился изо всех сил — и опять ничего не получилось. Появления и исчезновения Толика можно было сравнить только с эффектом этого удивительного препарата. Почему-то Егор никогда не смотрел в сторону окна, когда там появлялся Толик. Пропустив его появление, Егор старался поймать хотя бы момент его исчезновения, и не сводил с него глаз, и даже пытался не моргать, и все равно неизбежно в какую-то секунду отводил глаза, и этого было достаточно — подоконник уже был пустой. Все это продолжалось из раза в раз до тех пор, пока Толик однажды не посоветовал перестать заниматься ерундой.

Впрочем, Толик не всегда утруждал себя визуализацией – иногда он просто заговаривал с Егором, и тогда это больше всего напоминало беседу по мобильнику. Вот только позвонить ему или позвать было невозможно – он появлялся только сам, когда считал нужным. Иногда очень неожиданно.

– Слушай, а что ты здесь делаешь? – спросил однажды Егор, уже освоившись. (Утро. Серая хмарь за окном. Из маленького радиоприемника слышно, как Соловьев снова с задорной яростью топчет Чубайса. На плите жарится глазунья с ветчиной, Толик неподвижно сидит на подоконнике, свесив одну ногу, как будто всю ночь тут просидел, а ведь минуту назад его в помине не было. Как же быстро человек привыкает к невероятному!) – Ты что, ангел-хранитель?

— Ну да. Из песни Игоря Крутого. «Ангел-хранитель твой». Вневедомственная охрана.

— Ну ладно, серьезно!

— Ну ладно, ведомственная.

Иногда с ним было невозможно разговаривать.

— Хорошо, не обижайся. Не совсем охрана. Охрана защищает в критической ситуации. Мы стараемся ее не допускать. Хотя, конечно, иногда всякое бывает.

— И вы охраняете всех?

— Нет, совсем не всех. У тебя яичница сгорит.

— И за что это мне такая честь?

— Ты катализатор.

— Кто я?

— Катализатор. Ешь давай. Тебя ребята на студии ждут. А в городе пробки.

— Ну пронеси меня по воздуху.

— Щас. Шнурки поглажу.

Раз! Никого. Где он нахватался?

* * *

Шли дни, а Егор все не мог вернуться в нормальное русло жизни. Поразительно — к появлениям Толика он привык очень быстро, а к отсутствию Светки привыкнуть не мог. Нет, все было нормально — он передвигался, общался с людьми, они с «движками» сидели на студии и писали новый альбом, и вообще работа очень спасала, но все происходило на каком-то автомате, а потом приближалась ночь, и наваливалась тоска, и не хотелось ничего: ни зайти в «Маяк» выпить и поглазеть на новых девок, ни позвонить друзьям — никого не хотелось видеть. Никогда еще Егор не расставался так тяжело.

Толик уже ждал его на кухне.

– Ты успокоишься или нет?

– У меня не получается.

– Прежде всего прекрати себя жалеть. Это уже неприлично.

– Ну почему?

– Что – почему?

– Почему так получилось?

– Получилось так, как должно было получиться. Дальше было бы хуже.

– Почему?

– Ты ведь ее совсем не знал и знать не желал. Тебя все устраивало.

– Она не очень-то о себе рассказывала.

– Правильно. Потому что чувствовала, что тебе это не очень интересно. Ты ее подавлял.

– Я? Я ни разу не повысил на нее голос! Я давал ей все, что она хотела!

– Совсем не обязательно повышать голос, чтобы подавлять. А дать ей то, что она хотела, ты не мог. По своей природе. Подарки не в счет.

– А чего же она хотела?

– Она хотела преобладать. Хоть иногда. Руководить. Хоть в чем-то. Это была глубинная потребность ее натуры. А ты этого не видел. Все решения принимал сам, преподносил ей на блюдечке. Если хочешь, она тебя боялась. Конечно, она в конце концов нашла то, что ей нужно, – мальчика для подавления. Пожелай ей удачи.

– Я всю жизнь был уверен, что женщинам нравится, когда за них принимают решения, помогают им.

— Нравится, но не всем. Они бывают такие разные — не замечал?

— Почему мне всю жизнь с ними так не везет?

— Почему не везет? Ты хотел себе сладкого супружеского счастья длиною в жизнь? Как у Мити? Ты всерьез думаешь, что тебе это нужно? С твоим характером? Ты с ума не сойдешь? Это, часом, не глаза завидущие?

— Не знаю...

— А знаешь, почему ты бесишься? Не так-то уж тебе нужна Светка. А бесишься ты потому, что тебя бросили. Тебя! И бросили. Не ты ушел, а от тебя ушли. Впервые. Вот и вся причина твоей трагедии.

А ведь он прав, сволочь.

— Значит, я не заслужил счастливой совместной жизни?

— Что значит «не заслужил»? Во-первых, она у тебя бывает — периодически. Во-вторых, тебя надо поддерживать в рабочем состоянии. А затянувшееся счастье рождает полусон.

— Я не пишу песен про несчастную любовь!

— И не надо. Ты начинаешь слышать. Пиши другие.

— Не хочу ничего писать.

— Захочешь.

8

Худсовет за зиму переносили уже в третий раз, и «движки» с начала октября сидели без работы – с волчьим билетом. Весь ужас этого дня сурка заключался в том, что Егору снова и снова приходилось, испытывая неловкость и унижение, звонить известным людям, с которыми он зачастую был не очень-то и знаком, и просить их на этот чертов худсовет прийти – защитить команду. Масштаб известности должен был позволять этим людям появиться там без приглашения со стороны Министерства культуры – чтобы те и не вякнули. На поддержку министерских говноедов Егор не рассчитывал – ни с кем он там не дружил, никому не платил и никого не прикармливал. И вот опять надо было дергать этих известных уважаемых людей, они, внутренне вздыхая, соглашались и приезжали, а худсовет отменяли – без всякого предупреждения: ну, заболел товарищ Сидоров или нежданно отбыла в командировку товарищ Лебедева. Заседание переносили на неделю или две, уважаемые люди разъезжались, разводя руками, и Егор понимал, что еще раз он им позвонить уже не сможет – он и так чувствовал себя обязанным и не представлял себе, чем он мог бы ответить – не конфеты же дарить, в самом деле.

На этот раз все пока, похоже, складывалось – не сглазить! Егор приехал в Калошный переулок за полчаса до

начала, ощущая гадкую пустоту внизу живота. Министерские шестерки курили на лестнице, вполголоса рассказывали анекдоты, поздоровались – нет, ничего не отменили. Докурили и ушли по кабинетам. В шахте лифта гулял ветер, противно выли химеры. Егор подумал, что худсовет – это когда разные люди, думающие по-разному, собираются по звонку в одной комнате и говорят то, что следует. Конечно, все это было спектаклем – решение принималось заранее либо в дебрях министерства, либо спускалось сверху, из Отдела культуры ЦК. Или, не дай бог, Отдела пропаганды. Это называлось «Есть мнение». Боже, какая тоска – и эта серая хмарь за окном, и эти серые лица чиновников, эти большие круглые часы на стене и неподвижно висящая в воздухе безнадега. Без десяти.

К двенадцати подтянулись силы поддержки – поднялся по лестнице космонавт Кашко с медальками на пиджаке – какой молодец, что при наградах, это работает. Прошел прямой и торжественный исполнитель правильных советских песен Аркадий Герзон – вот это подарок! С таким не поспоришь. Директор «движков» Виталик привез на своих «Жигулях» композитора Мишульского, этот тоже за нас. Когда все уже рассаживались, в кабинет ярко вошла знаменитая певица Анна Космачева, умело пошутила, министерские услужливо захихикали. Такой мощной команды «движкам» собрать еще не удавалось. Егора тоже пригласили зайти. Это был хороший знак – обычно просили подождать за дверью. Неужели?

И началось.

Заседание открыл начальник отдела эстрады министерства товарищ Ходоков. Он был немного похож на премьер-министра СССР Косыгина, знал это и, кажется, косил под него сознательно: говорил медленно, весомо, никому не глядя в глаза, и при этом руки его на столе постоянно катали маленькие шарики из рваных бумажек. Партийный зачес, идеологически выдержанный галстук. Ох. Ничего нового во вступительном слове не прозвучало – мы снова, товарищи, вынуждены собираться по поводу известного всем нам ансамбля «Вечные двигатели», так как с мест продолжают поступать сигналы о сомнительной направленности некоторых произведений коллектива и расхристанном, я бы сказал, поведении молодых артистов на сцене. Вот передо мной письмо из Свердловска, подписанное директором филармонии и партийным руководством города...

Егор огляделся. Дубовые панели на стенах, жуткие фикусы на окнах, длинный стол, покрытый зеленым сукном, в дальнем его конце другой стол, дубовый, три телефона, выше – Брежнев в скромной раме, еще одни большие круглые часы, как в коридоре. Тикают. Наверно, так выглядел кабинет Берии. Интересно – кто-нибудь следит за сохранением этой чудо-эстетики, или она вырастает и живет сама, как плесень, питаясь речами, произнесенными над этим зеленым сукном, принятыми решениями, одобренными постановлениями, всем этим общим затхлым враньем?

Эстафету перехватил товарищ Скворцов – известная министерская крыса. Мы не можем закрывать глаза... размытые идеологические позиции... сегодня, когда вражеские голоса... недопустимую политическую близорукость... слепое подражание не лучшим западным образцам... Неужели он верит хоть в одно собственное слово? Говорили Егору, что надо этого Скворцова заранее «подмазывать»... Не умел он этого, не представлял – как, да и не смог бы побороть собственного отвращения. А у других получалось – запросто шли прямо в кабинет с коробками и пакетами. Помогало. Когда же он замолчит?

Замолчал. Сдулся. Теперь – зав. лит. частью Росконцерта Наташа Холод. Молодая, хорошая, в общем-то, деваха. Господи, чем же ей приходится заниматься... Взгляд в сторону, как у Ходокова: проведена большая работа с автором, да вот он здесь сидит, тексты произведений подвергнуты тщательной редакции... Большая работа заключалась в том, чтобы создать видимость изменений, не касаясь сути: Наташа в принципе была за Егора, просто права голоса не имела – обычный штатный инквизитор. Поэтому она билась за изменения, а Егор – за суть. Всякий раз, когда в стихе приходилось менять «ты» на «кто-то» и «бог» на «судьба», Егор чувствовал, как от него отрезают маленькие кусочки и жизнь его от этого делается короче. Так. Сейчас вступят наши. Все правильно – тут нельзя стрелять первыми, это будет тактическая ошибка, пусть сначала враги нападут, выдохнутся, раскроют карты. И тут мы из окопа – р-раз!

Первым в бой пошел космонавт. Молодежный задор... отдельные недостатки нашей жизни... мы на космической станции... наряду с песнями Высоцкого...

Вот это он зря. С песнями Высоцкого тоже большие проблемы. Высоцкий умер, а проблемы остались. Ладно. Все равно спасибо. Теперь – тяжелая артиллерия.

Слышал Егор, что певец Аркадий Герзон (звали его за глаза – «барин») иногда помогает в трудную минуту артистам, так скажем, не своего жанра, – и все-таки, когда тот согласился приехать, а потом еще взял и приехал, Егор был потрясен: уж очень разными полянами они гуляли. Воистину не знаешь, кто протянет руку. Егор слушал и восхищался: как же Герзон насобачился разговаривать с этим министерским людом на его суконном языке! В последнем решении съезда партии... не обходить острые проблемы современности... огромный интерес со стороны советской молодежи... мы должны поддерживать... не отворачиваться... Ровная интонация, красивый баритон. Егор вспомнил, как на прошлом худсовете руководитель большого джазового оркестра Иннокентий Тролль (вот уж в ком Егор был уверен – ведь сам небось лет пятнадцать назад получал за свой джаз по голове в этом же кабинете!), вместо того чтобы просто поддержать, вдруг стал укорять Егора за какие-то неправильные гармонические ходы в какой-то песне. Нашел место и время. Ну, министерские тут же за эти ходы и ухватились. Зарубили.

Великая Анна Космачева оставила себя на финал. Режиссура, блин! И сказала очень по-женски и именно то, что было надо в финале – все мы когда-то были молодые и иногда ошибались, а теперь вон какие красивые выросли, и если молодым не помогать, а затыкать рот, то кто же завтра… и давайте все вместе поздравим эту молодую талантливую команду… и будем ждать от них…

Даже странно, что в конце не зазвучали аплодисменты – было бы очень естественно. Как непривычно после голоса Анны Космачевой слышать тишину, подумал Егор. Тишина оказалась длинной. Потом Ходоков, сидевший во главе стола, не поднимая глаз, произнес: «Ну что же, товарищи. Спасибо всем, кто высказал свое отношение. У Министерства культуры свое мнение на этот счет». И аккуратно стряхнул с сукна бумажные катышки – в ладошку.

Двенадцать пятьдесят пять. Все.

9

И иногда я думаю – какой Егор, это же я, я бегу из метро «Библиотека имени Ленина» к остановке автобуса номер шесть, который перевезет меня через Большой Каменный мост к школе, и опаздываю, а автобус уже отходит, а в руке у меня гитара «Марма» производства ГДР в сшитом мною собственноручно чехле из зеленой байки, и она огромная, а бегу я нелепо (всегда так бегал), и гитара страшно мешает, а автобус уже отходит, и я с разбегу бьюсь гитарой – самым дорогим! – о фонарный столб и каменею от ужаса – цела ли? А автобус уже поехал, и вдруг в окне – бледное, поразительное, грустное женское лицо в окладе черных волос, взгляд куда-то в никуда – Светка! Я узнаю об этом через двадцать лет.

– Толик! Как я мог ее тогда увидеть? Ей было тогда четыре года! Почему я запомнил ее лицо?

– Потому что ты совершенно не понимаешь, что такое время. Это понятие вообще придумали люди. Вроде как ты стоишь, а сквозь тебя течет река – Время. Поэтому в нее нельзя войти дважды. На самом деле ровно наоборот: ну, это довольно грубо, но представь, что время – это не река, а озеро, а скорее – океан, а ты плывешь по нему на своей лодочке. Причем гребешь отчаянно – в заданном ритме. И тебе внушили, что лодка должна двигаться только в этом направлении и только с этой скоростью.

— Это значит, что можно плыть назад?

— Поразительно, как вы все об одном! Только назад! А вбок? А под углом? Да куда угодно! Вопрос – зачем?

— Ну, чтобы что-то исправить.

— Исправить можно только в данном движении. Ну, попробуй на лодке сдать назад, а потом проплыть ровно по тому же месту. Это невозможно. Так что успокойся и делай то, что тебе предназначено.

* * *

И снова, и снова говорю тебе – не заводи любовь, не поддавайся ее чарам, ибо будешь гореть в огне ее и сделаешься безумным, и день для тебя станет ночью, и жизнь твоя потеряет смысл, ибо любовь земная – не услада, но битва, и не дано мужчине в ней победить.

* * *

Интересно – при всей влюбчивости Егора и наличии соответствующих переживаний на песнях его это не отражалось никоим образом. Не то чтобы он не писал песен про любовь. Просто они приходили к нему из какого-то другого места и к тому, что творилось с Егором в данный момент, отношения не имели. Нет, он мог, конечно, сесть и написать песню на заказ – скажем, для кино, особенно если сценарий и режиссер ему нравились (впрочем, если не нравились – он не брался). Там сразу было понятно, про что, и оставалось придумать – как. Иногда получалось очень неплохо, и некоторые песни даже становились хитами (хотя песня, звучащая в удачном кино, – уже железная заявка на хит), но они были совсем не похожи на те, что приходили сами, и Егор это чувствовал очень хорошо, хотя, кроме него, похоже, никто не замечал разницы. Иногда песня являлась практически целиком, и надо было просто успеть записать ее, иногда это были четыре строки, но они и составляли сердце песни, и подобрать все остальное было делом нескольких минут. Поэтому, когда какой-нибудь артист рассказывал со сцены историю создания песни («У меня была любимая девушка, и однажды она разбилась на самолете, и тогда я написал песню «Звездочка в небе»…), Егор понимал, что артист безбожно врет. Либо вся эта лабуда являлась предисловием к очень плохой песне.

Егор откуда-то знал, что песни сами решают, когда им приходить и приходить ли вообще, и что пытаться влиять на этот процесс бессмысленно. Музыканты «движков» этого не понимали, и басист Митя обижался, когда принесенная им мелодия (сам он стихов не писал), на его, Митин, взгляд, очень удачная, полгода лежала у Егора без движения. Егор слышал, что некоторые его коллеги, познавшие, как и он, чудо прихода песни, панически боятся, что однажды это прекратится, звуки иссякнут, — и в результате старались писать без остановки. Егор такого страха никогда не испытывал — глупо переживать по поводу того, что от тебя не зависит. К тому же мы не у конвейера и трудовых обязательств на себя не брали, думал он.

* * *

Дикое, безбашенное время сейшенов семидесятых! Лав, пипл! Завтра двигаем в Электросталь, там в ДК Ленина «Рубиновая атака» лабает! Вся система будет! Сбор на перроне в шесть! Пипл, дринкануть зацепите! Маленькие душные зальчики подмосковных Домов культуры и студенческих общаг. Заветные разрезанные пополам почтовые открытки с замысловатой печаткой — тикета. Дружинники с красными повязками на входе, адская, удалая давка в дверях — проверять открыточки бесполезно, все равно все будут внутри, так или иначе. Продавят. По фойе среди невероятных в красоте своей хиппанов и их подруг (хаера, батники, платформы, клеша — ну и что, что самострок?) мечется в агонии директор клуба: он слишком поздно понял, во что вляпался, и теперь судорожно решает — звонить в милицию или подождать, пока сами приедут? Или обойдется? В своем советском кургузом пиджачке и сбившемся набок галстуке он похож на гибнущего космонавта среди марсиан. Ничего не обойдется, товарищ работник культуры, – завтра положите партбилет на стол строгого, но справедливого секретаря обкома. В сортире дым коромыслом, ботл портвейна с мистическим названием «33» на этикетке – по кругу из горла. Сейчас будет праздник! Ну что там, контора не наехала? Сейшен начинают? Айда в зал, у нас там места забиты! По затяжке «Примы» – и айда!

На сцене, под жутким Ильичем с мускулистой шеей и плакатом «Искусство принадлежит народу», – нагромождение усилков, в проводах копается рубиновский технарь. На голос – два «Регента-60», на басу – настоящий «Беаг»! Ништяк аппарат! Фонит – значит, работает. Эй, чуваки, а что это у Рацкевича за усилок? Да это вообще улет, джапановый, родной, у «Машины» взяли! Да вон Макар – видишь, сидит?

Ну вообще улет! А потом технарь наконец отползает, воткнув последнюю спичку в раздолбанное гнездо усилка, и гасят свет, и на сцене загораются два софита – синий и красный, и в этом волшебном ореоле возникает невозможно красивый Баска с бас-гитарой на уровне колен – и!..

Посреди третьей песни вырубают сначала звук, потом по ошибке весь свет, потом загорается люстра в зале. Контора. Ну, облом! Теперь главное – выскочить на улицу и не дать себя повязать. Нас много, их мало, опыт – великое дело. Алло, пипл, на станцию двигать не надо – там ментура! Тут до Москвы бас ходит. Видал – Фагота и Джагера с Гердой повязали! А «Рубинов»? И «Рубинов»! А клево побитловали, да?

* * *

Недавно «движкам» довелось играть на каком-то полузакрытом, как сейчас стали говорить, олигархическом мероприятии. То ли день рождения банка, то ли его создателя. Вообще команда такими мероприятиями не злоупотребляла – гораздо приятней было просто работать концерты для людей, которые собрались вместе послушать именно их, а не по какой-либо другой причине. Поэтому свадьбы исключались вообще, день рождения мог получиться лишь в случае, если именинник – их товарищ или хороший знакомый, и понятно было, что позвали их не для пафоса, а действительно из желания побалдеть и попеть любимые песни вместе с их создателями. В данном случае приглашение поступило через клавишника Дюку, у которого в руководстве банка оказались знакомые, – Дюка вообще за последние пару лет вдруг стал невероятно светским и не пропускал тусовок, которых Егор терпеть не мог и не ходил туда принципиально. К тому же сумма, предложенная за часовое выступление, как бы нивелировала все остальные вопросы.

Лететь пришлось аж в Швейцарию, на горнолыжный курорт, из маленького специального аэропортика во Внукове – Егор и не знал, что тут есть такой. Их оказалось целых два – один напротив другого. Улыбчивые тетеньки-пограничницы и дяденьки-таможенники в момент оформили паспорта, загрузили инструменты – оставалось только растерянно улыбаться в ответ. Салон маленького самолета из фильма про Джеймса Бонда был отделан темным деревом и кремовой замшей, невероятная стюардесса, не говорившая по-русски, носила то блюда с морскими деликатесами, то бутылки с лучшими напитками мира. Приземляться не хотелось.

В горы приехали уже затемно. Посреди горнолыжной деревеньки высился надувной шатер, поигрывая всеми цветами радуги и попыхивая паром в черное ночное небо, – инопланетный корабль, гость из другого мира. Над ним в небе медленно шевелились лучи прожекторов. Вышколенные мальчики и девочки в черных костюмах провели «движков» в приготовленную для них артистическую, которая убранством стола сильно напоминала салон недавно покинутого самолета – не хватало только дерева, замши и модельной стюардессы. До выхода на сцену оставалось еще часа два. Праздничная программа оказалась большой: «Виртуозы Москвы», Вилли Токарев, Эми Уайнхаус, и в финале – «Вечные двигатели». Состав участников говорил о необыкновенной широте вкусов и дремучей толерантности приглашающей стороны. Немного грела мысль, что знаменитая Эми Уайнхаус будет работать на разогреве у «движков». «Смешно», – подумал Егор, совершенно, впрочем, не веселясь. Вот ведь странно – вроде все шло замечательно: и добрались через пол-Европы без приключений и вовремя, и деньги уже получили (за этим директор команды следил строго), и сидели за отличным столом, собираясь заняться любимой работой, а пока отдыхали, вон Борзый пошел курить под звездное небо, пять минут без сигареты не может, бедняга, а вон Дюка и Митя выбирают из сверкающей батареи бутылок какой-то особо древний молт и уже делают Егору глазами знаки — кончай, мол, хандрить, иди сюда, — а никак не получается почувствовать себя в своей тарелке — что такое? Как маленькая противная мошка — влетела в ухо и зудит: то ли вот-вот случится какая-нибудь гадость прямо здесь, сейчас, то ли, наоборот, в Москве прямо сейчас, а то вдруг — «зачем я здесь, что я тут делаю?». Митя называет это «шуга». Наверно, Толик где-то далеко; когда Толик рядом, Егор ни разу ничего подобного не испытывал. Правда — выпить, что ли?

Послушать Эми Уайнхаус «движков» не пустили: в зал выходить было неприлично, к тому же группу готовились подать главным сюрпризом вечера. Попробовали пройти за кулисы, но на пути встали охранники Эми — двухметровые черные мордовороты, и вступать с ними в диалог желания не возникло. Егор поймал себя на том, что не испытал никакого огорчения, и еще подумал, что каких-нибудь лет пять назад ему бы в голову не пришло так позорно смириться и упустить такую возможность, все равно извернулся бы и нашел способ посмотреть концерт — хоть одним глазком. Что с нами со всеми происходит?

Когда «движки» вышли на сцену, веселье было в самом разгаре: почти весь народ — кто мог — уже стоял на нетвердых ногах у сцены, где было специально оставлено пространство для танцев, так что обстановка скорее напоминала сейшен, чем ресторан. «Движки» грянули что-то общеизвестное-развеселое, вспыхнули лучи лазеров, стократно отраженные зеркальными шарами, толпа заколыхалась, заплясала, запела, на заднем плане несколько девушек полезли на столы, никто их не удерживал. Как часто бывало на подобных вечеринах, Егор непроизвольно раздвоился: голос и руки продолжали выполнять давно известную работу, а сознание и глаза переключились на происходящее вокруг. Была в этом состоянии опасность, чересчур увлекшись, вдруг потеряться среди песни – какой куплет пою? – и, скажем, спутать слово, но Егор знал о ней и старался до такого не доводить.

А вокруг творилось интересное: юные девушки-модельки в смелых платьях демонстрировали чудеса пластики, молодые и не очень молодые бизнесмены, сняв пиджаки и потея, топтались вокруг них в опасной близости. Эротика, казалось, повисла в воздухе тяжелым душным облаком – и опять что-то было не так. Егор присмотрелся и вдруг понял, ощутил, что никакой эротики нет и в помине – это была имитация. Однажды, в детстве, Егор уже испытал такое потрясение, когда оказалось, что древнеримские колонны на сцене театра – из папье-маше. Все было очень похоже, и все было ненастоящее: девки уныло и деловито производили в головах какие-то одним им понятные расчеты, мужики вообще думали черт знает о чем. Никто никого не хотел, хотя обоюдный интерес изображался очень достоверно. Происходящее напоминало гигантский спектакль неизвестно для кого. Егор вспомнил, какое общее возбуждение вызывала в семидесятые-восьмидесятые какая-нибудь яркая герла, попавшая в их удалой музыкантский круг. Причем возбуждение явно не умозрительное – иногда невозможно было встать со стула, предварительно не успокоив плоть. Он даже начал сочинять в голове эпический рассказик, который начинался так: «Это было в те давние-давние времена, когда юноши и девушки собирались вместе с одной-единственной тайной, хотя, впрочем, явной мыслью – познакомиться и потрахаться...» – но тут обнаружил, что Митя поет «Зигзаг удачи» – суперхит «движков», которым вот уже много лет заканчивались их выступления.

* * *

Над этими давними-давними временами (как быстро они стали давними!) Егор размышлял много раз, пытаясь понять: это времена так изменились или просто он стал настолько старше? Получалось, что все-таки времена, хотя и второе целиком отбрасывать не стоило. Невероятно: казалось, еще вчера «движки» считались самой молодой командой Москвы, и Егор даже немножко важничал по этому поводу, а сегодня они – в старейшинах, а многих их фанов уже нет на свете, да и мир вокруг совсем другой – где тот воздух, где та страна? Пару лет назад Егор вдруг обнаружил, что совершенно потерял способность общаться с девушками младше двадцати. Какое там общаться – не получалось сказать двух фраз: общие темы исчезли напрочь. Девушки превратились в марсиан, причем произошло это не постепенно, а в один день. При этом девушки одного с Егором возраста (да какие там девушки!) уже давно его не интересовали, а все хорошее, находящееся в возрастном промежутке между первой и второй категориями, оказалось крайне малочисленно и напрочь связано узами – в основном супружескими. Толик, Толик, что со мной происходит?

10

Барабанщик «движков» Борька по прозвищу Борзый являл собой восхитительную и необъяснимую смесь из глубокой музыкальной продвинутости и совершенно дремучего черносотенного православия, вдруг накрывшего его недавно. Как все это в нем мирно уживалось, Егор не понимал. Иногда, выпив, Егор затевал с Борзым богословские беседы, неизменно переходившие в споры. Спорить, впрочем, было бессмысленно, так как Борзый принимал аргументы единственной стороны – православной. Если, скажем, речь заходила о масонах, он выкладывал все, что сказано о них адептами православия (а знал он немало), а когда Егор осторожно говорил, что есть и другая литература на эту тему, Борзый заявлял, что он этих книг не читал и читать не будет, так как все это ложь и бесовство. На этом споры, как правило, заканчивались.

Однажды Егор, не утерпев, рассказал Борзому о своих тайных беседах. Борзый неожиданно встревожился и устроил Егору форменный допрос – как и где происходили беседы, во сне или наяву, как выглядел собеседник. Ибо сказано, пояснил он, что ангел может являться только святым людям. Во всех остальных случаях это бес, прикинувшийся ангелом, стало быть, самое банальное искушение.

– Кем сказано? – изумился Егор.

— Святыми людьми. В их трудах.
— Святыми людьми про святых людей?
— Ну да. И про грешных тоже.

Это было неожиданно и даже как-то обидно. Простому человеку отказывали в праве на чудо. Святым себя Егор никак не считал. Но и на черта Толик похож не был. Егор решил при случае непременно поговорить с ним об этом.

* * *

Случай представился скоро. Толик снова сидел на окне и смотрел на дымный московский закат. Егор некоторое время не мог придумать, с какой стороны завести разговор — не спрашивать же, в самом деле, человека, не черт ли он. Наконец плюнул и задал вопрос напрямую.

— Я — черт? Нет, — Егор видел, что в глазах у Толика пляшут желтые искры, и он из последних сил сохраняет серьезность — вот-вот прыснет. — Я не черт. Это ты — черт!

— Что? — растерялся Егор.

Тут, видя лицо Егора, Толик не выдержал. У него был поразительный смех — люди так легко смеяться не умеют. Егор терпеливо ждал, пока Толик успокоится.

— Ладно, извини. Так ты думаешь, что если есть Создатель, то есть и черт? С рогами и хвостом? С копытами и вилами? Слушай, а тебе никогда не приходило в голову, что люди придумали черта, чтобы было на кого валить свои слабости? «Это не я, это меня лукавый попутал! А так-то я белый и пушистый! Отойди от меня, Сатана!» А он не отходит, да? Решили все свое несовершенство запихнуть в черта? Детский сад! Егорушка, если трезво смотреть на происходящее, то вы сами — черти и есть! А нарисовали-то как! И ноги козлиные, и хвостище, и нос как у еврея! Нет, друг мой, не надейся — нет никакого черта.

И вдруг, неожиданно оборвав веселье и посмотрев Егору прямо в глаза, тихо повторил:

– Нет никакого черта. Кроме вас самих.

* * *

Власть заметила «движков» довольно поздно – они были самые молодые во всей шобле этой волосато-гитарной шпаны. Года с семьдесят третьего начали гнать из Домов культуры, где они репетировали. Года с семьдесят шестого стали вязать на сейшенах – сотрудники ОБХСС с комсомольскими бригадами. Но это тоже было не сильно страшно: ОБХСС – Отдел по борьбе с хищением социалистической собственности, крепкие ребята в плохом штатском, привыкшие ловить директоров заводов, на худой конец, хозяев продуктовых баз и магазинов (там ворочали сотнями тысяч), – разводили руками: одни хипаны сыграли для других, а третьи собрали им деньги – и чего такого украли они у страны? Поэтому практически не били – так, чуть-чуть; держали в КПЗ день-два, вяло и формально допрашивали, зная, что ничего особенного им не расскажут, и в конце концов выпускали. Ну, слали вслед телегу по месту жительства или в институт. Однажды описали и отобрали весь аппарат и инструменты. Это было уже нехорошо. Егор проконсультировался со старшими товарищами и накатал письмо в какие-то заоблачные выси – в Отдел пропаганды ЦК КПСС. Выше были только звезды.

Через десять дней пришел ответ в большом красивом конверте. Егор и директор Виталик приглашались на беседу в Московский горком партии к товарищу Моисееву Ивану Александровичу. Строгий часовой внимательно проверил паспорта. Поднимаясь по широкой лестнице, покрытой красным ковром, Виталик усиленно репетировал самую главную, с его точки зрения, фразу: «А вы докажите, что нам платили!» Егор собирался действовать по обстоятельствам. Один ментовской прокол он помнил – следователь кричал: «Вот вы получаете как старший лаборант восемьдесят рублей в месяц, так? А пиджачок у вас, между прочим, рублей на сто пятьдесят!» (Егор к этому времени уже вылетел из института, числился лаборантом в НИИ. А пиджачок и вправду был хорош – короткий, светло-серый, как у Джона Бонама из «Лед Зеппелин» – у фарцы брал.) «Значит, вы считаете, что в нашей стране на восемьдесят рублей жить невозможно?» – очень спокойно спросил Егор. «У нас – нет!» – отрезал следователь (зарвался, молодой еще). «Тогда странно, что в стране существует такая зарплата», – закончил Егор. Стало тихо, следователь покраснел. Его быстро сменили. Какие же все были нежные!

Егор с Виталиком постучались, с трудом открыли трехметровую дубовую дверь и оказались в длинном пустом кабинете. В самом конце за столом располагался хозяин – Иван Александрович Моисеев. Кстати, кому служил Моисеев, Егор потом так выяснить и не смог: Комитету коммунистической партии или госбезопасности. Моисеев служил Родине.

Их пригласили сесть – не через стол, совсем близко. Молодой, в общем, парень, модно одет, стильные очки, приветливый взгляд. И речь какая-то непартийная – без фрикативного «г». Егор уж было думал, что таких на «ответственную работу» не берут. И потек неторопливо разговор о том, что вот он, Иван Александрович, давно и с интересом, а иногда, что и говорить, с восхищением наблюдает за творчеством «Вечных двигателей». Конечно, дело это у нас молодое, не все готовы к восприятию новых форм, случается непонимание и даже перегибы, но это-то мы исправим, это несложно. Сложности в другом, они глубже.

— А вы докажите про деньги! — не выдержал Виталик.

— Господи, при чем тут деньги! — тонко улыбнулся Иван Александрович. — Мы же с вами не в милиции. Это пусть они доказывают.

Виталик сник — его размазали как муху. Несколько секунд висела нехорошая тишина, Иван Александрович поскрипывал пером.

— Вот, — сказал он, закончив. — Приносим извинения за неправомерные действия сотрудников милиции — надеюсь, ничего не сломали. По этой бумаге вам все вернут. А с вами, Егор, мне очень хотелось бы поговорить по поводу музыки и вообще творчества. И, конечно, не в этом казенном кабинете. Как насчет бара Дома журналистов? Отличное место! А хотите — могу прийти к вам в гости. С хорошим чаем или бутылкой.

Ого!

Вечером того же дня Егор, надев на себя свежее хипповое, маялся у входа в Домжур — без специальной корочки туда не пускали. Мимо, оставляя за собой облачко французского парфюма и калифорнийского дыма, проплывали настоящие журналисты в кожаных пиджаках и темных очках и их невероятные подруги. Иван Александрович появился вовремя, кивнул швейцару, пропихнул Егора в душистую темноту. Усадил за стеклянный столик, принес два коктейля «шампань-коблер». Начался разговор — никакой, обо всем понемногу. Прощупывает. В планы Егора никак не входило становиться сотрудником КГБ — просто было интересно увидеть их человека, говорящего на человеческом русском, с чувством юмора, читавшего книги — вот, оказывается, какие еще бывают! Это, черт возьми, расслабляло.

Речь товарища Моисеева постепенно сводилась к простой идее: имея уже такую аудиторию и, соответственно, неся за нее ответственность (вы ведь осознаете, Егор?), пора бы определиться в позициях. С кем вы, мастера культуры? Если с Галичем и Солженицыным, с Даниэлем и Синявским — что ж, они сильные враги, мы их уважаем за принципиальность, но и бьемся с ними. Так что если вы склоняетесь на их сторону — бога ради, мы даже можем помочь вам уладить формальности с отъездом. А вот если вы патриоты своей Родины и сыновья своей страны, то ваши песни должны помогать ей, вселять в нее веру. Нет-нет, не надо петь Пахмутову и Добронравова — у нас таких артистов много. Вы — другие, вас нельзя чесать под одну гребенку, вы нашли свой индивидуальный музыкальный стиль и свой ни на кого не похожий поэтический язык — и молодежь вам поверила! И пошла за вами! И что мы с вами будем делать?

Егор уныло и спокойно отвечал, что не собирается за границу и в задачу «движков» не входит свержение советской власти. А если эта власть периодически совершает глупость за глупостью и все это видят, то грех закрывать глаза и не петь про это, их как раз за это и любят, и еще очень важно, где все поется и в каком контексте звучит: если, скажем, в театре «Ленком» или на Таганке — то это сатира, а стало быть, можно; а если на сейшене «движков» или «Машины» — то это антисоветчина, и, стало быть, нельзя; и что вражеские «голоса» начинают крутить «движков» всякий раз, когда про них выходит какая-нибудь пакостная статья или их опять повязали, и возникает ощущение, что и газетчики, и менты специально льют воду на вражескую мельницу и готовят им диссидентскую биографию, а они, «движки», просто хотят заниматься любимым делом в своей стране и петь о том, что происходит вокруг. Товарищ Моисеев возразил, что аудитория театра – это четыреста человек рафинированной интеллигенции, которые и так уже всё знают, а к «движкам» ломятся тысячи идеологически неокрепших молодых людей, да еще с магнитофонами. Сильно и несколько фальшиво сокрушался, что он вот сам природный либерал, а начальник у него – Ого-го, и не дай Егору бог с ним когда-нибудь встретиться. Егор предложил товарищу Моисееву не выпихивать команду за границу, а помочь устроиться в какой-нибудь хороший театр – на ту же Таганку, например. Моисеев почесал репу и неожиданно согласился – Егор и не подозревал, что таким образом «движки», превращаясь из подпольных самодеятельных тунеядцев в профессиональных артистов театра, выходят из сферы деятельности и контроля любезного Ивана Александровича и попадают под крыло совсем другого гэбэшного куратора, пасущего этот сектор отечественной культуры.

Прощались уже почти радостно и чуть не хлопая друг друга по плечу. Под конец Иван Александрович предложил в целях общей безопасности заранее сообщать ему, где и когда намечается концерт «движков», а он пробьет информацию по своим каналам и сообщит, стоит там выступать или нет. Это выглядело уже полным бредом: они радостно покивали друг другу, причем обоим было совершенно ясно, что это мечты несбыточные.

* * *

В театр, по примеру «Аракса» и «Машины», «движки» так и не попали – не срослось. Зато довольно скоро оказались в Московской областной филармонии. Егора очень устраивало словосочетание «московская» и «областная» – вроде как и в центре, и с краешку. Название, правда, оказалось чисто условным – никаких привилегий в плане выступлений в столице эта филармония не давала. Но это было уже неважно. До свидания, прокуренные подвалы и жуткие дома культуры, менты и ментовки, протоколы задержания, объяснительные и телеги на работу! Мы настоящие битлы, ясно? Приехал, как обещал, товарищ Моисеев на черной «Волге», очень убедительно изложил мнение горкома партии, из коего следовало, что пора давать дорогу творческим коллективам с активной жизненной позицией, пожелал молодому ансамблю больших творческих побед, вытер пот со лба. «Ох и выпьет он сегодня вечером», – подумал Егор почти беззлобно. В зале поаплодировали, и рок-группа «Вечные двигатели» была принята в Московскую областную филармонию на договорной основе. Ставки на общей волне оформили довольно быстро, причем высшие – десять рублей за выход! Во Дворце спорта – двадцать! Ну ладно, за вычетами – восемнадцать, все равно бешеные деньги! И послезавтра уже на гастроли! С ансамблем танца «Сувенир»! Они, говорят, самые лучшие! Чего не жить-то?

11

Вся гастрольная жизнь состоит из дороги, а половина дороги состоит из перемещения по дороге железной. Нет, бывают еще авиаперелеты, заряженные заботливым «Аэрофлотом» в нечеловеческое время суток, на самом стыке ночи и утра, поэтому ты прилег подремать, собрав чемодан, часа на два-три от силы, ибо кто же сразу ложится в койку после последнего концерта – а посидеть? И вот сквозь регистрацию и по трапу в самолет, практически не раскрывая глаз, и всегда очень пасмурно и холодно, и ветер лезет за воротник, и вот ты наконец сел в кресло и закрыл глаза окончательно, и сон начинает осторожно обнимать тебя мягкими лапами, и тут стюардесса с ненавистью начинает орать в микрофон, что мы рады приветствовать вас на борту – сначала по-русски, потом по-башкирски, потом, как ей кажется, по-английски, и она орет тебе прямо в ухо, и увернуться невозможно, и голову сверлит одна мысль – за что? И вообще Егор не любил самолет – не за то, что он может упасть, а за то, что скорость его перемещения в пространстве как-то непропорциональна нормальной, земной, человеческой скорости. Триста метров в секунду – что это такое? Это было против природы, и Егор смутно чувствовал, что просто так человеку это с рук не сойдет.

Иное дело – поезд. И пусть он даже старый, полутемный, скрипящий, слишком душный или слишком холодный. Он –

земной. И вот все уже в вагоне, и раскидали барахло и инструменты по камерам, и уже решили, в каком купе гуляем, то есть гадим (у директора, конечно, – у кого же еще?), и он уже завалил стол закуской – домашняя баночка с селедкой, еще горячая картошка в фольге, «бородинский» хлеб, огурчики-помидорчики, – правильно комплектует поляну, насобачился, а Дюка еще притащил из дома каких-то невероятных котлет, ему жена навертела, она здорово у него готовит, и Виталик уже приволок стаканы (попробуйте выпросить стаканы у проводника, пока поезд еще стоит, но все в порядке, проводник нас узнал, а потом – на то и Виталик-директор!), и разлить уже можно, но пить еще не пора, поезд не тронулся, это будет неправильно, и все рады друг друга видеть – соскучились, и Дюка, как всегда, пришел с парой новых анекдотов, а Митя где-то скачал последний альбом Планта – он, по-моему, еще и не вышел; и вот поезд вздрогнул и неслышно поплыл от перрона, и – ну, давайте! А потом – почти сразу по второй, за успех, и можно абсолютно расслабиться, потому что в воздухе растворены мир и любовь, и так хорошо будет еще минут сорок, а потом, после пятой, Дюка и Митя, как всегда, затеют спор про музыку, и тут лучше незаметно уйти – спор их неизменно бессмысленный, музыку они любят совершенно разную, а Дюка уже хорош, он в этом состоянии становится надменен, и честный Митя завтра с утра будет дуться, так что праздник окончен, можно идти спать, но сначала – по покачивающемуся коридору со сбитой ковровой дорожкой – в дребезжащий, неожиданно ледяной сортир, а в тамбуре курит барабанщик Борзый с технарями – сколько же он курит, господи, – а ручка сортира мокрая, и на полу набрызгано, и стараешься, проявляя чудеса эквилибристики, наступать где посуше, и нажимаешь заветную педаль, и в черное отверстие, громыхая стыками, рвется ночь. А потом падаешь в пустом пока купе на комковатый матрас, застеленный серой простыней, и снимаешь с себя все-все – еще в школе папа друга-одноклассника Женьки, большой кагэбэшник и рыболов, научил: хочешь восстановиться за несколько часов – сними с себя все-все: одежду, часы, кольца, цепочки, – и накройся простыней. И накрываешься простыней, а сверху – страшным доисторическим одеялом, и оно колет тебя то тут, то там, и маленькая лампочка за головой светит тускло, и читать трудно, а книжка должна быть не очень интересная, иначе не уснешь, а чай стоит рядом с тобой на столике, и он еще почти не остыл, и если его сейчас выпить залпом – ложечка в подстаканнике начнет тихонько звенеть, и вот уже книжка выпадает из рук, и тут надо, не упустив момент и совершая минимум движений, положить ее на столик и быстро выключить свет. Доброй ночи. Завтра великий день – завтра берем Казань!

* * *

Говорят, каждому артисту периодически снится страшный сон: он играет на сцене, и играет божественно, а потом случайно смотрит в зал и видит, что зал почти пустой и последние зрители, пригибаясь, пробираются к выходу. Со снами у Егора все было в порядке – он не жаловался на их отсутствие. В юности, полной битловского помешательства, ему часто снились парни из ливерпульской четверки: то они приходили к Егору в школу и он показывал Полу каморку, где репетируют «движки», и – стесняясь, – свою ужасную гитару отечественного производства, то водил Леннона по улице Горького, а тот хотел купить какие-то иконы, и Егор вел его к своему приятелю, у которого дома была пара икон, но в квартире оказывалась мамаша приятеля, жуткая мегера, ненавидевшая волосатых, и выгоняла Егора с Ленноном на лестницу, где они потом смущенно курили.

Позже, уже когда музыка стала постоянной работой, случались сны и с концертами, но пустых залов не было – наоборот, во сне зал был переполнен, третий звонок прозвенел, и давно надо было начинать, но все время что-то мешало: то не хватало кого-то из ребят, и Егор безуспешно метался по бесчисленным гримеркам и выбегал на улицу, то он вдруг в последний момент не мог найти свою гитару, а тянуть уже больше было нельзя, и ему приносили чужую – дикий, непонятный, ни на что не похожий инструмент, и они начинали играть, а гитара издавала комариный писк, и гриф гнулся под пальцами, как пластилиновый. Егор знал – это навсегда оставшиеся на подсознании шрамы от давних подпольных сейшенов, когда над всеми рок-н-ролльными радостями висели два постоянных страха: «повяжут» и «накроется аппарат», причем второй страх мучил гораздо сильнее – и небезосновательно. И оба эти страха меркли перед ни с чем не сравнимой жаждой достойно отлабать сейшен: выйти на сцену перед забитым под потолок залом, где все свои и все сидят друг на друге и ждут только твоего выхода, выйти подчеркнуто не спеша, зная, что твоя волшебная гитара, висящая чуть ниже, чем надо, и твои невозможные клеша из черного бархата делают тебя божественно красивым, и специально чуть-чуть потянуть последние секунды до взрыва – потому что сейчас Борзый даст отсчет, и «движки» вонзят в этот зал первую долю, как только они умеют, и зал утонет в оргазме. Ну что на свете может быть дороже этого, с чем сравнить это божественное электричество?

Как же взвились, как заверещали продвинутые адепты подполья, когда «движки» каким-то непонятным образом обвели вокруг пальца совок и вырвались из тесноты столовых студенческих общаг и убогих зальчиков Домов культуры в огромные ангары Дворцов спорта и на поля стадионов! «Двигатели» продались!» Кому, за что – выяснять было бесполезно. Егора утешало то, что тех, кто ждал их музыки в этих самых Дворцах спорта, было гораздо, в тысячи раз больше. А потом вдруг пришел Горбачев, и совок лопнул, как грязный мыльный пузырь, и все стало можно, и остальные команды ломанулись во Дворцы спорта и на стадионы, и теперь уже никто ничего такого им вслед не кричал, зато оказалось, что стадионы эти далеко не всем по размеру. Долгожданная свобода, о которой пару лет назад и не мечтали, нежданно предъявила серьезный счет. Оказалось, что пока делаешь то, чего нельзя, уже сам этот факт возводит тебя в герои – пусть маленькие, пусть среди своих. А когда это «нельзя» вдруг становится можно – на первый план выходит вопрос, насколько хорошо ты это делаешь. И тут многое становится на свои места. Недавно Егор встретил одного из былых героев, не выдержавших испытания свободой. Герой сильно постарел, обрюзг. Занимался непонятно чем, подрабатывал случайными уроками. Не виделись лет двадцать, на радостях выпили, потом радость вдруг улетучилась, он долго что-то доказывал Егору с исступленностью неудачника… Он прожил всю жизнь и так ни черта и не понял.

А «движки» летали по стране, которая готова была носить их на руках, херачили по два концерта в день, пили как черти, не спали, кажется, вообще, сочиняли песни и, наверное, были счастливы, да? И аппарат уже давно звучал как надо и не вылетал посреди концерта, и играть, похоже, научились, и новые песни посещали Егора с завидной регулярностью. И день пролетал как мгновение, а год – как день.

Недавно Егора уломали прийти в школу на вечер встречи выпускников. Он не хотел, чувствовал, что ходить туда не надо, но – очень звали, не смог отказать. Пришел и ужаснулся: ну ладно одноклассники, кое-кого еще можно было узнать, но девочки, их девочки-красавицы превратились в толстых стареющих теток! Егор бежал, наврав что-то про работу, и всю дорогу домой с грустью думал, что и ведь с ним наверняка произошла такая же метаморфоза – чудес ведь не бывает, верно? Понятно, что, глядя каждый день на себя в зеркало, перемен не замечаешь, но ведь не до такой же степени? А еще он думал, что уже давно не мечтает о какой-нибудь новой гитаре – у него уже есть все гитары, о которых он мечтал. А еще – что каждое утро, когда он просыпается, у него что-нибудь болит, и это уже привычно и не удивляет, а удивляет, когда вдруг ничего не болит, но это все реже и реже.

Почему ничего не бывает хорошо и долго? Почему все кончается? Куда все уходят?

12

А потом земля тихо вздрогнула, и что-то изменилось в воздухе, и вдруг перестали быть нужными песни – песни, которые полвека заменяли людям молитвы. Их еще писали и пели, и иногда получалось так же хорошо, как вчера, – просто мир перестал вибрировать в ответ. Егор почувствовал это раньше всех, потому что песни перестали к нему приходить – их оставалось только выпиливать, но это как делать детей без любви, и дети от этого рождаются чуть-чуть неполноценными. Дерево, которое «движки» растили столько лет, не дало потомства и продолжало стоять одиноким нелепым памятником самому себе, а равнины вокруг поросли неведомой колючей травой. Нет, их по-прежнему боготворили постаревшие фаны, и народ ломился на концерты, но Егор отлично видел, что они любят не их песни, а себя молодых в их песнях – слишком долго все прожили вместе, дыша одним кислородом. А молодые, наверное, усматривали в их музыке какое-то диковинное прикольное ретро, сами же дышали уже совсем другой смесью, и пространство вокруг них заполнилось совсем другими звуками, приправленными стебом – иногда даже смешным. Егор любил стеб, особенно талантливый, но когда количество его в десятки раз превысило максимально допустимую концентрацию в окружающей среде, стало ясно, что за ним пытаются спрятать отсутствие чего-то очень важного, может быть, самого главного, вдруг исчезнувшего из воздуха. Так шутят на тонущем корабле. Никакой зависти к новым гуру Егор не испытывал, честно пытался поймать вибрации, идущие от их монотонных электрических ритмов, и — не получалось. А за модой «движки» никогда не гонялись, может быть, поэтому пару раз в прошлом опережали ее. «Заигрывая с молодежью, ты заигрываешь со своими могильщиками», — прочитал когда-то Егор у Кундеры и запомнил на всю жизнь.

Шел второй час ночи. Егор рассеянно курил, полулежа на своем многофункциональном диване и кося одним глазом в телевизор, где мелькала очередная лабуда с бесконечной стрельбой. Толик сидел на своем обычном месте — Егор не видел его, но знал, что он там. Только что уехали две старинные веселые подруги Егора — Анька и Ленка, дружба с которыми обострялась в холостые периоды Егоровой жизни. При всей озорной своей простоте подруги обладали невероятным природным тактом и сваливали ровно в тот момент, когда Егор понимал, что хочет остаться один, а на то, что в периоды супружества Егор исчезал с их горизонта, не обижались — или умело делали вид. Забавно — Толик иногда появлялся, когда они втроем выпивали и хулиганили, но никогда на эту тему разговора не заводил, и Егор точно знал, что ни Анька, ни Ленка Толика не видят. Сколько они уже знакомы? Десять лет? Или пятнадцать? Егор подумал, что он пропустил момент, когда время потеряло привычный счет и потихоньку пошло быстрей, а потом и вовсе полетело. Это ведь еще вчера он, не дыша, держал, как ребенка, в руках свою первую настоящую японскую электрогитару, и не мог уснуть всю ночь, и снова открывал красивый футляр и брал ее на руки. Это ведь вчера обезумевшие питерские фаны после концерта

в «Юбилейном» оторвали их автобус от земли и, вопя, протащили несколько метров, а они хохотали внутри, мокрые, молодые и совершенно счастливые. Это вчера, двадцатого августа девяносто первого, они сидели с Костей Кинчевым на баррикаде из покореженных троллейбусов, в темноте, под проливным дождем, и орали песни под расстроенную гитару, и было весело и совсем не страшно. Это вчера, в восемьдесят восьмом, они, чуть не взявшись за руки, шли ночью по теплому асфальту Сансет-бульвара и не верили – неужели это они, «Вечные двигатели», в Штатах и только что отдолбили отличный концерт для американцев, которые, конечно, ни черта не поняли, но с восторгом приняли новых русских братьев по разуму? Когда это было? Сколько дней, сколько лет назад?

– Толик! – Егор знал, что тот его слышит. – Зачем мы живем?

– Я же тебе говорил. Чтобы выполнить свое предназначение.

– Это ничего не объясняет. Правда, зачем?

– Отстань.

– Я не отстану. Зачем?

– Тебе не понравится.

– Зачем?

– Тебе правда не понравится.

– Зачем?

– Ну ладно. Я тебя предупредил. Смотри: у тебя есть шарики – гладкие, красивые, разноцветные – целая коллекция. Зачем эта коллекция и кому она нужна – я правда объяснить тебе не сумею, не нашего ума дело. И вдруг ты замечаешь, что один шарик отсырел, покрылся плесенью, разрушается. Что делать? Спасать, посылать чистильщиков. Плесень – это жизнь, чистильщики – вы. Вы быстро, а главное – гарантированно уничтожаете и плесень, и самих себя.

– Ты шутишь?

Толик не шутил.

Егор вдруг почувствовал, что он отъезжает куда-то, и это не он, а кто-то другой уже по инерции задает Толику вопросы, а он, Егор, просто наблюдает за происходящим.

– А что, нет другого способа… навести порядок?

– Этот самый радикальный. Пробовали смыть водой – не помогает, плесень выживает. Метеоритом – работает, но шарик при этом портится, появляются утраты.

– А, скажем, подвинуть поближе к Солнцу?

– Нельзя вмешиваться в положение шариков в пространстве. Это нарушение условий игры.

Господи, о чем он думает!

– Погоди… А как же тогда «Выполняй свое предназначение»?

– Все правильно. Выполняй свое предназначение. Оно в этом и состоит.

– А зачем тогда ты… со мной?

– Ты катализатор. Помнишь, я тебе говорил? Катализаторы ускоряют процесс. Дрожжи в тесте.

– Да я же всю жизнь кричу о другом!

– А это не имеет никакого значения. Ты что, всерьез думаешь, что результат соответствует поставленной задаче? Крикнул: «Станьте добрее!» – и все стали? Ладно, стали – те, кто услышал. Их тут же грохнули те, кто не слушал. Вы никогда не видите дальше двух ходов. Но важно даже не это. Катализаторы ускоряют брожение масс, и гораздо больше, чем ты думаешь, – любое движение начинается в головах. А любое брожение приближает конечный результат. И вектор тут не имеет значения. Тебе будет трудно это принять, но и Леонардо, и Гитлер, и Пушкин, и Элвис, и Эйнштейн всего лишь катализаторы. Их мало, их надо беречь, это наша задача. Благодаря им ускоряется прогресс, появляются штуки, сильно двигающие ход событий. Например, колесо или электричество. Или ядерная реакция. Или Интернет. Ты думал, прогресс ведет к благу человечества? К благу – только не человечества. К выполнению главной задачи.

Егору показалось, что мир вокруг стал черно-белым. Почему-то было особенно страшно закончить разговор – тем более что Толик, похоже, не рвался его продолжать.

– Что же Пушкин у вас так мало прожил? Не уследили?

– Нет, он просто выполнил свое предназначение. Но вообще мы катализаторами не разбрасываемся.

– Воскрешаете, что ли?

– Перебрасываем на другой участок. Они, правда, об этом не догадываются.

Молчание.

Егор обнаружил, что медленно возвращается в себя. Там было темно и пусто. Мысли рассыпались, не успев связаться в слова. И вдруг – вспышка. Елки-палки! Выходит, Борзый был прав?

– Так вы дьяволы! Вы хотите уничтожить мир!

– Послушай, мы ведь говорим серьезно. Совершенно не имеет значения, как ты будешь нас называть – богами, дьяволами или санинспекторами вселенной. Если тебе больше нравится семантика слова «дьявол» и ты согласен считать своих создателей дьяволами – пожалуйста. Ради бога.

В комнате висела какая-то необычная тишина. И из-за окна не доносилось ни звука – так в Москве не бывает, даже ночью. Только где-то далеко, за стеной, капала вода. Как метроном. Как часы.

– Ну вот. Я же говорил – тебе не понравится.

Егор вздрогнул и обернулся. Толик стоял прямо за его правым плечом. Он оказался выше Егора – почти на голову.

* * *

И был день, и была ночь, и снова день, и снова ночь. Что мы знаем о времени? Егор чувствовал, что он провалился в какой-то колодец, где времени нет вообще, – и он теперь никогда не долетит до дна. И был еще день, и еще ночь. Подоконник оставался пустым, и Егор почему-то знал, что Толик больше не появится. Да и не хотелось его видеть. А потом – днем, ночью? – пришла песня. Слова в ней еще не звучали, но Егор знал, что они есть – надо только дать им проявиться. И он взял гитару. Сколько он не держал ее в руках – неделю, месяц? Или несколько мгновений? Что мы знаем о времени? Что мы знаем вообще? Аккорды не пришлось подбирать – осталось только сложить их один к одному – кирпичик к кирпичику. Егор напевал мелодию снова и снова, и с каждым разом она становилась все более земной, все более человеческой. И наконец проступили первые слова. «Ну вот и слава богу», – сказал Толик. Или показалось?

13

Егор зачем-то посмотрел на часы. Восемнадцать сорок пять. Двадцать шестое мая, восемнадцать сорок пять. А потом обнаружил, что сидит на подоконнике в любимой позе Толика. А потом раскрыл окно и посмотрел вниз. Еще и не начало темнеть. И машин на проспекте было совсем мало – ах да, выходные, все разъехались на дачи. Начался было и почти сразу прекратился редкий крупный дождь – непонятно откуда, из чистого неба. Мостовые потемнели, заблестели, по-другому зашелестели шины по асфальту. Сразу в комнату ударил невероятный, невозможный запах – запах весны и продолжения жизни. Егор вдыхал медленно и осторожно, стараясь не расплескать, не упустить ни капли, ни мгновения этого чуда. Мысли? Не было никаких мыслей. Было чувство необъяснимой благодарности – за все, что нам дано и не дано, за все наше знание и незнание, за все, что было, и то, что еще будет. Он дотянулся до пачки сигарет, закурил и глубоко затянулся. Господи, как хорошо! Несовместимые вещи – запах дождя и молодой, только распустившейся листвы, мокрого асфальта, проезжающих автомобилей и Егоровой сигареты, шум мокрых шин, шорох невидимых деревьев под легким ветром и какая-то легкомысленная, дурная музыка, доносящаяся неизвестно откуда, – все, собираясь под единым куполом, обретало чистоту и мудрость неведомой, ясной гармонии, вечной симфонии жизни. Внизу по тротуару бежала, перепрыгивая через высыхающие лужицы, совсем молодая девчонка в невозможно короткой юбке. Прямо под окном она вдруг резко остановилась и посмотрела вверх.

Егор знал, что она улыбнется.

Послесловие

Егор так и не дождался конца света. Спустя семь лет после последней беседы с Толиком его забили насмерть арматурой бойцы радикального молодежного движения «Новая Россия» – прямо после концерта. Поскольку к этому моменту в стране происходили уже совсем серьезные беспорядки – никто это дело толком и не расследовал. Да не очень-то и хотелось.

Он выполнил свое предназначение.

Март 2011

ЗАПИСКИ ИНОАГЕНТА

Вместо предисловия

Возможно, многие ждут, что, поскольку данным нелепым званием меня наградили в России, то я сейчас и буду за это всячески препарировать и осуждать всё в России и всё из-за России происходящее. Да упаси бог. Во-первых, я там уже два года не был и в обозримом будущем туда не собираюсь. Многих деталей не знаю. Во-вторых, неинтересно. Могу только сказать, что оттуда нехорошо пахнет. Когда одни непрерывно врут, а другие делают вид, что им верят – это всегда нехорошо пахнет. И довольно об этом.

Жизнь на новых берегах – иногда приключение, иногда открытие, иногда испытание. Хотел бы в повествовании держаться этого русла, но не получается: периодически уносит в разные стороны – иногда бог знает куда.

Ну, что ж поделаешь.

1

Кажется, это был рассказ Стивена Кинга. Рассказ о том, что каждый отрезок времени, в котором ты находишься, существует ровно до тех пор, пока в нем находишься ты. Со всеми деталями, запахами, разговорами и птицами над головой. И исчезает без следа, как только ты его покидаешь. Поскольку движение твое во времени и пространстве предопределено, сам ты этого никогда не увидишь. И только если невероятно исхитриться, обмануть заданный ход вещей и непредсказуемо запрыгнуть в прошлое – ты увидишь, как некие существа – хронофаги – буднично и торопливо съедают картинку, которая только что была твоей реальностью, а ты – ее частью, и от маленького куска твоей жизни остается белый лист. Я очень давно читал этот рассказ и может быть половину уже допридумал сам. Может быть это вообще не Стивен Кинг, дело не в этом. Мне тогда сразу понравилась задумка, а сейчас я просто поклонник этой теории. Поэтому чувство ностальгии мне совершенно не присуще. Ну правда – можно тосковать по тому, что где-то есть, просто некие силы не дают тебе туда попасть. Но тосковать по тому, чего больше нет и не будет – по меньшей мере непродуктивно.

А я за последнее время повстречал таких людей немало (хотя всё же меньше, чем ожидал). Они очень рассчитывают на твое сочувствие (хочется индивидуальное усилить социальным резонансом) и затевается трагическая хоровая песня «а помнишь, как было хорошо?» Да помню я, помню. Было. И слава богу. Мне хочется поднять этого человека с дивана, отобрать у него стакан пива и сказать – друг мой! Ничего из того, по чему ты плачешь, там уже нет. Если не веришь – потрать силы, время, деньги, вернись в ту страну за тот самый стол, за которым тебе было так славно с друзьями, и увидишь, что и страна другая, и друзья уже в других местах, а те, что остались, тебя сильно разочаруют, и воздух пахнет иначе, и другие звуки тревожат твой слух. Полегчает тебе?

Я часто наблюдаю, как здесь, в Израиле, десяток прекрасных умнейших людей, сбежавших от российской телевизионной мерзости, от вони пропагандистского вранья, от вселенской трусости и молчания, сидят за столом и под водочку с мазохистским наслаждением обсуждают последние эскапады какого-нибудь Соловьёва или Симоньян. «Нет, ну ты слышал?!» Я не слышал. Потому что не слушал. А вы-то зачем слушали? Вам что, делать нечего, кроме как ковыряться в дерьме? Вы же именно от этого и уехали!

А ведь жизнь не закончилась. И каждый день, каждую минуту она совершенно бесплатно разворачивает перед нами новые картины! Написанные специально для нас! И надо только вынуть из ушей вату (иногда, увы, и из других частей головы), шире раскрыть глаза и оторвать жопу от дивана! Это не так сложно, поверьте!

Я живу в Израиле.

2

Интересно, чем вообще определяется привязанность к месту? Не знаю, как это, скажем, у французов или австралийцев – у русских примерно так: «Это моя земля, в ней лежат мои предки, тут родные берёзы, как упоительны в России вечера…»

Ой ли?

Пойдём с начала.

«Моя земля». Когда, с какого перепугу она стала твоей? Она не была твоей, она не твоя и твоей она не будет. А была она, есть и будет государственная. То есть тех бандитов, которые сегодня находятся у власти (в России крайне редко бывает иначе). То есть нам, конечно, говорили, что она народная, но в чём её народность – так и не объяснили. Что ты говоришь? Ты заплатил за неё деньги? И чо? Надо будет – отберут. Вот народ и отберёт. А юридические нормы пусть идут лесом, как нам недавно объяснили. Если того требует историческая целесообразность. Не знаю, насколько прочно владели помещики своей землёй в царской России. Отобрали в два счёта. Национализировали, блин. Точнее, очередная шайка бандитов всё присвоила себе. Как водится.

Предки. Да, я тоже знаю, где похоронены папа и мама и их родители. На этом как правило знания обрываются. И дальнейшее прошлое – в лучшем случае удел непроверенных преданий. А с учетом ветров, гулявших по бескрайним пространствам России, носило и швыряло людей как и не снилось. Бывало, целые народы переселяли как дважды два. Военных с их семьями засылали бог знает куда. Я постоянно слышу (иногда с удивлением): «Наша семья родом из Хабаровска…», «Мы родились в Ташкенте…», «Моя мама из-под Витебска…». И какая у вас земля – предков? Прям вся?

Сакральность берёзок нарисовалась из полублатной советской эстрады. Запевалой был Есенин – что-то я у Пушкина ни слова ни вздоха по поводу берёзок не помню. И в Европе и в Канаде берёзок полно – и все в точности такие же как у нас, обнимай любую. Не обнимают. У нас, кстати, тоже особо не обнимают – разве что Шукшин в «Калине красной». Ну или пьяный сторож.

По поводу упоительности российских вечеров – я бы пригляделся к семантике слова «упоительный». Если тут таится слово «упоить», «упиться» – то да, понимаю. Бывало. Как же без этого.

Да не злобствую я, правда. Чудесные в России вечера. Бывают. Как и во всех прочих странах. Просто хочется докопаться до истинного положения вещей. По чему же мы скучаем на самом деле?

В первую очередь – по себе молодому. И это понятно: вот ты лёгкий, весёлый, ничего у тебя не болит, и дней впереди немерено, и каждый бесконечно долог, и ты свободен от всякой ответственности – от этого особенно легко, ты просто пока этого не понимаешь, поймёшь, когда эта ответственность придёт, а придёт она уже навсегда, это необратимо, но пока этого груза ещё нет, и родители твои живы, и ты не думаешь о том, что когда-нибудь их не станет, и такое ощущение, что весь окружающий тебя мир пронизан еле слышной, лёгкой и прекрасной музыкой. Увы – скучать по этому состоянию по меньшей мере бессмысленно, оно не вернётся. Помнить – не вредно. Можете считать меня бездушным рационалистом, но я могу скучать по чему-то, с чем я расстался на время. А по тому, что ушло навсегда? Не знаю.

Ребёнок приходит в мир очарованным. Он ещё не столкнулся со злом, подлостью, потерей. С безжалостным течением времени. Скоро начнётся познание мира (да уже началось), а с ним – первые разочарования. Жизнь – последовательная цепочка разочарований. Это неизбежно. Просто надо стараться с этим не спешить. Успеете.

3

Где-то в районе шести утра под окном начинает орать петух. Он орёт очень по-русски, без малейшего ближневосточного акцента. В детстве меня безумно интересовал вопрос: если наша кошка встретит, скажем, английскую – они смогут поговорить без переводчика? Петуху начинают отвечать куры – игриво и зазывно. Это значит – встало солнце и в мошаве началось утро. Весной утро начиналось ещё до восхода – по крыше ходили голуби, топали как свиньи, громогласно ворковали и едко гадили сверху на террасу. Пришлось вызывать специальную службу спасения. Служба (в лице приятного русского парня) установила на крыше металлические ленты с иглами. Я знал, что такие иглы крепят на головы особенно загаженным памятникам и был уверен, что голуби туда не садятся, ибо как на иглу сядешь? Оказывается, ни фига: места для посадки там достаточно, просто тонкие длинные иглы трепещут на ветру и это отпугивает птиц. Открытие.

К завтраку приходят кошки. Кошки в Израиле ведут себя совсем не так как в России – они практически все полудикие и находятся на попечении общественности. От этого они более независимые, чем наши. Ночью они шатаются бог знает где. Если кошка (или кот) лишены права на потомство, они носят отличительный знак – кончик левого уха чуть подрезан. Это, конечно, не добавляет им красоты, зато сразу видно, что к чему. Кошки беззастенчиво орут, сидя на крыльце (их, как правило, трое) и жена выносит им специально закупленный корм в баночке. Ни разу не видел, чтобы они подрались или даже поругались – как-то без слов понимают друг друга и едят по очереди, согласно только им понятной иерархии. Одна из них, самая храбрая, подходит ко мне урчать и ласкаться, но я знаю цену этой любви – стоит за завтраком на секунду отвернуться – и вот она уже всеми четырьмя лапами на столе и еще через секунду уносится с куском чего-нибудь самого хорошего из твоей тарелки. Циничная лживая тварь.

Давайте-ка я вам расскажу о них поподробнее. Вообще-то их пять, но постоянных гостей трое. В целом нет ощущения, что они умирают от голода. Из трёх одна – чёрная с белым пузом – наименее интересна в плане общения, среднестатистическая израильская кошка, рассказать о ней практически нечего. Моя задача упрощается.

Красивая серо-мраморная дама (жена назвала её Алисой) – интереснейшее создание. Она безумно хочет, чтобы мы её удочерили. Не просто кормили каждый день на крыльце (она, кстати, этот недешевый сухой корм не очень-то и ест) – нет, она хочет стать членом семьи, жить в доме, есть со стола, иметь право на наследство. Это её беззастенчивое желание даже обескураживает. Стоит оставить открытой дверь с террасы – и она уже в доме. Ты (я) выгоняешь её с криками и всевозможными унижениями. Никакого впечатления на неё твои эмоции не производят – нет, она выйдет с достоинством, но через две минуты опять будет тереться о твои ноги и мурчать – и я слышу в её мурчании – хозяин, ты чего? Ты же видишь, как я тебя люблю. Так пусти уже меня в дом и за стол. Встречал я в былой жизни подобных девушек, поэтому отношусь к её эмоциям с большим недоверием.

Но моя симпатия – огромный черно-серый кот. Я не смогу описать его окрас – крупные почти черные спирали по гранитно-серому. Длинная пушистая шерсть. Большая голова – по пропорциям он скорее напоминает пуму. Когда мы его увидели впервые – он был бандит. Непобедимый корсар. Умри всё живое. Потом он пропал ненадолго, а когда я его увидел вновь – оторопел: его роскошный хвост был ободран – нет, не до кожи – до кости. Весь. Бока его ввалились, и вообще не было похоже, что он выживет. Кто это сделал – не знаю. Это могли быть и люди, и енот, и дикобраз. Судя по тому, как он до сих пор шарахается от людей, я не исключаю первый вариант. Жена хотела отвезти его к врачу, но поймать его было невозможно.

Ну ладно, вы уже поняли, что он не умер. Он опять пропал недели на три, а когда вернулся – на месте ободранного хвоста был короткий пушистый обрубок. Он отбросил хвост! Вернее, то, что от него осталось. Слушайте, я видел это у ящериц, но кот всё-таки не ящерица. Как можно отбросить нижнюю часть позвоночника?

Сейчас он поправляется, бока постепенно приобретают былую округлость. От людей шарахается по-прежнему, но я надеюсь, что это вопрос времени. Кошки, приходящие жрать, его не сильно уважают, но это тоже вопрос времени (кстати, во избежание конфликтов пришлось им всё-таки выдавать разные мисочки. Суки). Лично я ему очень сочувствую. Хвост!

Еще полтора года назад мы жили в Нетании, на двадцать седьмом этаже высотного дома на самом берегу моря. Вид с балкона был великолепный, но эта красота компенсировалась адскими ветрами, налетавшими весной и осенью. На высоте нашего этажа они набирали такую силу, что приходилось всё расположенное на балконе – стол, стулья, гриль – связывать в единый пучок альпинистским канатом. Пару лет назад совсем рядом с домом упал от ветра башенный кран. Я не видел. Говорят, было очень красиво. Море постоянно шумело – похоже, на таком расстоянии звуки прибоя только усиливаются. Эти звуки не раздражают и не мешают – я слышал, этим белым шумом даже пытаются лечить нервные расстройства. Но ближе к середине ночи, часа в два-три, начинался шабаш мотоциклистов. Не знаю, каким таким байкерским мёдом были намазаны дороги вокруг нашего дома, но байкеры слетались туда как мухи, бешено гоняли кругами, глушители на их рисовых ракетах отсутствовали как класс, и я всерьёз подумывал о приобретении снайперской винтовки. До этого не дошло – родился сын, и мы уехали в деревню.

Мошав – это деревня.

Первое, что меня поразило, когда я вышел на крыльцо нового дома – тишина. Нет, сельская тишина – совсем не тишина в буквальном смысле, она вся соткана из негромких звуков, но все они – уместные и живые. Проехавшая машина – редкое досадное исключение. Шелестит ветер в листве, негромко перекликаются птицы. Ночью слышны песни шакалов, похрюкивают кабаны. Недавно видели прямо рядом с домом сразу двух дикобразов – они настолько были увлечены любовной игрой, что не обращали на нас внимания («И хочется, и колется» – метко охарактеризовала процесс Алла Борисовна).

Картина библейских холмов – зелёно-рыжих, покрытых лесом, до самого горизонта, без единого признака цивилизации — заставляет сесть на террасе в старое кресло-качалку, взять в правую руку стаканчик виски, в левую — хорошую сигару, и глядеть вдаль, тихо покачиваясь и ни о чём не думая. Так я и делаю — сижу, тихо покачиваюсь и ни о чём не думаю.

4

— Шалом. Слиха, ешь лах кама тари даг?
— Можно по-русски! (продавщица, улыбаясь.)
А я нёс в голове эту фразу от дома до магазина, повторяя и боясь расплескать. Попытки выучить язык Книги разбиваются об отсутствие мотивации. В принципе для жизни в Израиле язык, казалось бы, не так уж необходим – примерно треть населения спокойно живёт без него, перебиваясь с русского на английский. Проблемы начинаются при столкновении с почтой, квитанциями, смсками, которые государство присылает тебе на телефон, и тут чувствуешь себя настоящей обезьяной. Дети, учите языки в молодости!

Узнаваемость в Израиле присутствует, правда, не повсеместно – ибо русскоязычные жители покрывают Святую землю неравномерно. Говоря «русские», я имею в виду приехавших из России недавно – или относительно недавно. Среди израильских пионеров, строивших поселения на болотах, тоже было немало русских. И сегодня есть «русские» города, «русские» поселения. Особенно это заметно в «русских» магазинах – там уж от покупателей до кассирш. При этом номинальная его «русскость» скорей всего в том, что у него русскоязычные хозяева, и на полках можно встретить майонез из России и подсолнечное масло из Украины – остальное всё как везде.

Степень пикантности обращения при узнавании везде разная. Самый милый вариант недавно наблюдал в Казахстане. Человек явно не мог вспомнить моего имени, поэтому он бежал за мной и кричал: «Эээээ!» В Одессе – на Привозе, народный вариант: «Мужчина Макаревич! Вы думаете, вы надели чёрные очки, так мы вас не узнаем?» Или интеллигентный, на Дерибасовской, сзади, мягко: «Или я ошибся?» В средней полосе России, как правило – «Простите, пожалуйста!» В Азии и Закавказье – «Брат!» При этом получив разрешение сфотографироваться, твой новый брат непременно положит тебе руку на плечо. Бороться бесполезно, это в крови. Ты же брат! Человеку из Сибири такое в голову не придёт, он будет стоять рядом, мучительно стесняясь.

Интересно, что в разное время суток степень узнаваемости разная. Человек в принципе не готов встретить своего кумира нос в нос – в метро или на улице. Но утром он более не готов, чем вечером. То есть утром он не готов вообще – он не опохмелён, опаздывает на нелюбимую работу, думает о постылом, и тут – на тебе. Он не верит в чудо, поэтому в лучшем случае подумает – как на Макаревича похож. К вечеру он уже заметно веселее, а может и несколько расширил сознание, поэтому чудо допустимо, поэтому – о, Макаревич, бля!

В Израиле меня сначала несколько поразила непосредственность, с которой к тебе подходят, я полагал, что уровень внутренней деликатности тут выше, но потом понял, что дело не в ней. Просто в такой маленькой и национально мотивированной стране все себя чувствуют практически родственниками. А в одной семье как ещё общаться?

Вот что меня действительно поразило – при доброжелательности и вежливости людей на улице – совершенное хамство на дорогах, замешанное, как правило, на очень плохом вождении. Этому феномену я пока не нашёл разгадки – как будто по городу ходят одни люди, а ездят совершенно другие.

Экзамен на водительские права я тут, как и все, сдавал дважды (не знаю ни одного человека, который сдал бы вождение с первого раза). Просто потому, что это ровно в два раза выгодней, платишь не пятьсот шекелей, а два раза по пятьсот. В первый раз я (как и все) петлял по улочкам старого города – скорость 30–40 километров в час, выезд из переулка в переулок, движение по кругу – и так в результате не понял, где совершил ошибку. Второй раз я сел в машину, пристегнулся, проехал десять метров – и инструктор сказал «хорошо, достаточно». На трассы ученики не выезжают.

Кстати. Вроде вчера было, а многие уже не знают. В Советском Союзе собственная машина для среднего гражданина была вещью настолько недостижимой, что и права получать не имело смысла. (Помните чудесный фильм Рязанова «Берегись автомобиля»? В основе сюжета лежит простая мысль – если человек приобрёл автомобиль, значит он жулик. Однозначно.) Несмотря на бессмысленность борьбы за получение прав иметь эти права хотелось страстно – мне в умении управлять автомобилем виделось какое-то почти сакральное знание. Помню, существовали юношеские школы ДОСААФ (не спрашивайте, что это за аббревиатура, я и тогда не знал – вроде ещё из сталинских времён, что-то типа «добровольного содействия армии и флоту», но могу ошибаться). В общем, курсы вождения для юношества. С вождением там, правда было туго – как правило, из-за отсутствия предмета вождения. Уныло изучали правила дорожного движения по картинкам. В лучшем случае в финале было одно практическое занятие на раздолбанном драндулете на пустыре. По окончании торжественно выдавали корочки – юношеские права. Никаких реальных прав эти корочки тебе на самом деле не давали, но авторитетный был документ! Во дворе.

(Внезапное воспоминание: начало девяностых, гастроли, ночь, поезд, мы с проводницей курим в тамбуре, оба слегка выпили. Она жалуется – зарплата никакая, машина у неё говно – «Лада», представляешь? Я думаю – вот бы тебя лет на двадцать назад с твоими запросами! Как же быстро всё меняется!)

Так вот о езде по израильским дорогам (дороги, кстати, отличные, специальное покрытие позволяет воде во время ливня моментально уходить внутрь).

Штрафы за превышение скорости в Израиле весьма ощутимые. Камер достаточно, хотя гаишники отсутствуют как класс. И вот типичная ситуация: трасса, ограничение скорости девяносто. Все едут сто двадцать. Пристраиваюсь в поток и через минуту кто-то упирается в мой задний бампер и начинает бешено моргать – чего тащишься? Естественно, ухожу в крайний правый и вижу, как он утыкается в следующего. Я пытался разгадать причину такого поведения и плюнул – видимо, одна из тайн древнего Сиона.

Повторяю – при этом во всех других ситуациях это доброжелательные, спокойные, никуда не спешащие люди. И они сохраняют безмятежную расслабленность, когда я уже начинаю подпрыгивать на месте, покашливать и смотреть на часы. Израильтяне вообще очень любят поговорить. Если ты встал в очередь в кассу и перед тобой два человека – будь готов, что это на четверть часа. Покупательница не спеша выложит товар, потом засомневается в размере, обсудит это с кассиршей, обговорит, если что, возможность всё вернуть, потом спросит насчёт скидок, потом – почему их нет и когда будут и в результате уйдёт, ничего не купив. Психовать будете вы один – остальные, за и перед вами будут молчаливо ждать очереди на такое же удовольствие. Чудесное еврейское слово – «савланут».

Очень интересно смотреть, как расходится еврейская компания. Вот они все в коридоре, и дверь на лестницу уже открыта, и все попрощались и перецеловались – но нет, не уходят, разговаривают ещё минут десять. Вот почему меня это раздражает? Милая национальная особенность. Никто никуда не опаздывает. Всё понимаю – всё равно стою между ними и мнусь как идиот.

Вообще множество маленьких особенностей, которые надо просто знать и иметь в виду. (Нет, знать мало. Надо привыкнуть.)

Например – товарищ твоего товарища (тебе он не близкий знакомый) узнал, что ты любишь рыбалку, а компании у тебя нет, и вообще ты не знаешь, где тут как и что. И вот он приглашает тебя на рыбалку. Ты совершенно счастлив, но именно в этот день ты не можешь – дела. Ты благодаришь этого человека, объясняешь ситуацию и слёзно просишь не забыть тебя в следующий раз. Он обещает – но больше он не позвонит. Я сталкивался с этим несколько раз и просто принимаю как данность. Объяснения я не нашёл. Сверхделикатность? Нежелание навязываться? Или просто нахер ты ему сдался? Не знаю.

5

У каждого музыканта (художника, поэта, писателя) хоть раз да возникает в голове эта мысль. И если ответа нет, она может поселиться там надолго, и последствия будут тяжёлые. Вот как она звучит:

«ТО, ЧТО ТЫ ДЕЛАЕШЬ, НИКОМУ НЕ НУЖНО».

Мне кажется, потрясение, вызванное этой мыслью, происходит оттого, что изначально твоя картина мира строилась на ошибке – ты считал, что всё, что ты делаешь, чрезвычайно нужно человечеству.

Кто сказал?

И не стоит путать свою нужность с успехом, когда плачущие поклонницы рвут тебя на сувениры и из каждого утюга несётся твоя очередная песня – при скорости вращения современного мира и буйстве технологий мы знаем цену всему этому и не надо себя обманывать – завтра тебя не вспомнят (хорошо ещё, если напоследок не обольют дерьмом) – а ты-то ещё не умер, ты вот он и даже ещё лучше, чем был вчера! (Как тебе кажется.) Есть люди, которые по этой причине панически боятся перестать сочинять – остановишься, и перестанут приходить к тебе песни, и всё. Вот и Юрий Олеша, похоже, был этому подвержен. Осталось произведение «Ни дня без строчки». Очень так себе.

Возможно, у всех по-разному. Возможно, трейнинг необходим. Ну, или не повредит. Но в случае со мной песня или стих сами решают, когда им приходить – через день или через год. И бесполезно подгонять их или хотя бы попытаться эти приходы как-то упорядочить. У меня главная задача – не пропустить момент, когда она пришла – долго стоять у порога она не будет. А ты едешь за рулём по забитой трассе и даже прижаться на пять минут негде. Блин!

Сколько раз я просыпался посреди ночи, разбуженный одной строкой, и понимал, что это готовая песня, и что строка эта настолько проста и хороша, что просто невозможно не вспомнить её утром! А надо было встать, зажечь свет, взять блокнот и записать. И где теперь эта строка, куда улетела эта песня?

Так вот, о нужности. С чего ты решил, что вообще должен быть нужен человечеству? И что был нужен?

А нужен ты себе. И как Джонатан Ливингстон (это такая чайка, если кто помнит) ты пишешь, рисуешь и сочиняешь, совершенствуя своё мастерство – мастерство слышать, когда звуки стучатся в твою дверь. И тогда к концу земного пути твой опыт будет бесценен – а разве не для этого мы рождаемся и живём? А для чего тогда? Мудрейший Миша Генделев знал это очень хорошо – он говорил мне, что стихи пишутся вообще не для людей. Для Неба. Однажды у него случился перерыв в стихописании – длиной в семь лет. Стихи просто не приходили – он и не писал. Не выдавливал, как пасту из тюбика. А потом меньше чем за год написал потрясающий цикл.

Что вы говорите? Хотите почитать? Да пожалуйста. Если вам интересно.

Вам правда интересно?

6

Я скучаю по эпохе легенд.

Да нет, не скучаю, конечно. Я счастлив тем, что жил в эту эпоху и дышал её воздухом с лёгкой примесью волшебства.

В эту эпоху английская королева курила сигареты «Прима», которые изготавливали в СССР специально для неё – они были в красной жестяной коробочке, как «Benson and Hedges», и конечно с фильтром. Она же (видимо, других королев советский народ просто не знал) пила молдавское красное игристое из Криковских подвалов. Молодец, Елизавета!

Скопление дальнобойщиков на трассе у бочки с квасом. Вещает один, остальные слушают, не дыша. Подхожу. Понимаю, что этот избранный недавно гонял трайлер куда-то в Европу – в Польшу или ГДР.

Ну и там как? Выезжаешь на трассу – и знак: «Не меньше ста двадцати километров!» Понял? Десять рядов туда, десять сюда. Ну и давишь, хули делать…

Откуда в советском народе жила такая любовь к мифотворчеству? Понятно, от отсутствия информации. Её случайные обрывки, долетавшие из-за ржавого железного занавеса, вступали в прямое противоречие с унылой белибердой, которой народ пичкали с серых экранов ТВ и страниц газеты

«Правда». Но ведь не только из-за этого! Андрей Синявской очень точно заметил, что пьёт русский народ не с горя, а от извечной потребности в чём-то чудесном, сверхъестественном.

При этом фантазии рождались в головах, непоправимо искалеченных совком и принимали от этого совсем причудливые формы. В начале перестройки директор «Машины времени», человек ушлый и бывалый, умудрился съездить в Париж по приглашению. При том что он был изрядный фантазёр, фантазия его не могла воспарить выше планки, установленной советским представлением о прекрасном. Вот его рассказ.

В Париже есть спецраспределитель для миллионеров. Закрытый совершенно, они туда по особым пропускам ходят. Там шмотьё – самые крутые фирмы, и в три раза дешевле. Ну, меня туда провели. Вот пиджак купил. Обратно летел – в самолёте штатники пристали: откуда такое? Пять штук грина предлагали. Я хотел отдать, а потом подумал – а в чём я ходить буду?

В этом рассказе всё прекрасно. Когда долгие годы потолок мечтаний – спецраспределитель, то какой ещё может быть история? Париж, не Париж...

Недалеко уехал от него и Иосиф Давыдович Кобзон (уж он-то! Вот ему зачем?) Тем не менее это то, что непосредственно он рассказал непосредственно мне. На гастролях. Так что из первых рук.

В общем, выступал он где-то на западе. И после концерта местные менеджеры пригласили его в сауну. И туда же пригласили Битлов – у них тоже где-то концерт был. Ну, они стали рассматривать татуировки на теле Иосифа Давыдовича, сравнивать со своими (чуть я не вякнул, что не было у Битлов никаких татуировок, но прикусил язык). В общем разговорились, подружились. Нормальные такие ребята.

Тут необходимо пояснение. В советское время во дворцах спорта, в которых концерты популярных артистов шли чаще, чем хоккейные матчи, были сауны. Формально они предполагались для спортсменов, но истинным хозяином являлся горком партии. Вот туда и пускали иногда ведущих артистов страны в качестве высшего поощрения. Шли после двух концертов со своим пивом, с водочкой. Флагман партийной эстрады просто не знал, что подобная форма поощрения свойственна исключительно совку, во всём остальном мире артисты сильно бы удивились, получив такое приглашение. Даже Битлы.

Отсюда же сказка Людмилы Зыкиной про то, как пресловутые Битлы услышали её волшебное пение, были потрясены, стали подпевать и даже собирались записать вместе с ней альбом. Не могу понять – всё у неё было: богатство, слава, благоволение правителей и народная любовь. Вот какого рожна ей не хватало? Откуда такие комплексы?

Битлы, разумеется, тайно посещали СССР и давали секретный концерт – для членов ЦК (ну а откуда тогда песня «Back in the USSR»? То-то!). Дальше легенда распадалась на три версии: концерт состоялся в Театре Эстрады, концерт состоялся прямо в Шереметьево, так как Битлы летели на гастроли в Японию и их уговорили задержаться, и концерт состоялся в английском посольстве (тут, правда, с членами ЦК неувязочка, но кого-то наверняка пригласили, а как же). Все три версии имели своих горячих сторонников, прямых свидетелей и счастливчиков, которых знакомые дети членов ЦК взяли с собой. Я уже рассказывал, как один ученик нашей школы (я учился в девятом классе, он в десятом), прослышав, что в Москву инкогнито приехал Джон Леннон, трое суток пролежал в засаде напротив Северного входа в гостиницу «Россия», где Леннон остановился. Он так боялся его пропустить, что не покидал поста, не ел, не пил и, по-моему, не писал. Он вернулся в школу осунувшийся, с синяками под глазами и сказал: видел. Я не мог ему не поверить.

Золотое время! Сегодня мы тонем в море бессмысленной, ненужной информации, сказочная история теперь называется пресным словом «фейк», и чаще всего пролетает этот фейк, так и не затронув наше сознание и уступая место следующему. Ничему мы не верим и в общем ничего не хотим.

Тоска-то какая.

7

Комната у нас с папой была маленькая. То есть формально это была моя спальня, но ещё и папина мастерская. Пока мы жили в коммуналке, мастерской периодически служила то гостиная (громко сказано! Она условно называлась «большая комната». Метров двенадцать, наверно), то общая кухня в часы, когда она относительно освобождалась. Разворачивались на столе чертежи и кальки, клеились макеты павильонов из зелёного картона, приходили разные дядьки, громко спорили, курили. А тут – отдельная квартира! (Нет, сегодня никому не понять, не пытайтесь!) Трёхкомнатная! Размер комнат не имел значения. В общем, наша спальня-мастерская была совсем маленькая. У одной стены, там, где дверь, стоял мой диванчик. Он был раздвижной, но раздвигался не в ширину (ещё чего!), а в длину. У противоположной стены располагался папин кульман (знаете, что такое кульман? Ушло слово в прошлое). Это большая чертёжная доска, по которой вверх-вниз двигается линейка – рейсшина. (Боже мой, у меня такое ощущение, что я рассказываю о приборах семнадцатого века – а ведь это было вчера! Чертежи делались руками, слово «компьютер» ещё никто не знал, кульманы стояли в ряд в проектных институтах и инженерных конторах. Готовые чертежи – на бумаге или на кальке несли в ксероксную, где на огромной шумной и нехорошо пахнущей машине с них печатали грязно-голубые копии – «синьки». Вход в ксероксную был строго ограничен, требовался «допуск», чтобы не дай бог кто-то несознательный не размножил там какую-нибудь антисоветчину. За это сажали.) Свой кульман папа сделал сам – он вообще был удивительно мастеровитым (качество, которое я, увы, не унаследовал). Рейсшина у него передвигалась по доске на двух роликах, которые ехали по натянутой шёлковой нити. Угол наклона доски менялся. Когда папа собирался рисовать, он опускал доску горизонтально и клал на неё либо бумагу, либо цинковый лист, на который накатывал краску. (Есть такая техника – «монотипия», папа её очень любил и постоянно совершенствовал. Если примитивно – на некую поверхность наносится краска, сверху кладётся лист бумаги, на нём рисуют задуманное. Вся красота получается с обратной стороны.) Рисовал папа очень быстро и много. Готовую работу клал на пол (а куда?), несколько секунд смотрел на неё, сощурясь, потом рисовал следующую – за это время предыдущая уже высыхала и можно было класть сверху новую. За вечер получалось около десятка работ. Они лежали в нашей комнатке толстенными пачками, мешая проходу граждан и проезду транспорта. Мама ругалась – а что делать? Получение мастерской требовало времени, знакомств и нечеловеческого упорства, папа всё это ненавидел. Мастерскую он всё-таки получил в самом конце жизни – чёрт знает где, в подвале новостройки на самой окраине, свёз туда работы и – никогда там не рисовал. На следующий день после его смерти в мастерской прорвало трубу, и несколько тысяч (тысяч!) великолепных работ погибли – сестре удалось спасти десятка три. (Такие дела, сказал бы Воннегут.) А рисовал он исключительно женские портреты. Не каких-то конкретных женщин, нет. Хотя портретное сходство ловил моментально и мог рисовать блестящие шаржи. Нет, это были женщины из какого-то другого, горнего мира. Иногда они были немного похожи на маму.

Согласитесь, я прошёл хорошую школу. Так учили в средние века. Сначала – просто быть рядом с Мастером, смотреть, как он работает. Через пару лет начать растирать ему краски. Потом – грунтовать холсты. Потом –…

Если сравнивать написание песни и рисование, то со вторым у меня, конечно, проще. Чтобы настроиться на это дело нужно всего несколько вещей: чтобы ты никуда не спешил и тебя никто не дёргал и чтобы на столе лежали предметы, которые меня лично притягивают: хорошая и разная бумага, маркеры, перья, кисти, карандаши, краски – чем больше и разнообразней, тем лучше. Нет, я не буду хвататься за всё подряд – скорее всего выберу что-то одно, но важно, чтобы было из чего выбирать. Я ещё не знаю, что и как я хочу нарисовать. Сейчас выясним.

На третьем курсе у нас появился новый предмет – живопись. Наш преподаватель Скобелев по кличке, естественно, «генерал», тончайший гиперреалист, пребывавший в опале у советской власти, человек деликатный и застенчивый, на первом занятии сказал очень важную вещь. Главное, сказал он, чтобы вы почувствовали, что класть краску на белый холст необыкновенно приятно. Я поймал это ощущение и стараюсь его не потерять.

В равной степени это относится к линии на бумаге.

Вот голову в этот момент желательно выключить. Иначе школа сыграет с тобой злую шутку – нарисуешь не как хорошо, а как до́лжно. Композиция, основанная на золотом сечении, за годы учёбы вбита вглубь головы, вживлена, как имплант. Всё вроде правильно, и именно от этого тошнит. Поймите меня верно – я не против золотого сечения, это основа учения о красоте, и ему сотни лет. Я просто не люблю, когда ты не вполне в состоянии управлять собой. Я знаю нескольких художников, которые умеют с этим справляться. Они могут рисовать как дети, не подделываясь под детский рисунок (это отвратительно и всегда видно), а просто отключив в голове жёсткие правила школы. Я ими восхищаюсь и немного завидую. Ну, Александр Войцеховский, по-моему, по-другому и не умеет, и рисунки его полны света и лёгкости необыкновенной, и правил для него не существует. А вот Саша Галицкий правила знает в совершенстве, просто может сознательно убрать их – как вазу со стола. А может и включить. Саша Бродский (а, может, Вова Радунский? Оба гении.) предлагал в момент рисования не смотреть на свою правую руку – но это уже уловки.

Детский рисунок часто бывает совершенным – с моей точки зрения. Пока ребенка не отвели в детскую художественную школу и там посредственный неудачник-преподаватель, не любящий ни рисование, ни детей, не объяснил ему, как надо. Всё, назад пути не будет. А у ребёнка еще незамыленный глаз, и видит он лучше взрослых – не так, как это должно выглядеть, а так, как это есть на самом деле, и никакие каноны ему не помеха. «Коленька, что же ты ёлочку фиолетовой нарисовал? Ёлочка зелёная!» А ёлочка может быть и фиолетовая, и синяя, и золотая, и чёрная – это зависит от освещения, надо просто уметь видеть. Дети – умеют. И главный герой на картинке будет в два раза больше остальных – да потому что он главный! Неужели не ясно? Ещё один наш преподаватель говорил – ошибочно думать, что у художника в основном работает рука, и надо поэтому её всё время тренировать. Ах, какая у него техника! Нет, рука, конечно, тоже. Но главное – глаз. А глаз начинает работать, как только ты проснулся – хочешь не хочешь.

Я занимался смешанными техниками, чёрно-белой и цветной графикой, живописью на больших досках. Сейчас не хочется. Небольшого формата бумага, перо, гелиевая ручка, чёрная темпера.

Не так давно возникло желание сделать рукотворную книгу со своими стихами и рисунками. Книгу мне изготовили прекрасную – огромную, в кожаном переплёте, с отличной бумагой. Стихи я туда вписал довольно быстро – долго искал хорошее перо. Для рисунков оставлял чистые страницы. Испортить ни одну было нельзя. Причём было понятно, что предметно иллюстрировать описанное в стихотворении – самое глупое, что может быть. Что рисовать? Я отключил голову. А тут началась война. Я не предполагал, что способен на такие мрачные рисунки (и стихи-то у меня не сильно весёлые, но всё-таки не настолько). Видимо, как ни отключай мыслительный процесс, а некие антенны работают, и ловят вибрации нашего безумного мира.

8

Она от него без ума. Сама возможность быть рядом, дышать с ним одним воздухом, да просто видеть его – высшее и единственное счастье. Она растворяется в нём без остатка, день, проведённый без него, невыносим, бесконечен и чёрно-бел. Как хорошо, что они всё время рядом. Ну, почти всё время. БОльшую его часть. Нет, они не муж и жена. Почему? Бог его знает.

А что он? Он её, пожалуй, любит. Просто он об этом не думает – зачем? Она для него – часть его мира, важная, наверно, часть, но он вообще любит окружающий мир. Вы же любите синее небо? А вы об этом думаете? А ещё он привык к тому, что ему всё время везёт, об этом он тоже не думает, ему кажется, что так и должно быть – нет, ну а как иначе? И вот так у них не месяц, не два – сколько лет? Встречаются.

Кого-то она увидела. А может, и не увидела – просто копилось-копилось и лопнуло. Вдруг. Лопается всегда вдруг. Она и раньше иногда себя на этих мыслях ловила: как-то всё… нечестно, что ли? Нет, неправильное слово – он же её не обманывает. Просто вёсла очень уж разной величины.

И кораблик отошёл от причала.

Он почувствовал это мгновенно. По каким-то настолько тонким вещам, что и слов-то нету их описать. Ничего вроде не случилось. Она ведь никуда от него не делась. Пока. А он почувствовал – его бросают! Как же так? Почему?

А его и правда раньше никто никогда не бросал – сам всегда уходил. Как только возникало желание. Без особых проблем. Господи, да что же это?

Переполошился. Запаниковал. А ему это, знаете, очень не шло. Это никому не идёт. И она с изумлением обнаружила, что он, поверженный, раздавленный, с внезапными запоздалыми ухаживаниями, под которыми просвечивал наспех спрятанный ужас, что теперь он ей не просто безразличен – он ей неприятен. И кораблик прибавил обороты – и скрылся за горизонтом.

Да… Давно это было. Он потом женился, разводился, опять женился. Стал учёным с мировым именем. Нет, лучше писателем. Известным. А с ней они даже виделись пару раз. Сходили в кафе. Так мило.

А как она? Да нормально. Живёт, как все.

Сюжет? Сюжет…

9

Отчаянно яркая полоса жизни в 80-е! (Не такая уж маленькая, между прочим, она продолжалась и в 90-е – просто к этому моменту девушки узнали, что, оказывается, можно за деньги, а именно деньги у них к этому моменту исчезли – их, конечно и раньше не было, просто этому не придавалось такое значение, жила вся страна без денег и ничего. Осознание места денег в картине мира ошеломило девушек, радикально повлияло на их поведение, и это тема для отдельной работы.)

В общем, превратились мы в натуральных идолов в момент выхода на экраны страны фильма «Душа». До этого дня мы уже несколько лет являлись идолами виртуальными – песни наши распевали в электричках, общагах и на лавочках, магнитофонные плёнки разносили наши сильно искаженные перезаписью голоса по огромной стране – а как мы выглядели, никто не знал. Откуда? В газетах наших портретов не печатали, в телевизор не звали, афиш от «Росконцерта» а добивался года три, мне говорили – зачем вам афиши? На вас и так дворец спорта за сутки раскупают! Мне рассказывали, в середине семидесятых французы снимали кино про Высоцкого, и режиссёр придумал – артист выходит из служебного входа «Таганки», и толпа, собравшаяся у касс театра, рвёт его на автографы. Толпа у касс «Таганки» действительно дежурила круглосуточно – в надежде на случайный билетик.

Высоцкий вышел – и ничего не произошло. Его просто не узнали, люди были заняты другим.

Летом 1981 (или 1982?) года в Ялте снимался эпизод фильма «Душа». Эпизод был крохотный, но ушлый Стефанович умудрился продержать всю съёмочную группу на курорте недели две. Это была обычная практика советских времён – непременно включить в сценарий фильма эпизод на Юге или в Прибалтике и снимать его как можно дольше. Если он совсем не вписывался в ткань кинокартины, его можно было потом и вырезать. Творчество, нах.

Мы гуляли по набережной Ялты и из каждого заведения (не вру – из каждого!) неслись звуки наших песен. Местные музыканты копировали их так старательно (это называлось «снять один к одному») что в тех местах, где мы лажали (т. е. играли криво), они копировали и это. Ух, как нам было гордо! Мы заходили внутрь, и никто не знал, что это мы, мы выпивали и шли дальше – до следующей двери.

В общем, кино было снято, песни редактура несколько покалечила, но они всё-таки остались живы, фильм вышел на широкие экраны – и мы проснулись узнаваемо знаменитыми. Покрывала были сорваны.

Битлы рассказывали, что во время их гастролей обезумевшие девушки рвались к ним в отель, проникали через окна ресторана и кухни, лезли по водосточным трубам и шахтам вентиляции. Самое забавное, что если им удавалось добраться до цели, они не имели ни малейшего понятия, что делать дальше.

Девушки советские такое понятие, как правило, имели. Откуда бы?

Мне кажется, феномен поклонения кумиру до конца не изучен. С точки зрения биологии тут всё ясно – самка стремится оказаться как можно ближе к вожаку стаи, вожак стремится оплодотворить как можно большее число самок. Что, и всё? Вот такие мы обезьяны? Нет, там что-то ещё. Один американский журналист, крутившийся с музыкантами в конце семидесятых, написал потом книгу «Секс в СССР». Он полагал, что секс этот пустил в стране советов столь глубокие корни, потому что больше заниматься там было нечем. В самом деле, не в кружки же кройки и шитья ходить.

Девушки делились на три категории. Первая — совершенно сумасшедшие, как правило некрасивые интеллектуальные фанатки. Сексуальный мотив в их поведении отсутствовал напрочь. Они прорывались, чтобы побеседовать о поэзии, экзистенциализме и ботхисатвах. Их совершенно не волновало, жаждем ли этой беседы мы. И меня всегда восхищало, как Кутиков находил в себе силы эти беседы с ними вести. Потом он говорил, что спасал меня. Спасибо, Саня!

Вторая категория (и самая многочисленная) — хорошо знавшая, зачем она здесь и честно стремящаяся к выполнению этих функций. Были эти девушки веселы, добры и часто наши отношения перерастали в многолетнюю дружбу. Такой привет Вудстоку.

Третья категория, будучи уверенной (чаще всего ошибочно) в собственной неотразимости, сразу строила в головах невероятные планы на будущую счастливую совместную жизнь. Поскольку умом эти дамы чаще всего не блистали, схему охмурения они брали из плохого кино или очень плохой литературы. Выглядело это довольно смешно, и прощались с ними быстро. Попадались, правда, иногда такие стратеги в женском обличье, что и слов-то не найти. Но это тема для ещё одной книги. Я уже и название придумал — «Великие стервы».

Интересно — вспоминая сейчас весь этот калейдоскоп, я пытаюсь вытащить на свет какие-то детали, и понимаю, что в памяти не задержалось практически ничего — отдельные яркие и короткие картинки: 214 номер в гостинице города Свердловска, который был оставлен нам на растерзание добрым уехавшим директором программы, и который таки был честно растерзан нами в компании ансамбля танца «Сувенир», милых наших друзей и подруг,

Красный плюшевый диван в моем люксе гостиницы в Кишинёве, на который какая-то дурочка положила, вынув из стакана, невыключенный кипятильник (она, видите ли, коньяк не пьёт!), и этот диван полыхнул, как фейерверк, и пришлось его тушить, а потом, распилив остатки на мелкие части, два дня выносить из номера в мусорных пакетах, чтобы консьержу, который принимал номер (раньше только так из гостиниц и уезжали — спасибо, не обыскивали) и не пришло в голову, что тут стоял диван,

Триумфальный проход Кутикова мимо потерявшей дар речи администрации в шубе из чернобурки в пол с большими вытачками — дама оставила это чудо в гардеробе ресторана отеля и уже поднялась в номер, а шубу надо было как-то забрать. На робкий вопрос, почему он в женском, Саня гордо отрубил — что хочу, то и ношу! Честь дамы была спасена.

Слушайте, мы совсем не спали! Днём мы гуляли по незнакомому городу, ходили на рынок и закупались на вечер, потом ехали во дворец спорта, отстраивали звук, потом играли концерт, потом резались в карты, играли второй концерт, а потом пили и бузили в гостинице до утра. И это было прекрасно. И продолжалось это не месяц, не два — лет двенадцать! Потом Росконцерт сдох, прошла эпоха худсоветов, прослушиваний, директоров программ и развесёлых конферансье. Началась наша самостоятельная жизнь. И она тоже была прекрасна.

Лица, лица, лица…

10

Я полюбил кукурузу в раннем детстве – часа за два до того, как впервые её попробовал (а именно два часа следовало её варить, чтобы она сделалась съедобной. Не знаю, что это был за сорт – видимо, какой-то военный. Несмотря на хрущёвскую вакханалию по повсеместному внедрению «царицы полей» в жизнь советских трудящихся в магазинах кукуруза появлялась редко – как и всё остальное. Папа нарвался на неё случайно). Так вот, я полюбил кукурузу сразу – она была очень красиво сделана. Ровные блестящие ряды зёрнышек прекрасного жёлтого цвета, и всё это завёрнуто в длинные зелёные листья, как в подарочную бумагу, а потом ещё тонкий слой пушистых ниток – для пущей сохранности! Я не мог оторвать от неё глаз. С трепетом ждал, пока она булькала в кастрюле – какова такая красота на вкус? Вкус не подвёл.

В детстве чего я только не собирал. Не скажу, что я был в этом оригинален – коллекционирование чего угодно было повальным детско-юношеским увлечением – куда всё это делось? Я собирал марки, монеты, потом бабочек. Ну, касаемо марок и монет (меня ещё миновали этикетки спичечных коробков), то их тогда не собирали только девчонки, они собирали фантики. А вот откуда взялись бабочки? Меня просто заворожила их красота. Примитивные детские сачки из цветной марли продавались во всех магазинах игрушек, скоро я выяснил, какой сачок должен быть на самом деле, и папа мне его изготовил – я нашёл подробное описание в журнале «Юный натуралист». Вы не поверите – при всей убогости советского быта в магазине с названием «Учколлектор» на Песчаной улице можно было купить длинные чёрные энтомологические булавки (да ещё разной толщины!) и профессиональную расправилку – усыплённая бабочка распиналась на ней в нужной позе да так и засыхала. А в «Детском мире» иногда продавались коробки для коллекции бабочек – со стеклянным верхом и мягким дном, чтобы булавки с насекомыми туда легко входили. Обалдеть! Вообще похоже, тогда это было куда более популярное детское занятие, чем сегодня.

Летом мы уезжали на дачу в Загорянку, и бабочек вокруг порхало множество. Сегодня бОльшую часть в Подмосковье уже не встретишь, а некоторые виды, подозреваю, исчезли навсегда. Я быстро подсадил на собирание бабочек всех моих друзей в возрасте от пяти до восьми лет. Устраивали на закате охоту на бражников (это такие стремительные вечерние бабочки, они пьют нектар ночных цветов не садясь, на лету, как колибри, ловля их – непростое дело), менялись редкими экземплярами. Год за годом коллекция росла – две коробки, четыре, шесть… А потом папа, видя, что увлечение моё не проходит, вдруг привёз из командировки в Африку кучу невероятных тропических бабочек – каждая расправленная, в отдельном целлофановом пакетике. Их там продавали дети на улице, и стоили они совершенные копейки. Все мои юные друзья-коллекционеры сразу оказались далеко позади. Какие там друзья – в московском зоомузее-то Африка была представлена поскромнее! Пришлось делать для этой красоты специальные метровые коробки – картонки из

«Детского мира» уже не годились. Эти четыре коробки-витрины прожили со мной удивительно долго – переезжали из квартиры в квартиру, из дома в дом. И в какой-то момент я почувствовал, что устал от них, от заботы о них – бабочки рассыхались, их приходилось реставрировать, и вообще переезды они переносили плохо. В общем, я взял да и подарил их Градскому – он как раз построил на даче чайный домик, и я посчитал, что они там будут очень хороши на стене. Градский был счастлив.

Где они теперь?

Я вспомнил про бабочек, потому что, строго говоря, занятие моё коллекционированием назвать было нельзя. Коллекционирование подразумевает научный или хотя бы системный подход – я собираю ночных бабочек средней полосы, для полного собрания мне не хватает, скажем, серой совки. А мне не нужна была серая совка – с точки зрения внешнего вида это малоинтересная бабочка, и совершенно меня не волновало, насколько это редкий вид в наших краях. Нет, конечно я листал определители, знал массу названий, но не это было главное. Меня привлекала исключительно красота. Забавно – ноги мои и сейчас рефлекторно рванутся вслед пролетающему махаону. Но я, конечно, сдержусь. Сдержусь ли?

Всё это касается огромного количества самых разнообразных предметов, которые просились в мой дом – и я не мог им отказать. В разное время это были: отпечатки древних рыб и маленьких динозавров в известняке, старые и старинные винные бутылки, копья племени масаи и самурайские мечи, древняя керамика и медная посуда, стеклянные вазы «берцовая кость» и графины для настоек времён Пушкина, шаманские бубны и этнические музыкальные инструменты со всего мира, куклы, сделанные художниками, монастырские ключи и скифские наконечники стрел... что я забыл? Сколько времени ушло на то, чтобы это собрать? А вся жизнь и ушла. Ну, очень большая её часть. Материальная ценность каждого предмета имела сильно второстепенное значение. Хотя приобрести что-то адски дорогое я себе не позволял. И не потому, что я жлоб – просто совершенно не коллекционер в этом смысле. Я коллекционер красоты. Внимание моё периодически переключалось с одной темы на другую – я начинал гоняться, например, за наручными часами «Omega» времён первой-второй мировой войны. Параллельно узнавал о них много интересного, знакомился с часовщиками и антикварами. Постепенно интерес удовлетворялся, я успокаивался, но собранные предметы успевали занять свой угол в доме, они забивали его за собой, как кошка, и выгнать их оттуда не представлялось возможным – да и зачем?

Вообще исследование красоты – интереснейшее занятие. Катана совершенна по форме, хотя этой форме многие сотни лет. И она за эти сотни лет не менялась: к совершенству нечего добавить. По той же причине акула остается неизменной, только счёт идёт уже на сотни миллионов лет. Сотни миллионов. Но это не означает, что красиво только неизменное. Как раз это скорее исключение – много ли на свете совершенного? А эстетика меняется постоянно и весьма кардинально, и каждая эпоха хранит свои идеалы красоты в своих предметах. Как бабочку в янтаре.

Мы можем читать о смене эпох – и научные труды, и мемуары, и романы. Но чтобы ощутить этот разлом истории физически, мне достаточно поставить рядом две бутылки с сохранившимися этикетками (кстати – сама бутылка, как правило, не редкость. Вот бутылка с этикеткой – да). Пусть это будет какая-нибудь черёмуховая наливка серебряного века и водка, произведённая в СССР в двадцатые годы, после отмены сухого закона. Даже без этикеток – первая бутылка в равной степени подойдёт под парфюм, вторая – под керосин. А этикетки! Одна в томных золотых и голубых виньетках и рюшах, медали, изысканные витые надписи. Другая – на страшной серой бумаге, и жутковатым энкавэдэшным шрифтом: «Хлебное вино. 1/20 ведра. Креп. 40 % Цена вина 1 р. 50 коп., бутылки 12 коп. Итого 1 р. 62 коп. Центроспирт». И сразу всё ясно, правда?

Шрифты – отдельная история. Как же они безупречно отражают эпоху! Я не думаю, что художники, их создававшие, ставили себе такую задачу – да ничего и не вышло бы. Эти цветы растут сами. Если ты родился и живёшь в это время, если дышишь его воздухом – ты просто не сможешь провести эту линию иначе, слишком много факторов работают одновременно.

Вот старая американская жестяная табличка. Это объявление: «Запрещено плевать на тротуар! Штраф 50 долларов». Смотрю на шрифт и сразу вижу – двадцатые годы прошлого столетия (параллельно думаю – что это они так строго за чистоту взялись? 50 долларов по тем временам – бешеные деньги! А оказывается, у них была эпидемия туберкулёза. Интересно!) Я разглядываю изгибы и завитушки шрифта ар-нуво, и поражаюсь, как безупречно люди, его выводившие, следуют сложным законам его форм и обводов. И этот же свод законов одновременно повелевает архитектурой, живописью, мебелью, одеждой, музыкой, поэзией и литературой!

Почерк эпохи. И для меня, поверьте, особенности этого почерка не менее важны, чем то, что им написано, их рассказ зачастую бывает интереснее.

Среди множества всех этих штук и штучек я всегда чувствовал себя очень хорошо. Скучаю ли я по ним? Скорее, вспоминаю с теплотой. Вот они по мне, возможно, скучают. Попытаюсь объяснить – они сообщили мне всё, что собирались сообщить. Их рассказы закончились. Нет, конечно, я их по-прежнему люблю. Попробовал перевезти в Израиль несколько самых дорогих мне – и остановился. Во-первых, нет никаких «самых» – они все любимые. Во-вторых, начнёшь и не остановишься, всё перевезти невозможно. Достоверная история – Москва, 1941 год, эвакуация, вокзал, давка. На этот самый вокзал прибывает знаменитый советский композитор (фамилию опустим) с супругой, двенадцатью чемоданами и упакованной антикварной мебелью. Им говорят – уважаем вас, но никак невозможно: эвакуация, людям мест не хватает, по чемоданчику на человека. Что же делать? Ничего не знаем, оставляйте на перроне. Тут же на перроне супруга классика натурально сошла с ума (за супруга не поручусь). Так вот это не про меня. При этом, надо сказать, израильский дом на глазах превращается в подобие московского – он тоже заполняется всякими штуками – другими. Со своими рассказами. И всё-таки благодаря резкому сокращению количества предметов я сделал открытие. Одно время я собирал винтажные тёмные очки «RayBan». Я считаю классический «RayBan» самыми удачными очками, которые придумало человечество – они идут всем без исключения, включая женщин, стариков и детей. С изумлением, кстати, обнаружил, что дужки очков, изготовленных в сороковые-пятидесятые, чуть-чуть не достают до ушей. Я знал, что люди увеличиваются в размерах, но чтоб за такой короткий отрезок времени! (А я и раньше замечал – найти цилиндр или котелок конца девятнадцатого века шестидесятого размера – практически нереальная задача – все маломерки!) Но это к слову.

Итак, в Москве я отобрал из всего множества очков десяток наиболее достойных и с более-менее нормальными дужками. Они лежали в прихожей у зеркала, и я всякий раз с мучительным наслаждением выбирал – какие сегодня выгуливать? В Израиль приехал с одной-единственной парой. В ней и проходил целый год, не испытывая ни малейших неудобств. Потом купил ещё одни. Так они и лежат – оказывается, вторые не нужны. Вот тебе и раз. Проблема выбора отпала сама собой. В Израиле вообще крайне утилитарно подходят к своему внешнему виду. Во-первых, жарко. Во-вторых, вообще не в традиции наряжаться. Пошли с женой в филармонию на концерт классической музыки. Я надел пиджак – Верди всё-таки. Среди полутора тысяч любителей Верди в пиджаке оказался я один. Вообще, это освобождает тебя от массы проблем. Главное – чтоб человек был хороший. Ты хороший человек? Вот надевай майку, шорты и иди.

Это интересно! Все без исключения артисты немножко девочки: никакого сексуального подтекста, просто они должны нравиться – работа такая. Это быстро переходит в автоматизм – ты чаще, чем другие, заглядываешь в зеркало, думаешь постоянно, что надеть и как это сидит, следишь за мелочами. А я ещё со своей любовью к 30–50-м обожал ходить по блошкам, рыться в завалах и часто находил совершенные брильянты из далёкой прошлой жизни. В былой московской клубно-джазовой карусели эти шмотки выглядели совершенно уместно, а меня так просто вдохновляли: человек часто сам не замечает, как его поведение меняется в зависимости от того, что на нём надето – меняется походка, выражение лица, речь, настроение. В Израиле, боюсь, всё это вызовет лёгкое недоумение. Сколько с любовью добытых вещиц остались без работы!

Обожаю наблюдать эстетику времени по предметам быта – холодильникам, радио, мебели, по моде на одежду. А автомобили! Первые – кареты и брички с мотором. Постепенно в формах появляется обтекаемость, стремительность. И какой взлёт и разнообразие фантазии художников в американских машинах конца 50-х – начала 60-х! В те годы они должны были видеться кораблями из светлого будущего, а оно, казалось, так и маячило на горизонте. Страшно иногда хочется какой-нибудь «Кадиллак» или «Шевроле» года эдак пятьдесят девятого – ездить на нем сегодня по Израилю невозможно, парковаться – вообще невозможно, но какое это имеет значение! От этих широченных плоских капотов, от хромированных наворочённых бамперов, от бескрайних кожаных диванов и невероятных крыльев исходит мощная волна наивного оптимизма – всё у нас будет лучше всех! Сегодня, в крайнем случае завтра! Long live rock'n roll!

Завтра была война во Вьетнаме.

Очень забавно наблюдать, как советская власть, поливая дерьмом американских империалистов, при этом по-ученически старательно срисовывала у них всю эстетику быта. Насколько, конечно, позволяло техническое отставание. Копировали форму автомобилей – с опозданием на десять лет. Холодильники, радиоприёмники, часы, телевизоры… Наши любимые в детстве уличные автоматы с газировкой – просто копия американских. С сохранением раскраски. А мы и не знали. Эх…

Ещё вчера (ну, позавчера) автомобили радовали разнообразием форм. Марки были узнаваемы, создатели за это боролись – «Вольво» угадаешь за версту по прямоугольному обрубленному заду, «Мерседес» – по решётке и вертикальным фарам (это называлось «удивлённые глаза»), БМВ – по обводам. Сегодня силуэты всех машин примерно одинаковы – как будто их скопом зализала какая-то вселенская корова. Коля Фоменко меня уверял, что это теперь такие международные требования к аэродинамике. Ой, не знаю. Сумел же «Геленваген» остаться самим собой. На мордах почти всех моделей застыло хищное выражение, так или иначе срисованное со шлема Дарта Вейдера. Это тоже требования аэродинамики? Или совершенно мне непонятная тенденция к унификации? Может быть, мы чего-то не знаем? Или они сами чего-то не видят?

11

А ещё его бесил запах. Запах собственного тела. Мы все чувствуем свой запах и как правило нас самих он не раздражает. Запах был еле уловим, и никто другой его заметить не мог, но он стал другим – он изменился, и он был нехорош. А с обонянием у него всегда дело обстояло отлично и за последние годы это свойство, похоже, только обострилось. Запах приходил ночью и никуда от него было не деться. Душ спасал на полчаса.

Появились и другие новые особенности – например, возросла неуклюжесть, движения стали менее точными и замедлились. Он и раньше-то, надо сказать, не являл из себя эталон изящества. Ему, правда, казалось, что с этими возникшими трудностями он как-то справляется. Если постоянно о них помнить. Ну, просто как будто не торопится никуда человек. Но постоянно помнить не получалось, и конечно ни черта он не справлялся.

Интересно, что все подобные перемены наступали не постепенно, а вполне шагообразно – вчера ещё нет, а сегодня уже есть. Утром у тебя зуб не болел, а сейчас – пожалуйста, болит.

Сон ночами то и дело куда-то уходил, он лежал в темноте и думал о природе человеческих ощущений. Вот, например, «у меня болит» – это что такое? Что такое «болит»? Когда, скажем, чешется, это понятно: хочется почесать. А «болит»? Как объяснить это другими словами? Выходило, что никак, великий и могучий был бессилен. Но если это просто сигнал, идущий от точки на теле в нашу голову, значит, точка – передатчик, а голова – приёмник? А значит, приёмник можно просто выключить? Анальгетики же как-то гасят волну? Или глушат? Он читал про людей, которые научились эту боль отключать без всяких анальгетиков. Где они нашли выключатель?

12

Вязкий, постоянно возвращающийся сон. Всякий раз он, уходя, оставляет ни на что не похожее горькое чувство – оно мимолётное и описанию не поддаётся. Город, похожий на Москву, но место не узнаваемо, отдалённо напоминает бульвар, поднимающийся от Трубной площади к Мясницкой, только самого бульвара нет, просто улица, идущая вверх, старые дома, редкие прохожие. Оттепель посреди зимы – серый день, низкие набухшие облака, иногда моросит еле заметный дождь. Грязные, обглоданные сыростью сугробы, под ногами лужи. Как правило, что-то не в порядке с обувью, или она вообще отсутствует, и я в одних носках. Всегда в этом сне я уже потерял некий важный предмет – или сумку, или телефон, или оставил где-то гитару – в троллейбусе? Из-за всего этого я безнадёжно опоздал, чаще всего на концерт, и вообще непонятно, где я нахожусь. Но самое сильное в этом наваждении – не то, что я сорвал концерт или кого-то подвёл, нет – это запах мокрого полуоттаявшего города – запах сырой одежды, выхлопа машин, смешанного с изморосью, собачьих какашек на сером льду у входа в подворотню, и лёд вокруг них подтаял кружочком, и ещё много чего. Именно этот запах оставляет то самое горькое чувство, исчезающее через пару минут после пробуждения.

Думаете, это такой ностальгический эмигрантский сон? Ребята, я вижу его лет сорок.

13

А вот прямо вдогонку. Сегодняшний.

Обычная моя погода – оттепель посреди зимы, тающие сугробы, лужи, слякоть. Только теперь тёмный вечер. У меня новая квартира. В Москве, на Профсоюзной. Я еду туда, похоже, впервые – по навигатору. Огромный двор за оградой, как у Белого дома. Ничего себе. Ворота, тем не менее, надо открывать вручную. Ладно. Двор старый, непонятной геометрии, ни одного горящего окна, ни одного фонаря. Темно.

Сама квартира как-то выпала из повествования, этот эпизод почти целиком вырезали. Помню, там был Кутиков – заехал посмотреть. Маленькая симпатичная квартирка на первом этаже. Уже обжитая, с мебелью.

Решаю поехать в клуб, там сегодня джем-стейшн. Сажусь в машину, выруливаю на улицу. Машина тоже новая – чёрная, «БМВ», но по виду совершенный «рафик». Через пять минут понимаю, что страшно хочу спать, глаза закрываются, ехать просто опасно. Ну его, вернусь-ка я домой. Разворачиваюсь, опять заезжаю во двор, долго ищу где бы запарковаться. Двор пустой, но странной формы, с уклонами вверх и вниз, неожиданными поворотами, ступеньками. Наконец нахожу отличное место на горке, иду к дому, натыкаюсь на дядьку, он стоит у чёрного электронного щитка на ножке. На щитке мигает красная лампочка – это я не там запарковался, надо переставить. Опять иду к машине, дядька вслед мне кричит, что свободны места 13 и 15. Где это??

Через какое-то время понимаю, что машину найти невозможно – двор состоит из бесконечных пространств, перетекающих одно в другое. Сугробов уже почти нет, под ногами чёрная жидкая и глубокая грязь, ботинки начинают промокать. У мусорных баков стоит картонная коробка, вижу, что в ней большие белые книги. Подхожу, наклоняюсь. «Broken English». Ух ты, какой интересный словарь. Решаю взять два. Они тяжеленные, скользкие, нести неудобно.

За следующим поворотом вдруг освещённое пространство, мангалы, несколько вертелов – жарят баранов, целиком. Пара деревянных столов, сидят какие-то симпатичные люди, всё выглядит очень красиво. Сейчас найду машину, переставлю и вернусь сюда. Спрашиваю – долго работать ещё будете? Говорят, долго.

А машины нет и нет. Временами возникает ощущение, что хожу кругами. Ни огонька, ни души. Наконец вижу приоткрытую дверь, за ней яркий свет. Захожу. Переплётная мастерская, работают два парня. Здороваюсь. Узнают. Рассказываю о своей проблеме. Переглядываются, смеются – здесь в первый раз со всеми такая история. Один предлагает мне помощь. Выходим вдвоём в темноту. Видно, что парень приятный – помочь вызвался, в переплётной работает. Надо бы с ним подружиться. Спрашиваю, знает ли он, что тут недалеко баранов жарят? Да, знает, это прямо тут за углом. Давай, говорю, найдём машину и пойдём барана поедим. Он изумлённо смотрит на меня: «Барана? На ночь?»

Просыпаюсь.

Скажете, я псих?

14

Наконец-то едем с «Машиной» на гастроли. Соскучился – и по ребятам, и по процессу, всё-таки концерт – это несказанное удовольствие. Несколько лет назад началось наваждение – за пару дней до отъезда у меня вдруг возникают все симптомы наступающей простуды – горло болит, голос садится, сейчас ты свалишься и всё концерты полетят к чёртовой матери. Психосоматика чистой воды. От осознания этого, правда, не легче.

Добирался от Тель-Авива до Дортмунда ровно двенадцать часов. Сначала задержали рейс, потом час с лишним ждали багаж... Они всё кивают на ковид – дескать, как тогда всё разладилось, так и не наладили до сих пор. Они ещё много лет будут на него кивать? При том что билеты подорожали втрое.

Наблюдая за «машинистами», лишний раз восхищаюсь способностью российского человека приспособиться к любому возникшему неудобству. Видимо, имеет место мощный генетический опыт. В первый раз, когда выяснилось, что российские кредитные карты в нормальных странах больше не работают, была лёгкая растерянность (американец, думаю, на их месте кричал бы «мы все умрём!») Сейчас от этой растерянности не осталось и следа – каждый нашёл свой способ преодолевать эту трудность. Ничего, оказывается, можно и так. Закалка, блин. Вообще, похоже, всё хорошее, что делалось и было сделано в России, делалось вопреки – так или иначе. Вопреки тупой власти, вопреки убогим возможностям, вопреки всему. И уж если удавалось сломить этот вектор, пробить эту стену, то получалось как надо. Жаль, не всегда и не у всех. Но находить выход из положения – константное состояние российского человека. Жизнь заставила.

Девяностые. Москва, зима, оттепель, слякоть, вечер – всё, как у меня во сне, только на самом деле. Около автомобиля стоит растерянная пара, слышу, что говорят по-английски. У автомобиля спущено колесо. Подхожу. Есть запаска? Они не знают. А домкрат? Они не знают, что это? Они пытаются дозвониться в сервис и не понимают, почему там никто не отвечает. Ребята, я не лучший меняльщик колёс в мире. Я нашел в багажнике и запаску и домкрат и поменял колесо за десять минут. Всё это время иностранцы смотрели на меня с изумлением, которое трудно описать. Они не поверили, что я музыкант – решили, что всё-таки опытный автослесарь. Пытались дать деньги и долго кричали благодарности вслед. На чистом английском.

Ещё. Примерно в те же годы моя знакомая американка, жительница Нью-Йорка, купила новую роскошную машину. Она с гордостью сообщила мне, что в машине стоит суперкачественная музыкальная система. Система тут же была продемонстрирована, звук сильно не соответствовал цене. Я открыл бардачок – там стоял 24-полосный эквалайзер, к которому явно никто не прикасался. Невзирая на истерические крики подруги «Ничего не трогай! Сломаешь!» я сместил несколько ползунков лёгким движением пальца, и музыка зазвучала как надо. Подруга заплакала от изумления – она не подозревала о существовании таких приборов в машине и об их возможностях.

Хорошая жизнь расслабляет, верно?

15

В семь часов у мамы тарахтел будильник. Он тарахтел удивительно противным голосом, отлично помню его до сих пор. Мама вскакивала и начинала бесшумно метаться, собираясь на работу. Она умывалась, одевалась на ходу, (позже – ещё умудрялась параллельно поднять и собрать сестру в школу), что-то глотала не присев и бежала в метро – надо было доехать до станции «Комсомольская», там на Ярославском вокзале успеть вскочить в электричку, которая отходила в 8.20 и доехать до станции «Яуза», где находился Центральный институт туберкулёза. Бежала она потому, что следующая электричка отходила в 8.45, и тогда можно было опоздать на работу. Мама изучала атипичные микобактерии туберкулёза – те, которые не поддаются лечению. Не поддавались. Несмотря на такое ежедневное расписание мама, не прекращая хождения на работу, написала кандидатскую диссертацию и, несмотря на наличие слова «еврейка» в паспорте, защитила её. Защитив кандидатскую диссертацию, она тут же взялась за докторскую. (M.Kanzaasi, M.Scorfulaceum – названия микобактерий, до сих пор помню! Диссертации писались дома вечерами.) Мне тогда всё это казалось единственно возможным нормальным ходом вещей (а с чем было сравнивать?), но сейчас я понимаю, что плотность жизни её была нечеловеческой. Мама защитила докторскую.

Совсем недавно пришлось в Израиле пойти на приём к врачу. Врач вышел навстречу из кабинета, протянул мне руку и торжественно сказал, что знает меня не только благодаря моим песням, но благодаря работам моей мамы. И рассказал удивительную историю.

Лет пять-шесть назад в Израиле начиналась эпидемия туберкулёза, его завезли переселенцы из Марокко. Протокольные антибиотики не работали. И тогда мой новый знакомый (он в числе прочих врачей занимался этой проблемой) нашёл мамины работы в медицинских журналах. Он переводил их с русского на иврит, и во многом благодаря им эпидемия была остановлена. Сегодня все туберкулёзные диспансеры в Израиле закрыты.

Немножко похоже на старое советское кино, да? Или на старое американское. Тридцать пять лет как нет мамы, а вот ведь как сработало.

Наверно, смотрит сейчас с неба и радуется.

16

Очень приятно про себя думать – я с годами не меняюсь! Ни мои взгляды, ни мои ощущения! Это тешит самолюбие: вот я какой цельный!

Меняюсь, конечно. Не во всём – как не любил рыбий жир, так и не люблю. А какие-то оценки очень даже меняются.

Я хожу по Берлину. Просто так, без всякой цели. Здорово, когда гастроли совпадают с приятным временем года. Вот как сейчас – конец сентября. Более комфортную погоду трудно себе представить – ни ветерка, солнце пробивается сквозь прозрачные облачка, двадцать два градуса. Концерт у тебя вечером, весь день ты свободен, и каждые два дня ты в новом городе. Это же кайф! Мы в Германии уже не помню в который раз. Впервые были ещё при советской власти (в ГДР, естественно. В Германской Демократической республике – слыхали? Нет больше такой страны). В третий раз попали в канун разрушения Берлинской стены. Ну и много раз потом. Так вот – в первые разы мне казалось: молодцы немцы, как они чудесно отстроили свои разрушенные войной города! Преодолели! А сейчас хожу и вижу – да нет, маленькие островки заново вылепленных старинных зданий совсем не воссоздают былую средневековую красоту городов, стёртых с лица земли советскими, английскими и американскими бомбами. И не воссоздать это уже никогда. И отлично видно, какую страшную цену заплатили немцы за «Deutshland Uber Alles».

А ещё раньше мне казалось, что всё это было очень давно (хотя как раз по времени было ближе, чем сейчас), а сегодня меня не покидает ощущение, что всё это было вчера. В крайнем случае, позавчера.

Это потому, что давно живу?

17

Давняя-давняя история. Вспоминаю её часто – что-то в ней было больше, чем сама история. Тонкие материи не хотят укладываться в канву вербального повествования. Нам как будто приоткрыли тайную дверку – ненадолго.

В общем, случилось это в конце восьмидесятых. Пришел Горбачёв, и сделалось чудо, и невозможное стало возможным. Рухнули границы, ещё вчера казавшиеся незыблемыми стенами. А теперь, находясь на обыкновенном советском круизном пароходе, ты мог оказаться, скажем, в Италии, Турции или Греции. Конечно, мы не дали себя долго уговаривать. Мы – это музыканты (самые разные), журналисты, прочие артисты, писатели, замордованные совком. Но в основном музыканты. В задачу входило развлекать отдыхающую публику. Система называлась «за будку и корыто» – брали музыкантов бесплатно, селили на всех правах, за это они должны были сыграть пару концертов для пассажиров – за две недели круиза. Нам это казалось подарком небес.

Плывя и развлекая таким образом отдыхающих, мы оказались на острове Родос. Как правило пароход причаливал к берегу нового места рано утром, все желающие сходили на берег, и целый день был твой – смотри только не опоздай к отплытию, оно вечером в восемь. Я не буду углубляться в описание острова Родос – сегодня многие на нём бывали:

маленький очаровательный греческий островок, узенькие мощёные улицы, идущие вверх, вниз, влево и вправо, старинная крепость. Мы гуляли по улочкам, заходили в таверны, пили дивное местное вино о вообще были счастливы. День перевалил за половину, когда я увидел интересное сооружение: каменная лестница шла вдоль крепостной стены вверх и – ничем не кончалась. Она поднималась этажа на два-три и завершалась маленькой открытой площадкой, а никакой двери не было. Если присмотреться, становилось видно, что когда-то невысокая дверца в стене всё же имелась, но её заложили много сотен лет назад и сегодня она была почти не видна. Настоящая Лестница в Небо.

Я не принимал никаких решений – мне их кто-то диктовал. Было совершенно ясно, что надо купить самого простого вина, хлеба, сыра, подняться примерно до середины лестницы и сесть на ступени. И знаете, чтобы объяснить это нашей компании, а было нас человек восемь, не понадобилось ни времени, ни лишних слов. А вино, хлеб и сыр продавались в лавочке прямо напротив.

Ощущение было необыкновенным – люди проплывали внизу и не замечали нас, мы же видели всех и всё, и медленно клонилось к закату солнце, и еле слышно пело свою песню невидимое, но близкое море, и вся картина выглядела настолько мирной и светлой, настолько божественно совершенной, что мы даже не разговаривали, чтобы не нарушить гармонии. Мы чувствовали себя ангелами, которые затеяли спасти мир и у них всё получилось.

Это невероятное чувство.

А потом к нам стали подсаживаться прохожие. Сперва осторожно, вежливо, на расстоянии, но места для соблюдения расстояния оставалось меньше и меньше. Сначала мы делились вином и хлебом, потом заметили, что мы в этом смысле не одни. Я не знаю, сколько прошло времени. Нехотя темнело, внизу зажглись огоньки, потянуло прохладным ветром, я понял, что чудо скоро кончится и можно уходить. Я поднялся на ноги и увидел улицу, уходящую вдаль. По улице шли люди – мужчины, женщины, дети. Они несли с собой жареных баранов, корзины с фруктами, бутыли и меха с вином. Многие пели. Они шли к нам на лестницу, и не было им числа. Я очень хотел сохранить это видение, боялся, что оно рассыплется, поэтому мы тихо, бочком, соскользнули с волшебной лестницы – никто и не заметил – и молча вернулись на корабль. Мы не разговаривали – не о чем было. Да и незачем.

Бывали у меня в жизни случаи, когда Всевышний вдруг посылал такие подарки, но эта Лестница в Небо запомнилась, похоже, навсегда. Однажды даже, находясь на Родосе, совершил попытку это место найти. Не смог. Наверно, не надо. Помню, мы очень хорошо после этого случая жили.

Какое-то время.

18

А ещё вот что он стал замечать – ему стало трудно участвовать в беседе. Не в любой, разумеется, а вот когда человек восемь-десять приятелей разной степени близости сидят за столом, немного выпили и толкуют о том о сём, разговор идёт лёгкий и ни к чему не обязывающий. Он вдруг понял, что ему сложно в нужный момент вставить своё лыко в строку – или кого-то перебьёт (некрасиво!), или пока собирался, тема уже сменилась, река потекла дальше. А главное – раньше такого никогда не бывало, он очень органично находился со всеми на одной волне. Размышлял над этим долго и пришёл к неожиданному выводу – раньше компания уделяла его присутствию больше внимания. Может быть, совсем чуть-чуть, на совершенно неосознанном уровне, но этого было достаточно для перехвата мяча без напряжения. А сейчас он сидел молча, глядя как этим мячиком играют другие и улыбаясь чужим шуткам. Нет-нет, не подумайте, что все его игнорировали – никто ничего и не замечал.

Может, это ему одному казалось?

19

Я хожу по Лондону и опять поражаюсь – сколько раз бывал здесь, а схема его продолжает от меня ускользать, я не ориентируюсь в нём и запросто могу потеряться – с наслаждением. Ни с одним другим городом у меня такого не происходит, архитектурное прошлое помогает быстро раскусить загадку его устройства – будь это сухая прямоугольная геометрия или средневековые концентрические круги с центральной площадью. Лондон устроен совершенно иначе. Улицы его слегка изогнуты – не специально, не нарочито, я не вижу здесь архитектурного замысла. Это что-то изначально живое – посмотрите на лист растения в микроскоп, и вы поймёте, о чём я. Здесь нет одного центра – что считать центром? Королевский дворец? Здание парламента? Трафальгарскую площадь? А может, Гайд Парк? Архитектура Лондона прекрасно разнообразна при строгом сохранении стиля. Хотел назвать её «имперской», но это слово сегодня несёт в себе мощный негативный заряд. Нет, она королевская. Гордая, торжественная, при этом абсолютно соразмерная человеку, в ней нет ничего, тебя унижающего, наоборот, она поднимает тебя до своего уровня. Некоторое огорчение вызывает огромное колесо обозрения (ну зачем?) и древняя электростанция, увековеченная «Пинк Флойд» на обложке альбома – впрочем, она тоже уже часть истории.

Лондон, наверно, единственная мировая столица, в которой напрочь отсутствует наружная реклама – разве что на вишнёвых боках двухэтажных автобусов. И архитектура здесь не искалечена щитами-заплатами, на которых скудно одетые девки с прокладками и электродрелями в руках требуют от тебя срочно всё это купить. А ты не сразу и замечаешь отсутствие этого привычного дурдома, просто ходишь и думаешь – что ж так красиво-то? Ощущение свежего воздуха. Я представляю себе, сколько денег теряют городские власти на этом запрете. Но честь и красота дороже. Снимаю шляпу.

Астрид Кирхгерр писала, что когда «Битлз» приезжали к ним в Гамбург из Англии, «от них пахло дорогой кожей». Очень точное определение. Хожу и вдыхаю этот тонкий, почти неуловимый аромат.

Рассказы про «туманный Альбион» ушли в прошлое – вместе с каминами, которые и были основной причиной этих туманов. Я всегда оказываюсь в Лондоне в прекрасную погоду – может, мне просто везёт? Не знаю. Очень хочу показать этот город жене – она много где путешествовала, а здесь не бывала. Взять и приехать дня на три без всяких дел – походить по улицам и музеям. И снова увидеть этот город – её глазами.

20

Идёт война, и множатся её жертвы – убитые и раненые, разрушенные города и деревни, дороги и мосты. Мы знаем о них либо узнаем – они будут учтены и посчитаны. Есть жертвы, не поддающиеся учёту – это непоставленные спектакли и неснятые фильмы, ненаписанные книги и картины, неосуществлённые проекты и сломанные планы. Этого не сосчитает никто и никогда.

Когда говорят, что Путин всё ближе сползает к Сталину, я думаю, что просто быть Сталиным очень приятно. Тотальное обожание, замешанное на животном страхе. Что вы там говорите – что это отвратительно? А вы пробовали? Хоть мгновенье побыть объектом этого обожания? Нет, конечно, не пробовали – вас ведь никто никогда не боялся. Это вы всю жизнь кого-то боялись, правда? Ну и не рассуждайте о том, что вам неведомо. И вот уже маленький серый человечек, которого когда-то случайной волной вынесло на вершину, ощущает себя божеством. Самое сладкое в этом – полное отсутствие ответственности. Какая у бога может быть ответственность? Перед кем?

21

Конец октября, и в Израиле сказочная погода – днем тепло, но не жарко, вечером чуть прохладно. Это, увы, продлится недолго – наступит зима и станет зябко. Нет, не холодно, упаси бог – зябко. Очень точное слово. Усугубляется это тем, что почти во всех домах каменные полы, и от них тянет могильным холодом. А поскольку в качестве обогревателей используются в основном кондиционеры – воздуха тёплого они вам надуют, а с полом ничего сделать не смогут. Ладно, пусть это будет нашим самым большим несчастьем. К тому же это недолго – не за горами весна, и опять месяца два чудесной погоды.

Летом настанет жара. Я с детства мечтал о путешествиях в тропические страны и к жаре относился лучше, чем к холоду. Я вообще считаю, что если бы бог предназначал человеку жить в северных странах, он бы покрыл его шерстью – что ему стоило? Жара бывает разная, и дело тут, по-моему, не только во влажности. Однажды в Микронезии я посетил подряд два острова, находящихся друг от друга на совсем небольшом расстоянии. Были они примерно одного размера и отличались только тем, что воздух на одном был сухой, а на другом – предельно влажный. Причину этого явления я так и не разгадал. Самая тяжелая, нечеловеческая жара накрывала меня дважды – в Гвинее Бисау и совсем недавно в Дубае. Она была не просто влажная – она придавливала тебя к раскалённой земле, и тень под ногами отсутствовала. Если в Африке вопросов к происходящему не возникало, то в Дубае я не мог понять – точно надо было строить такой навороченный город в этой адской пустыне? Эдакое поселение на Марсе. Жизнь, состоящая из коротких перебежек от кондиционера к кондиционеру, радости, по-моему, не доставляет. А в Израиле (если, конечно, не накрыл хамсин – но как пришел, так и уйдёт) жара в целом переносима. И потом – надо же на что-то жаловаться. Мы без этого не можем.

22

По планете катится волна демонстраций в поддержку бедных палестинцев, на которых напали израильские агрессоры. Нет, демонстрации за Израиль тоже идут, но это неинтересно. Поэтому их показывают значительно реже. Я смотрю на этих молодых людей, которым бесполезно рассказывать о зарезанных женщинах и детях в мирных поселениях, о двух сотнях заложников – с ними вообще бесполезно разговаривать. А ведь это плоды вчерашних игр в «толерантность», когда, умиляясь, Америка и Европа запустила к себе десятки тысяч беженцев и «беженцев», когда принимали их (да и принимают!) в высшие учебные заведения по такой снисходительной программе, что второклашкам было бы стыдно. Расизм отвратителен, но расизм наоборот – не лучше. Вы так понимаете справедливость? Они не будут учиться, ребята. Они уже расправили крылышки. И это только начало.

Один американский парень рассказывал, что его вполне официальная работа состоит в том, чтобы сидеть в офисе у компьютера и ставить лайки открывшимся арабским заведениям. Он включил дурачка, спросил – а новым еврейским заведениям тоже? Нет-нет, сказали, им не надо. А я-то, старый дурак, думал, что лайки ставят не за национальность, а за качество работы. И что искусственное накручивание популярности – преступление.

Когда вы уже наиграетесь? Видимо, когда начнут резать ваших детей?

А про Украину как-то все подзабыли. Ну, во-первых, ничего нового там не происходит. Ну, ещё пару домов разбомбили – скучно. Во-вторых, мировое общественное внимание вообще находится на уровне развития трёхлетнего ребёнка – ребёнок не может смотреть на лошадку с одинаковым интересом дольше пяти минут, давай теперь слоника. Сколько в сети держится новость? (Какая – совершенно не важно.) Вот Путин-то не нарадуется.

В Израиле потрясающий настрой. При всей трагедии, при огромном количестве погибших никто не причитает и не рвёт на себе волосы. Никто отсюда не бежит – едут сюда со всего мира, самолёты не справляются. Каждый в меру своих сил делает что-то реальное для победы. Готовят еду для солдат, покупают им предметы первой необходимости, сдают кровь, и очереди по три часа, жена с «Глоком» за поясом ходит в ночной патруль у въезда в деревню. Я делаю всякие стримы – надеюсь, песня работает лучше слов. Я впервые нахожусь в такой атмосфере и это очень круто. Наверно, было что-то похожее в Москве в сорок первом. И окопы рыли, и на крышах дежурили, и работали в две смены. Правда, и бежали тоже. И паника была. И отец народов куда-то сдристнул на несколько дней. Так что не всё так однозначно.

23

Во сне – снова концерт. Торжественный, сборный. Огромный зал – то ли «Смолярд», то ли Дворец съездов. Я стою за кулисами, передо мной выступает вокальное трио Алла Йошпе – Ирина Понаровская – Максим Леонидов (уже круто). Они по очереди поют какие-то умеренно-антивоенные лирические куплеты и вместе подхватывают припев: «Тихо льётся от нас музыкальный романс…»

Я во сне даже вздрогнул от красоты.

А помните (без всякой связи) в конце девяностых вдруг стали популярны мужские дуэты? Два здоровенных сверх меры накачанных мужика синхронно, как им казалось, скакали на сцене и что-то пели в унисон. Скакали они средне, пели скверно (хотя фонограмма, без которой это действо не обходилось, могла быть и поинтереснее). Несмотря на это они были в определённой степени популярны, что вводило меня в замешательство – я не испытывал ничего, кроме чувства неловкости за них.

Куда чего подевалось?

24

Мир рассыпался в прах, утекал сквозь пальцы. Мир, который, как ему казалось, всегда стоял на нескольких незыблемых опорах. И вот они закачались, сделались прозрачными. Одна из этих опор называлась «правда всегда победит». Он даже не помнил, чтобы ему в детстве это как-то объясняли или вкладывали в голову – просто было совершенно ясно: врать непродуктивно, потому что правда всё равно вылезет наружу. И сразу победит. Лев Толстой, детские рассказы. И вообще – не лжесвидетельствуй.

Мир маленький, но всё-таки очень большой. Всё, происходящее в нём, происходит медленно и неотвратимо, поэтому если ты видишь, как на его опорах проступают метастазы – пить Боржоми уже поздно, дело вошло в крайнюю стадию. Он не заметил, в какой момент слово «правда» обесценилось, утратило смысл. Его заменило бездушное слово «информация». А дальше – её трактовка, подача и кто громче кричит. Сегодня межгосударственный диалог выглядит примерно так:

– Вы на нас напали!

– Ага, как же. Это вы на нас напали!

– Но есть же съёмки со спутников!

– Ха! Хорошие съёмки. Сами рисовали?

– Посмотрите – разрушенные здания, убитые люди!

— Ну всё правильно. Вы напали и получили достойный отпор. Это акт возмездия!

Он отлично помнил, как его покоробило, когда в «Бесславных ублюдках» всё верховное командование Рейха, включая Гитлера, было расстреляно в парижском кинотеатре. Ну не было такого! А кино чудесное, популярное, и он вполне допускал, что уже через несколько лет это может стать частью истории, заменит учебники в школе. А потом Тарантино снял «Однажды в Голливуде», где доблестные артисты вдруг перебили всю банду Мэнсона, и оказалось, что это у него такой новый творческий метод. Какая разница, было или не было? Это искусство. Привыкайте.

Вы ведь знаете, что, например, Холокоста не было? Ну, это всем известно. Евреи сочинили. А завтра расскажут, что и Гитлера не было – это фейк. Да вы посмотрите на него – это же карикатура! Кукрыниксы придумали. И найдутся те, кто в это поверит. И их будет много – идиотов всегда хватало, а нынче урожай просто небывалый.

Новая игрушка человечества – Искусственный Интеллект – любви и интереса не вызвала. Вызвала разве что настороженность. И товарищ его, профессор, работавший с этим самым интеллектом в Америке, настороженность эту только усилил. Он рассказал интереснейшую вещь – он ставил такой эксперимент: просил ИИ подготовить, например, материал по художникам Возрождения. Когда материал был готов, он сообщал этому ИИ: всё прекрасно, только вот художника Леонардо Да Винчи на свете никогда не было. Как так, изумлялся ИИ – был! Да нет, не было, настаивал профессор. И происходило поразительное – ИИ выдавал новый материал, где о Леонардо вообще не возникало упоминаний. Понимаете? То есть ему всё равно – был, не был. Он искусственный. Выходит, на самом деле ИИ – никакой не интеллект, а хорошее поисковое устройство, готовое вдобавок угождать хозяину. Ибо интеллект, лишённый воли и базовых принципов – не интеллект. Нечто другое. И вот интересно – он теперь всем будет выдавать новую историю искусств без Леонардо, или оставит это только для профессора, чтобы тот не расстраивался?

А ещё он думал, что верить теперь можно только старым книгам. И то до следующего переиздания – улучшенного и дополненного.

А вчера профессор рассказал последние новости – у них в Америке попытались привить Искусственному Интеллекту основы толерантности и политкорректности (не, ну а как?). В целом удалось, но совершенно неожиданно ИИ сильно сдулся в математических способностях. В частности, перестал различать простые числа.

Странно, правда?

Лучшие умы бьются над этой загадкой.

25

Мы на пороге интеллектуальной катастрофы.

Когда я говорю «интеллектуальная катастрофа», я вот что имею в виду. На протяжении предыдущих тысячелетий человечество было куда менее образовано. Статистически. То есть более 90 процентов людей были неграмотны (думаю, сильно более). Растили пшеницу и коров, охотились на зверя, проводили жизнь в заботах о хлебе насущном. Зато на верхушке зачастую оказывались блестяще образованные люди (хочется добавить – по тем временам, но можем ли мы судить о тех временах? Чего эти люди не знали – информатики? Теории ядра? И что? Да, медицина была сильно другой – но была. География – не берусь сравнивать, в России сегодня полстраны считает, что Земля плоская. Зато философия, математика, почти всегда языки – наши современники отдохнут). И вот эти люди делали искусство, историю, вершили судьбы стран и народов. Да, по-разному бывало. Люди могут ошибаться. Они же люди.

Сегодня всё сильно подравнялось. Грамотных стало куда больше. Грамотные – это те, кто выучил буквы и может складывать из них слова. Вот дальше хуже – это умение ещё не определяет слово «интеллект». Они бы, может, и подтянулись, но тут появились кнопочки. Кнопочки, выдающие тебе ответ на любой вопрос. Часто неверный, но кто ж это знает?

И зачем вообще что-то знать, помнить и понимать, когда вот они – кнопочки! И вот сто тысяч мудаков выходит на демонстрацию, не зная, за что они на самом деле вышли и не понимая, что происходит на самом деле, а сто мудаков наверху вынуждены им кивать – иначе их ведь завтра не выберут! Да, боюсь, наверху с интеллектом сегодня тоже проблемы – иногда слушаешь пламенную речь какого-нибудь парламентария и думаешь – где ж тебя нашли-то такого?

Сегодня мы имеем громогласное большинство идиотов, обладающих всеми возможными правами и рупорами в социальных сетях. Все грамотные, заметьте. Но главное – с такой скоростью жмут на кнопочки! Когда выучились?

Это раз.

Два.

Представьте себе, что вы едете за рулём и сбиваете человека. Вы физически ощущаете удар, этот звук будет преследовать вас долгие годы. Это тяжёлый психический опыт, поверьте.

Когда вы разрубаете саблей противника, вы чувствуете, как железо проходит через живую плоть, слышите предсмертный крик. Это очень сильное ощущение.

Теперь представьте, что вы производите выстрел. Ваши физические ощущения от выстрела не зависят от того, целились вы в банку или в антилопу, во врага или в прохожего, попали или нет. Ну бабах.

А теперь представьте, что вы, сидя в удобном кресле, наводите на цель ракету или дрон на экране монитора. Это ведь уже практически компьютерная игра, верно? Только что весёленькая музычка не играет при попадании в цель. Или уже играет?

Понимаете, к чему я?

26

У нас тут война.

Когда я был маленький, мы, конечно, играли во дворе исключительно в войну. Представление о войне складывалось из советских фильмов тех лет (а из чего ещё?): сначала на тревожном небе загорались цифры «1941», потом что-то взрывалось во весь кадр, командир в каске кричал в трубку, но слов не было слышно, бежала на камеру пехота, шли танки. Соответственно, игры наши дорисовывали именно такую картину. Потом ты вырастаешь (дай бог в мирное время), о войне не думаешь, но картинка эта надёжно хранится в твоём подсознании. И в нужное время, по сигналу слова «война», выскакивает наружу.

У меня долго не выскакивала – по счастью, жили мирно. Был Афганистан, потом Чечня, но всё это происходило далеко, в каком-то дальнем кинотеатре, и детская картинка, видимо, сохранялась неиспользованной.

И вот сейчас это прямо у нас, и совсем рядом – у нас всё рядом. Звонят друзья из Москвы, из других стран, волнуются – как у вас там? И я понимаю, что у них в головах такая же детская картинка – взрывы, танки, дымы и посередине я с гитарой и ребёнком на руках. На самом деле эта картинка – с линии фронта, причём в момент самых активных боевых действий. Не берусь с точностью сказать, сколько до этой линии от нашего дома, но полагаю, чуть меньше ста километров. Звуки боя до нас не долетают. Ракеты иногда долетают – с начала войны прилетело две с интервалом в неделю, обе упали на безлюдное пространство где-то в километре от дома (бабахнуло хорошо) и что удивительно – оба раза в одну точку. Я бы подумал, что они там что-то выцеливают, если бы не знал, что эти орлы вообще не целятся – нечем. Удивился – где «Железный купол», почему не спасает? Оказывается, когда понятно, что ракета падает на пустое место или в море – они ее не сбивают, берегут заряды. Дорогое удовольствие. Но вот это двойное попадание в один и тот же пятачок сильно поколебало мои представления о теории вероятности.

В остальном жизнь внешне не отличается от мирной. Хотя отличия конечно есть. Все немного на взводе. Все (без преувеличения) ежедневно (без преувеличения) участвуют во всякого рода благотворительных акциях и сборах средств для поддержки армии либо сами такие акции придумывают и организовывают. Всё это без всяких директив, исходящих от власти – российский человек себе такое представить не может в принципе. Солдатам не дают стоять в очередях, покупают им еду за свои деньги (ещё и ссорятся между собой – все хотят заплатить), пускают в дома помыться, рестораны организуют бесплатную доставку еды – вообще, надо оказаться внутри этого, чтобы почувствовать, как это прекрасно.

Ну, и ещё надо чувствовать, учитывая еврейскую особенность всё воспринимать через призму юмора – где и над чем по-прежнему можно смеяться, где – лучше повременить.

До победы.

27

Попробую на время отвлечь себя от военной темы. Я в Израиле уже почти два года. И, пожалуй, только начинаю понимать истинные основы израильской жизни. Я бы назвал это «медленным преодолением». Медленным настолько, что это где-то срастается с вековой средиземноморской расслабленностью – диалектика! При этом израильтяне нежно и трепетно любят свою страну, и всякий прибывший сюда менее двадцати лет назад и осмелившийся на что-то громко пожаловаться, неизменно и жестко получает по губам – не заслужил ещё права! Если хочешь что-то изменить, сказал мне мой товарищ Илья Аксельрод – смирись. Сиди и люби.

А преодолевать есть что. Летом, например, слишком жарко. Осенью и весной случаются хамсины. Знаете, что такое хамсин? Грубо говоря, это огромная масса воздуха, пришедшая из пустыни. Хамсин может принести на два-три дня адскую жару, а может пылевую бурю, а может и ураган. Но это всё природные явления, с которыми ничего не поделать: хочешь тут жить – привыкай. С остальными объектами преодоления сложнее.

Я уже научился отвечать себе на некоторые вопросы. Например: почему у вас всё так дорого при том, что уровень жизни этим ценам, скажем, не совсем соответствует? Почему такие дорогие машины, квартиры, продукты? Потому. Ки каха. Понятно?

С другим непонятно. Почему некоторые службы работают плохо и медленно? Мелкий домашний ремонт – отдельная песня. Вот у вас потёк кран. И если у вас нет «своего» сантехника (тоже не панацея), происходит следующее: вы, наконец, находите мастера – он приедет через три дня, до этого он занят (а тот, которому вы дозвонились до того, так далеко не поедет, а два предыдущих вообще не отвечают). И вот вы ждёте его в назначенный день и час, отменив все свои дела, но он не приезжает – у него сломалась машина. К послезавтра машину обещали сделать (что тоже не факт), но это пятница, короткий день, в два надо закончить, он не успеет. Потом шаббат. Ну ладно, а потом? А потом праздник. Какой?! Ну, скажем, Суккот. Сколько? Неделю. Но потом обязательно. Скорее всего. Бли недер. То есть, без лишних обязательств.

Нет, в конце концов через месяц он приедет и сменит прокладку (что совершенно не означает «починит») и вы заплатите за визит немыслимые деньги. Вот к этому привыкнуть очень трудно. Отвыкнуть – элементарно, а привыкнуть трудно. И я не могу понять, как при этом за каких-то семьдесят лет на месте пустыни и малярийных болот эти же люди построили прекрасную страну-сад с современной архитектурой, великолепными дорогами, передовой наукой и мощной армией? Или это были какие-то другие люди? Никак не могу разобраться в этой тайне Израиля.

28

В любом цивилизованном городе планеты вы обязательно увидите такое здание. Как правило, в самом центре. Если это большой цивилизованный город – их будет несколько. Сейчас вы поймёте, о чём я. Представьте себе две башни этажей под сорок, только одна стоит прямо, а вторая ощутимо клонится вбок. Нет-нет, она не упадёт, не волнуйтесь – это художественный приём, инженеры всё рассчитали, конечно несколько сложнее было и дороже, но с задачей справились. А вон ещё одно – оно, слава богу, стоит прямо, но верхние этажи как-то съехали – вот-вот посыпятся. А вон там ещё одно сооружение сверху донизу рассечено кривой трещиной – тоже иллюзия, разумеется.

Это сейчас такой модный тренд. Архитектор стремился выразить тревогу по поводу неустойчивости нашего мира.

Мудак ваш архитектор. И заказчики мудаки. Купились на престижное имя – видали, кто у нас строит? Дорого, наверно, вышло. Так что может, не такой архитектор и мудак. Он, видите, ли самовыразился.

Мне кажется, между произведением архитектуры и картиной на стене есть принципиальная разница – даже если это современное произведение архитектуры и картина в жанре актуального искусства. Картину всегда можно снять со стены, если она утомила вас своей актуальностью, и поставить за шкаф. Повесить на ее место что-нибудь поспокойнее. Рембрандта, например. Здание из панорамы города не уберёшь.

А я хочу, чтобы город, окружающий меня, внушал мне покой и уверенность. Я хочу, чтобы здания говорили мне – ну что ты так нервничаешь, дружок? Посмотри, какие мы красивые, гордые, как уверенно мы стоим на земле. И будем стоять еще сто лет. Заходи, мы тебе рады! И ведь во все века существования архитектура именно такой и была, правда? Дворцы и храмы восхищали величием. А что может быть уютнее кривых улочек средневекового города? И почему архитекторам фараона не пришло в голову воткнуть пирамиду в землю вершиной вниз?

Вопрос: наш зодчий действительно выразил свою обеспокоенность непрочностью мира? Или он её усилил? А может, создал? И когда я, расстроенный утренними новостями, придавленный плохой погодой, в очередной раз ползу в нескончаемой пробке прямо под этой застывшей катастрофой, я не могу отделаться от ощущения, что именно этот шедевр повинен во всех бедах нашего рушащегося мира. Ибо всё в этом мире по-прежнему связано тысячами невидимых нитей.

Где причина, где следствие?

29

Очень приятно думать, что ты, несмотря на пролетающие годы, внутри не меняешься.

Конечно, меняешься.

Я, например, заметил, что стал гораздо хуже относиться к мудакам. Раньше я был к ним снисходителен. Выпивши, почти любил. Ну хороший же человек. Добрый. Ну, мудаковат. Подумаешь! Вон их сколько.

Да почти все. Ну ладно, огромное большинство. И что?

Это, оказывается, в мирное время. В условиях, приближённых к боевым, мудак, как правило, становится агрессивен. Причём внезапно и непредсказуемо. А поскольку из-за смены обстановки меньше их не стало (стало больше), гармония твоего существования подвергается серьёзному испытанию. И тут необходимо твёрдо держаться некоторых правил.

Первое: ни при каких обстоятельствах не вступать с ними в спор. Знаю, трудно – собственный разум вопиет. Не пытаться ни в чём убедить – даже в том, что дважды два четыре. Иначе не заметишь, как превратишься в одного из них.

Второе: по возможности исключить или максимально ограничить общение, выходящее за рамки производственной необходимости. Не дай бог сесть с ними выпивать – я, например, выпив, добрею и планка сбивается. Попадёшь в западню.

Третье: не расстраиваться от самого факта их существования. Относиться как к природному явлению (тем более, что так оно и есть). Глупо же расстраиваться из-за плохой погоды.

И ещё больше ценить своих немногих друзей, которые по счастью мудаками не являются. Вот с ними и дружить и общаться.

А кто говорил, что будет легко?

30

Да, жизнь в тёплых краях, конечно, расслабляет. Вон за окном яркое солнце и плюс двадцать четыре. А декабрь. От плохого отвыкаешь на удивление быстро.

А я ведь за два года и не выбирался в холодные края. Исключая Антарктиду. Ну, там мы готовились осознанно и серьёзно (оказалось не так страшно, как предполагали).

А тут выехал на три дня на гастроли в Вену. И ведь поинтересовался погодой – дама в Гугле сообщила мне милым голосом – минус три, ветрено. И я понял, что совершенно забыл, что это за ощущение – минус три. И что при этом следует надеть. Прихватил с собой курточку на рыбьем меху – мне показалось, самое то. Не минус двадцать же.

С восемнадцатого этажа гостиницы открывалась чудесная панорама города – башенки, шпили, Дунай. Солнце. День был свободен, и я побежал гулять. Ах, как это приятно – бродить по малознакомым улицам великого города, заходить в магазинчики, покупать подарки близким, невзначай хлопнуть рюмашку в баре – за красоту. Обожаю.

Дикий, пронизывающий холод впился в меня совершенно неожиданно. На пятой минуте он проник под мою сиротскую курточку, а потом под рубашку и под кожу. Рюмочка не спасла. Я подумал, что вот так нелепо простудиться и сорвать дальнейшие гастроли будет глупо, и позорно бежал в тепло. Забился в одежде под одеяло и уткнулся в телевизор. На немецком языке. Или австрийском? Можно было, конечно, пойти на принцип, добежать до молла и купить недорогую тёплую куртку. Но, во-первых, до молла надо было ещё добежать (в какую сторону?), во-вторых, дома уже лежали две тёплые куртки. Наличие трёх пуховок в солнечном Израиле показалось мне недопустимым фанфаронством. В общем, идею я отмёл. В результате от желанных прогулок пришлось отказаться. Не проникся в очередной раз духом бессмертного Моцарта.

А не надо расслабляться. Уж сегодня-то.

31

Вторые сутки над нами бушует ветер. Ночью он обретает нечеловеческую силу. Он дует и днём, но всё-таки при свете солнца это не так страшно. Ночью я слышу в нём протяжные крики обезумевших людей и не могу уснуть. Ветер срывает с земли предметы, несёт скомканных птиц и небольших животных. При этом понятно, что он дует ещё не в полную силу, а если такое, не дай бог, случится – тут-то Земля и сойдёт со своей оси. Он ревёт так, как будто прямо за окном бушуют океанские волны, бьют в стены дома, и я не могу представить себе, какую мощь набирает он, оторвавшись от Земли. Иногда мне кажется, что когда он наконец прекратит дуть, в мире начнётся совсем другая, может быть, прекрасная жизнь.

Пять лет назад я встретил свою жену, и она повезла меня показать своё жилище. Сам я обитал тогда в Нетании и, в общем, никакой жизни, кроме городской, не видел.

Ехали, по израильским представлениям, как мне показалось, долго – вглубь страны. Проехали блок-пост. Местечко называлось Бейт-Арье. Оно располагалось на небольшом холме посреди бескрайней равнины, покрытой такими же пологими холмами. Дом Эйнат стоял на краю поселения, и прямо от него открывалась невероятная панорама страны. Слева, на склоне, росла огромная олива, рядом стояла старая скамейка и висели такие же старые качели. А чуть-чуть внизу и дальше слева был еле виден силуэт Тель-Авива, за спиной в прозрачной дымке угадывался Иерусалим, а справа на горизонте еле виделись башни Нетании, а за ними – возвышенности Хайфы. Картина была такая, что хотелось задержать дыхание. Страна на ладони.

Сегодня с крыльца нашего дома я вижу поля слив и авокадо, а за ними невысокие горы, тут и там покрытые лесом – это Кармиельские горы, и я знаю, что за ними – море. Эти горы описаны в Ветхом Завете. Мне особенно дороги места на Земле, сумевшие сохранить свой вид за сотни и тысячи лет, не позволить человеку вмешаться в их красоту. Мест таких с каждым днём на планете всё меньше. Эти места ещё хранят древнюю земную и божественную силу и могут маленькую её часть подарить тебе – если ты захочешь.

Последняя книга чудесного израильского писателя Меира Шалева называется «Мой дикий сад». Вот странно – Шалев писал о бурях человеческих страстей, о пионерах Израиля, о крушениях судеб – и в последней своей книге просто описывает свой сад диких растений, который он сам собрал и вырастил. Это даже не роман – там нет сюжета и фабулы. Нет, всё-таки роман, и ещё какой – по степени любви, с которой он рассказывает о своих питомцах – о каждом в отдельности. И ничего странного. Чем больше бурлит и смердит человеческое варево – тем больше хочется к природе. Чем лучше знаю людей – тем больше люблю собак – кто сказал?

Последние два года жизнь принесла много сюрпризов. Сюрпризов ли? Идут и множатся бессмысленные войны, гибнут люди. Не могу отделаться от ощущения, что природа очищает мир от человечества. Мы её достали. Происходящее сегодня раскрывает людей – иногда с неожиданной стороны.

В мирное время все были хорошие. Вроде бы. А как началось — кто-то героический вдруг оказался говнецом. А кто-то, весёлый и легкомысленный в былое безмятежное время, вдруг проявил мужество, честность и благородство. Поверьте, я никого не осуждаю. Помните фильм «Пятая печать» Золтана Фабри? Семьдесят шестой год. Посмотрите — как раз про это: можешь ли ты знать, что таится за малодушным поступком человека — трусость или желание спасти людей в неизвестной тебе ситуации? Может, конечно, я опять хочу думать о людях лучше, чем они есть. Я и сейчас так думаю.

Друзья наши подарили мне на день рождения пять олив. Это дорогой подарок — оливам по 150–200 лет, они огромные, их сажали настоящим подъёмным краном. Они стоят вдоль нашей маленькой аллейки и ждут тепла.

А жена моя посадила маленький сад вокруг нашего дома. Конечно, она не могла просто понатыкать саженцев — она собрала все деревья, упомянутые в Танахе — наша земля, слава богу, такое позволяет. Сейчас зима, и саженцы выглядят несколько сиротливо — они почти без листьев, они опираются на подвязанные к ним жерди. И вот интересно — в душевных достоинствах каждого дерева, каждого ростка я уверен — и гадать не надо. Никакой «Пятой печати».

Будем ждать весны.

Хотя — когда ученик спросил Мастера — долго ли ждать перемен к лучшему, мастер ответил: «Если ждать — то долго».

Поди разберись.

Содержание

САМ ОВЦА 5

Фотоальбом 149

ЕВИНО ЯБЛОКО 161

ЗАПИСКИ ИНОАГЕНТА... 247

В издательстве BAbook вышли книги

Борис Акунин

Серия «ПРИКЛЮЧЕНИЯ ЭРАСТА ФАНДОРИНА»

РАСШИФРОВКИ
(Приключения Эраста Фандорина)

Серия «ПРОВИНЦİАЛЬНЫЙ ДЕТЕКТИВЪ»

«ИСТОРИЯ РОССИЙСКОГО ГОСУДАРСТВА» в 10 томах

ЗЛАТАЯ ЦЕПЬ НА ДУБЕ ТОМ
(Викистория российского государства)

«ЛЕГО»

«СКАЗКИ СТАРОГО, НОВОГО И ИНОГО СВЕТА»

«МОЙ КАЛЕНДАРЬ»

«ГОД КАК ХОККУ»

ИНТЕЛЛЕКТУАЛЬНЫЕ АНЕКДОТЫ,
собранные и прокомментированные
Борисом Акуниным

«МОСКВА–СИНЬЦЗИН»

«ПРОСНИСЬ!»

Акунин-Чхартишвили

«НА САНЯХ»

Анна Борисова

«ТАМ…»

«КРЕАТИВЩИК»

«VREMENA GODA»

Роман Баданин, Михаил Рубин

«ЦАРЬ СОБСТВЕННОЙ ПЕРСОНОЙ»

Олег Радзинский

«ПОКАЯННЫЕ ДНИ»

Евгений Фельдман

«МЕЧТАТЕЛИ ПРОТИВ КОСМОНАВТОВ»

Михаил Шишкин

«МОИ. ЭССЕ О РУССКОЙ ЛИТЕРАТУРЕ»

https://babook.org/

www.ingramcontent.com/pod-product-compliance
Lightning Source LLC
Chambersburg PA
CBHW080238170426
43192CB00014BA/2485